為什麼這麼荒謬還有人信？

Not Born Yesterday

The Science of Who We Trust and What We Believe

Hugo Mercier
雨果・梅西耶
鍾沛君──譯

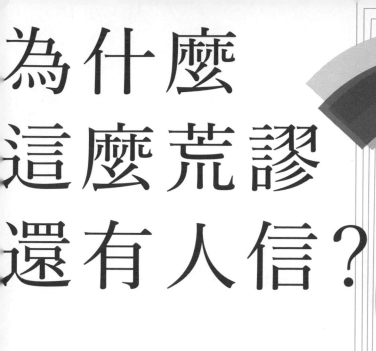

目錄 CONTENTS

推薦序
一〇%的人會相信假新聞，代表九〇%的人還是理性的！

王宏恩／內華達大學拉斯維加斯分校政治系助理教授、菜市場政治學共同創辦人

過去一百多年來社會心理學、政治科學與行為經濟學的發展，就是一套學者們假設人類無所不能與一無是處之間擺盪的歷程。社會心理學發現人們的行為會受到旁邊的人輕易影響；政治科學發現人們對於政治知識顯然不足且處處戴上政黨眼鏡；行為經濟學則揭露人類自以為理性計算利害時，會受到選項的呈現或排列不同而改變計算結果。兩次世界大戰到之後的美蘇冷戰，從經濟危機到假新聞氾濫，一次次世界級的災難，讓學者對於人類的基本思考能力都產生懷疑了。

等等，假如人類真的如此不堪，我們是怎麼活到現在的？

這本書企圖提出一個全新的理論：開放性警覺，來解釋人們看似盲從、實際敏銳的認知能力，這種能力帶領我們走出叢林、建立文明、累積知識。

要創造一個全新理論來解釋千年來人類的行為與迷思是非常不容易的，因此本書取材範圍橫跨數個領域，包括演化生物學、社會心理學、政治科學、行為經濟學、人類學以及語言學等。本書共可粗分成三大部分，第一部分是建構開放性警覺的理論基礎，第二部分是從不同領域尋找支持的證據，而第三部分，也是本書的重點所在，是透過這個理論來破除過去對於人類盲目的迷思。透過三個部分的相輔相成，作者才能論證自己的理論為何比過去累積的理論更能解釋人類行為。讀者也可以透過這個大架構，把作者飛天遁地信手捻來的各國案例有系統地拼在一起，了解作者在不同地方提到各個案例的目的為何。

開放性警覺的理論基礎，從最基本的溝通開始。萬物都會溝通，人類也會，但是為什麼要溝通？溝通必然是對人類較高效益的，所以才會在演化中勝出。但溝通中，人類可以選擇誠實、也可以選擇說謊，說謊有時候在短期間會更有利，為何不是全人類都說謊？假如知道很多人會說謊，人們幹嘛不放棄溝通，就不會被騙了？因為說謊騙得了一時、騙不了一世。人類選擇開放，繼續透過溝通接收資訊，但同時也會警覺資訊來源，會考察資訊來源到底可不可信、也會考量這個資訊對自己的重要性。當資訊越切身相關，人們越會重視資訊的正確性，也越會考量資訊來源過去累積的聲望。

從這個理論出發，作者透過一個又一個的案例說明人類在大多時候仍然是理智的，會輕信那些誇張的鄉野趣譚，很多時候正是因為它們沒有立即切身相關。而歷史上許多著名風吹草偃的案例，例如希特勒的演講、十字軍東征、邪教教主，人們之所以信任，也有很大一部分是基於經濟利益或人際網絡資本，並不是真的相信那些內容本身。就算真的有人相信了那些假新聞，但臉書研究發現也只有一〇%的美國人在二〇一六年美國總統大選期間轉貼了假新聞。在我們驚訝那一〇%轉錄的人時，也該肯定那九〇%沒有轉錄的人吧！

從我一名政治學者的角度來看，本書出得及時，可以回答當代學界重要的辯論，並且在學術文獻上有非常充分的掌握，光是筆者較有涉獵的政治學、傳播學與心理學相關文章，作者都有引用到近兩年的最新出版內容，讀者看完本書後不只可以追上學界前沿，也可從註腳以按圖索驥去找到一篇篇最新的學術論文來進一步探索。當然，本書因為橫跨數個領域，所以不可能詳細介紹各個案例研究的取材範圍或統計方法。另一方面，從政治學的角度來看，雖然書中認為會暫時被騙的人不多，但假如這些人正好是讓候選人過半的那一票，那在民主制度下還是會有不小的影響呢。

最後，本書翻譯得非常及時，而翻譯用詞也十分正確且流暢。對於一本原作者是法國人、且內容橫跨數個領域的書來說，要翻譯得不繞口且用詞準確並不容易。出版社與翻譯在此投注的心力值得鼓勵。

前言

借錢搭車的陌生人

——人類真的容易受騙嗎？

有一天從大學走路回家時，一名看似正派的中年男子向我攀談：他是在當地工作的醫生，趕著去辦正事，但是皮夾掉了，無法搭計程車。他急需二十歐元，還給了名片，說我可以撥打上面的電話，秘書很快會把錢匯給我。在對方的哄騙下，我掏出二十歐元，結果根本沒有叫這個名字的醫生，也沒有秘書接電話，我多蠢啊？更諷刺的是，二十年後的今天，我居然還要寫一本主張人類並不容易受騙的書！

如果你認為我很容易受騙，請等等再下結論，因為接下來你會看到有人相信地球是一面被兩百英尺高冰牆包圍的扁圓盤；有人走「《冰與火之歌》（*Game of Thrones*）[1]路線」，相信巫婆會用魔法吹箭毒死他們的牛隻；有人相信當地猶太人殺死小男孩，喝下他們的血做為逾越節儀式；還有人相信民主黨高層在連鎖披薩店經營戀童癖集團；有人相信北韓前領導人金正日能瞬間移動和控制天氣；還有人相信美國前總統巴拉克・歐巴馬（Barack Obama）是虔誠的穆斯林。

眼看著透過電視、書籍、廣播、小冊子和社群媒體傳播的所有胡言亂語，最終被一大票人全盤接受，我怎麼能宣稱人類不容易受騙，不會接受所有看見或聽到的訊息呢？

反對隨處可見的盲從輕信讓我成為少數派，從古希臘到二十一世紀的美國，從最革新到最保守的無數學者，對群眾的描述都是「無可救藥、容易受騙」。歷史上大部分思想家會做出這麼殘忍的結論，是基於自己認為觀察到的現象：選民會順從蠱惑人心的煽動者、群眾會跟著嗜血的領導者暴衝、大眾會簇擁有魅力的人。二十世紀中葉，心理實驗更助長這類說法，因為這些實驗顯示參與者會盲目地服從權威，相信人群勝過自己親眼所見的清楚證據。過去幾十年內出現一系列複雜的模型，為人類的容易受騙提出解釋，他們的主張核心是：我們有太多要向他人學習的東西，弄清楚到底向誰學習的任務非常困難，所以會依靠簡單的捷思法（Heuristic），如「跟著多數人」或「跟隨有名望的人」。人們有能力吸收當地文化，儘管這代表在過程中接受某些適應不良做法或錯誤信念，但我們還是將自身成功歸因於此。

本書要指出這些都是錯的，我們不會盲目接受他人告知的事，就算是名人或大多數人告知也一樣；相反地，我們很會判斷該信任誰、該相信什麼，要影響我們其實一點都不容易。

試圖說服大眾，幾乎都輸得一敗塗地

儘管可受暗示性（Suggestibility）在幫助我們從文化環境裡習得技能和建立信念方面可能具有某些優勢，但要成為穩定、持續的狀態，可受暗示性要付出的代價實在太高，會在第二章進一步說明。無差別地接受他人傳達的內容，只有在我們和對方利益一致時才有好處，體內的細胞與蜂巢中的蜜蜂都是例子。就人與人之間的情報交流而言，這種利益一致的情況很少實現，即使孕婦也有理由不信任腹中胎兒發出的化學訊號。還好有一些方法，能讓情報交流就算在敵意最深的關係裡還是可以發揮作用，獵物能說服掠食者不要追牠，但要讓這種情況發生，一定要保證對接收訊號的那方而言，相信這樣的訊號會有較好結果。整體來說，傳達的訊息必須維持真實。人類則是會透過一系列認知機制評估傳達的資訊，判定訊息的真實性，這些機制讓我們接受最有益的訊息（抱持開放），並拒絕最有害的訊息（保持警覺），因此我將這些機制稱為**開放警覺性機制**（Open Vigilance Mechanism），正是本書的核心思想[2]。

很多學者用來佐證人類易受騙的那些「觀察結果」又要怎麼說呢？大多是常見的錯誤想法。第八章和第九章提出的研究，將說明無論是煽動民心的政治人物或廣告商、傳道人或競選團體等試圖說服大眾的人，幾乎必然輸得一敗塗地。中世紀歐洲農夫堅持抗拒基督信仰的戒律，把很多神職人員逼得喪失信心；發送傳單、自動電話拜票等其他競選手段，對總統選舉的淨影響趨近於零；據稱無與倫比的納粹宣傳機器對聽眾幾乎完全沒有影響，以致無法讓德國人喜歡。

純粹的易受騙性會預測要影響人們很容易，但並非如此，不過有時無疑還是會支持一些非常荒謬的觀點。我們必須加以解釋的是「模型」：為什麼有些主張（就算是好的）特別難以讓人接受，但有些觀點（包括那些壞的）卻大受歡迎。

決定說服成敗的開放警覺性機制

了解開放警覺性機制是理解溝通成敗的關鍵，這些機制處理各式各樣的線索，告知別人說的話能相信幾分，有些機制會檢視訊息是否牴觸我們相信的內容，以及這個訊息是否有良好的論點支持；其他機制則負責注意訊息來源：說話的人是否可能擁有可靠資訊？她是否考慮我的利益？如果她被證明有錯，我能否要對方負責？

大量的實驗心理學證明，人們的開放警覺性機制功能良好，小孩和嬰兒都能佐證。這些機制讓人們拒絕最具殺傷力的言論，但也解釋人們為什麼會接受一些錯誤的觀念。

儘管人們的開放警覺性機制非常成熟，具有學習和整合新資訊的能力，卻無法無限延伸。親愛的讀者，你身處的資訊環境與祖先演化的環境大相逕庭，對自己永遠不會遇到的人（政治人物、名人）、根本不會影響你的事件（一個遙遠國家發生的災難、最新的科學突破），以及永遠不會去的地方（海洋深處、非常遙遠的銀河系）都有興趣，會接收到很多根本不知從何而來的資訊：是誰先開始散播貓王（Elvis Presley）沒死的謠言？你父母的宗教信仰源於何處？你被要求針對一些觀點表達意見，但這些觀點對我們的祖先來說，根本沒有實質的切身性，好比地球是什麼形狀？生命是怎麼演化的？組織大型經濟體系的最佳方式是什麼？如果我們的開放警覺性機制能完美應對這個全新又很奇異的世界，才真的會讓人驚訝不已。

當前的資訊環境迫使開放警覺性機制離開舒適圈，導致錯誤發生。整體來說，我們較可能拒絕相信有用的訊息，從氣候變遷的真相到疫苗的效力；較容易接受不正確的訊息。這種例外並非由於開放警覺性機制本身失敗所造成，而是來自採納素材的問題。大家會理智地運用知識、信念及直覺評估別人說的話，但可惜的是，我們的直覺在某些領域似乎出現整體錯誤的想法，如果你沒有特殊想法，有人說你站在一個平面（而不是一顆球體）上，就會很自然地相信；如果你沒有特殊想法，然後有人告知你的祖先長得跟你很像（而不是像一條魚），也會很自然地相信。很多受歡迎但錯誤的信念會傳開，並不是因為說服力大師推廣，而是因為符合基本直覺。

就算認為地球是平的是直覺，但有一面兩百英尺高、延伸數千英里的冰牆就不是，金正日有瞬間移動的能力也不是。讓人感到安慰的是，最常見的那些信念只是名義上被接受，我敢打賭，地平論者如果真的在海洋盡頭看見兩百英尺高的冰牆，一定會被嚇傻；如果看見金正日像是《星艦迷航記》（*Star Trek*）那樣被光束傳送，應該會讓對這位獨裁者卑躬屈膝的馬屁精瞠目結舌，難以理解。要理解為什麼這種信念會被傳播，關鍵不在於為什麼大家會接受，而在於大家為什麼會公開接受。除了想分享我們認為正確的觀點外，還有很多原因會讓人公開宣稱接受某些信念：要讓他人留下印象、惹惱他人、討好他人、誘惑他人、操弄他人、讓他人放心。有時候透過支持與現實關係不那麼直接的一些主張，甚至在某些情況下與真相背道而馳的主張，最能達到上述目標。面對這樣的動機，開放警覺性機制反而會被用來找出最不可信的觀點。

從最直覺到最荒謬的觀點，如果我們想解一些錯誤觀點會開始流行的原因，就必須了解開放警覺性機制如何運作。

到了本書最後，你應該會知道自己是怎麼決定要相信、信任什麼；應該也會更清楚，大部分嘗試說服群眾的行動如何走向一敗塗地，從最平庸的廣告、勸人改變信仰，到最極端的洗腦、影響下意識都一樣；也應該會有一些線索，知道為什麼某些觀點會傳播，而某些重要的見解卻被證明難以深入人心；還有應該會了解為什麼我會給一個假醫生二十歐元。我衷心希望你最後會接受本書的核心論點，但也不要完全相信我的話，我很不想被讀者證明自己是錯的。

第一章 誤導群眾的背後真相

——從線條長短到米爾格倫實驗

千年來，人類已經接受很多奇怪的信念，並被說服進行不理性行為（或看似如此的行為），這些信念與行為使得「群眾易於受騙」的概念變得可信。事實上，我相信情況是更複雜的（或甚至完全不同，後續章節就會看到），但仍必須從易於受騙的實例開始講起。

西元前四二五年，雅典人因為和斯巴達多年的毀滅性戰爭坐困愁城。在派婁斯之戰（Battle of Pylos）中，雅典的海軍與陸軍總算將斯巴達軍隊圍困在斯法克蒂里亞島（Sphacteria），眼看大量的本國菁英淪為俘虜，斯巴達領袖提出對雅典人有利的和談條件，試圖取得和平，雅典人卻拒絕了。於是戰爭繼續，斯巴達重新奪回優勢，雙方在西元前四二一年簽署暫時的和平條約，但此時的和談條件對雅典不再有利。這個大錯只是雅典人一連串糟糕決定的其中之一：有些決定不夠道德，如殺死占領城市的居民；有些則是糟糕的策略，如發動悲慘的西西里島遠征。最後雅典人輸了這場戰爭，再也無法重新取得過去的權力。

一二一二年，法國和德國的「一群貧民」啟程與異教徒交戰，要為天主教教會奪回耶路撒冷[1]。由於這些貧民中有許多人相當年幼，因此這場運動被稱為兒童十字軍東征。這些少年來到聖但尼（Saint-Denis），在大教堂裡祈禱，遇見法國國王，希望奇蹟發生卻未能如願。你能期望一群沒有受過訓練、沒有經費、沒有組織的少年有什麼成就嗎？不能，他們正是如此，沒有一個人成功抵達耶路撒冷，有許多人死在旅途中。

十八世紀中葉，南非的一支游牧民族科薩人（Xhosa）因為英國統治而痛苦不堪。有些科薩人相信，殺死自己的牛隻、焚燒作物可以召喚鬼魂大軍趕走英國人，於是犧牲成千上萬頭牛，在田裡放火，卻沒有出現任何鬼魂大軍，英國人還在，科薩人滅亡。

二〇一六年十二月四日，艾德格．麥迪森．威爾希（Edgar Maddison Welch）手持突擊步槍、左輪手槍和霰彈槍，走進華盛頓特區的慧星乒乓（Comet Ping Pong）披薩店，但他不是要搶劫，而是為了確定沒有任何兒童被關在地下室當人質。因為有謠言指出，前美國總統比爾．柯林頓（Bill Clinton）與當時競選總統的妻子希拉蕊．柯林頓（Hillary Clinton）經營性交易集團，而慧星乒乓就是巢穴之一。威爾希最後遭到逮捕，目前在監獄服刑。

盲目的信任

自覺比群眾更優越的那些學者，常用人類傾向過度信任的態度，解釋這些值得懷疑的決定和奇異的信念。這樣的態度造成群眾本能地聽從有魅力的領導者，無視對方的能力或動機；群眾相信自己聽見或讀到的一切，不顧內容是否合理，盲目從眾，就算這麼做會導致災難也一樣。綜觀歷史，「群眾是易受騙的」這種解釋已被證實極具影響力，但很快就會清楚知道這其實是被誤導的觀念。

為什麼雅典會輸給斯巴達？從伯羅奔尼撒戰爭（Peloponnesian War）的編年史家修昔底德（Thucydides）開始，許多評論家都指責克里昂（Cleon）這種煽動人心的政客帶來影響，克里昂是「極具群眾力量的人」，也被視為必須為這場戰爭中一些最嚴重失誤負責的人[2]。經過一個世代，柏拉圖（Plato）將修昔底德的論點延伸為對民主的一般控訴，對他而言，多人共治無可避免地會促使「可充分控制一群暴民」的領導人變成暴君[3]。

為什麼一群年輕人會離鄉背井，抱持渺茫希望要入侵一片遙遠的土地？是因為響應教皇英諾森三世（Pope Innocent III）發起的新十字軍東征，他們這麼易於輕信他人的行為，是《吹笛人》（*The Pied Piper of Hamelin*）的靈感來源，吹笛人的魔笛讓所有聽到笛聲的孩子都受到控制[4]。

人們參與十字軍也有助於解釋啟蒙運動期間，霍爾巴赫男爵（Baron d'Holbach）這類人士提出的指控，他們譴責基督教教會「把人類當成一批奴隸，送到（專制暴君）手中任憑處置[5]」。

為什麼科薩人會殺死他們的牛隻？一個世紀前，法國啟蒙運動的主要人物孔多塞侯爵（Marquis de Condorcet）提出，小規模社會成員受到「最早受騙者的輕信人言」所害，會過度相信「吹牛者和巫師[6]」。科薩人似乎很符合這樣的情境，聽信年輕的先知農卡無色（Nongqawuse），她自稱看見死者出現與英軍作戰，以及「所有人無憂無慮，想要什麼就有什麼，一切都無虞匱乏」的新世界[7]。誰不想如此？科薩人顯然也很嚮往。

為什麼威爾希會冒著入獄的風險，想從無害披薩店裡不存在的地下室中，救出不存在的兒童呢？他一直在聽很有魅力的廣播主持人艾利克斯．瓊斯（Alex Jones）的節目，瓊斯專門討論各種最瘋狂的陰謀論，從厲害的撒旦崇拜者接管美國，到政府在背後主導的災難等，無所不包[8]。有一段時間，瓊斯採納柯林頓夫婦和助手經營兒童性交易組織的說法。正如《華盛頓郵報》（*Washington Post*）報導，瓊斯及其同類能四處宣揚這些瘋狂的理論，是因為「輕信他人的傾向為這些理論創造市場[9]」。

這些觀察家都同意，人們經常容易受騙、容易接受沒有事實根據的論點，而且例行地會被說服，從事愚蠢和高成本的行為。要找到一個能讓所有南轅北轍的思想家都接受的觀點確實非常困難，傳教士痛罵那些相信自己的神，卻不信傳教士的神的人是「易輕信他人的群眾[10]」；但無神論者指出，會追隨傳教士的人無論他們的神是誰，其實「幾乎超級容易受騙[11]」；陰謀論者覺得自己比「思想受到控制的盲從者」更優越[12]；揭穿騙局者則認為陰謀論者「超級容易被騙」，因為他們相信那些憤怒表演者兜售的離譜故事[13]；保守派作家指責反叛的群眾犯下輕信他人的罪，認為他們受到無恥政客煽動，被渲染力的瘋狂情緒驅使，但是傳統的左派分子則用大眾接受主流意識形態來解釋他們的消極性：「個人『自由地』將自身的壓迫當作日常生活：渴望的是他應該渴望的」，而不是對「他原本的直覺需求」採取行動[14]。

綜觀歷史，我們在大多數時候對社會的理解，都是以「人類普遍容易受騙」的概念為基礎。雖然「人容易被煽動者吸引」的假設，貫穿從古希臘到啟蒙運動時期的西方思想，造就「政治哲學對民主抱持懷疑態度的主要原因[15]」。當代評論家仍對政客透過「針對易受騙性投其所好」，輕易操弄選民表示遺憾[16]。但最能顯著說明人們有多容易受到影響的，就是一九五〇年代開始由社會心理學家進行的許多著名實驗。

從眾行為隱藏的人類心理

首先是所羅門・阿希（Solomon Asch），在他最著名的實驗中，要求受試者回答一個簡單的問題：這三條線（如圖一），哪一條和第一條線一樣長[17]？這三條線的長度不同，其中一條線的長度明顯和第一條相同，但是受試者中卻有超過三〇%的時間會犯錯。為什麼有人會提出明顯錯誤的答案？在每個受試者回答前，已有數位受試者提出答案，只是這些真實受試者並不知道，先回答的那些受試者其實是實驗人員安排的暗樁。在某些實驗裡，所有暗樁都同意錯誤的那個答案。這些暗樁完全沒有控制真實受試者的權力，彼此不認識，而且提出的是完全錯誤的答案，但還是有超過六〇%的受試者至少選擇從眾一次。極具影響力的社會心理學家賽奇・莫斯科維奇（Serge Moscovici）寫作的教科書中，將這些結果描述為「從眾最生動的例證之一，就算個體意識到這麼做是背棄真實和真相，依舊會盲目跟隨大眾[18]」。

接續阿希腳步的是史丹利・米爾格倫（Stanley Milgram）。米爾格倫的第一個著名研究和阿希的主題相似，都是關於從眾。他要求一些學生站在人行道上觀看建築物的窗戶，並計算有多少路人會模仿[19]。當夠多學生朝著同一方向看時（臨界人數差不多是五個），幾乎所有路人都會跟著一起盯著建築物看，彷彿人就是會忍不住從眾。

但米爾格倫之所以出名，是因為後來進行更激烈的實驗[20]。在這項研究中，受試者被要求參加一項表面上關於學習的研究。在實驗室裡，受試者會認識另一位受試者——當然還是暗樁。這項實驗假裝在兩人中隨機挑選一人做為學習者，但被選到的一定是暗樁，接著受試者得知，這項研究要測試「如果以避免被電擊做為學習動機，能否提高學習效果」。學習者必須記住一串文字，接著他會犯錯，此時真實受試者就會被要求執行電擊。

受試者站在一台有許多增加電擊電壓開關的大機器前。暗樁會被帶到有點距離的地方，進入實驗間，但受試者還是能透過麥克風聽見他的聲音。一開始，暗樁把這串文字記得很清楚，但是隨著任務越來越困難卻開始出錯。實驗人員要求受試者電擊暗樁，而他們全都照做。這一點也不令人驚訝，因為前面幾個開關標示著「輕微電擊」。不過隨著暗樁不斷犯錯，實驗人員會催促受試者增強電壓，開關的標示也從「輕微電擊」到「中度電擊」，然後是「強烈電擊」和「高強度電擊」，然而所有受試者都繼續扳動開關，到了三百伏特的「劇烈電擊」系列開關的最後一個，才有幾個受試者拒絕繼續。在整個過程裡，暗樁都表達不適，在某個時間點會開始發出哀嚎，拜託受試者停止，「放我出去！你不能把我關在這裡！放我出去[21]！」甚至會抱怨自己心臟有問題，但大多數受試者仍舊繼續。

當開始進行「極端劇烈電擊」系列時，有更多受試者停手了，其中一名受試者在看到開關寫

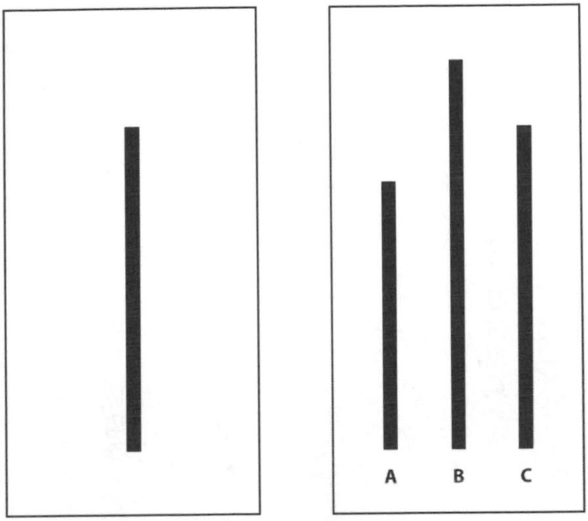

圖一　阿希從眾實驗中的線條

資料來源：維基百科（Wikipedia）。

著「危險：嚴重電擊」後便拒絕繼續。在這個階段，暗樁已經停止尖叫，而是哀求要離開，接著就完全沒有反應了，但仍有三分之二的受試者會扳動最後兩個分別是四百三十五伏特和四百五十伏特的開關，上面標示著代表不祥的「XXX」。米爾格倫成功讓這些美國公民中的大部分人，向（他們認為）痛苦不堪、乞求憐憫的同胞，進行（他們認為）可能讓人喪命的電擊。

得知這些實驗結果，以及一系列似乎證明類似現象的歷史案例時，一般人很難不同意政治哲學家傑森·布倫南（Jason Brennan）主張的罪名：「人類天生不會追求真相與正義，而是會尋求共識。社會壓力是他們的枷鎖，他們過度懼怕權威，面對一致的意見會畏縮不前。

他們不太會因為理智而改變，而是會受到對於歸屬感的渴望、情緒上與性的吸引力操弄[22]。」心理學家丹尼爾．吉伯特（Daniel Gilbert）與同僚也同意：「實際上與保持疑心相比，人類更容易被騙，這應該『被視為我們天生最早也最普遍的觀念之一[23]』。」

如果你相信人類天生就是容易被騙，自然會想詢問這個問題：究竟是為什麼？早在西元前五〇〇年，最早於史有據的希臘哲學家赫拉克里特（Heraclitus）就在思考這件事：

那些對演說者言聽計從的人啊
身處人群之中
毫不考慮身邊的愚人與竊賊有多麼多
選擇良善者有多麼少
對他們來說
人類的智慧又有何用武之地[24]？

兩千五百年後，英國國家廣播公司（BBC）的標題，以較不詩意但更簡潔的方式回應赫拉克里特：「人類為什麼如此不可思議地容易受騙[25]？」

易受騙反而有助於演化？

如果說社會心理學家彷彿下定決心要展現人類容易受騙的特性，人類學家則大多數視為理所當然[26]，很多人類學家一點都不覺得傳統信念與行為的固執有什麼問題，兒童只是吸收周遭文化，藉此確保文化的延續性。就邏輯上而言，人類學家不怎麼關心兒童，因為兒童只是儲存上一代知識和技能的容器[27]。批判型人類學家將人類無差別吸收周圍文化的假設，描述為「詳盡的文化傳播」理論[28]，甚至貶低為「內化的『傳真模型[29]』」。

這種文化傳播模型相當簡潔，有助於理解人們為什麼會輕易受騙，因為這樣才能學習好幾世代祖先獲得的知識與技能。生物學家理查．道金斯（Richard Dawkins）因而解釋，「孩童內建輕信他人的特質」是因為這樣「對學習語言和傳統智慧有用[30]」。

雖然你也很容易想到，寧可不要從長輩那邊繼承所謂的「傳統智慧」，如對巫術的信仰或纏足，但是這些有害的習俗屬於例外，整體而言，大部分在文化中學習的信念都相當合理，每天我們都會進行受到文化影響的行為多不勝數，首先是說話的能力，還有刷牙、穿衣服、烹飪、購物等。

考古學和人類學的證據也顯示，文化類型技能對人類長久以來的生存至為關鍵。小規模社會成員仰賴傳統的知識與實際訣竅，進行採集、狩獵、處理食物、製作衣服、生產各式各樣生存不可或缺的工具[31]。

這種文化傳遞的「傳真模型」簡單性儘管凸顯從周遭文化學習帶來的好處，不過限制也顯而易見。首先，它大幅低估文化變異性，就算在最小、最自給自足的社會裡，依舊不能忽視這一點。當群體中所有成員以非常相似的態度表現某些行為，通常就是一些儀式，其實他們在大部分的活動上都會表現出顯著差異，不是每個獵人都能從一組足跡中學會同樣的教訓，不是每個採集者找到莓果的技能都相同，也不是每個藝術家都能創作出一樣感人的歌曲、雕塑或繪畫。所以即使每個人都致力於盲目複製前人的智慧，還是必須決定要複製誰的？

針對這個問題，人類學家羅伯特．博伊德（Robert Boyd）和生物學家彼得．李察森（Peter Richerson）建立最先進的框架之一來回答[32]，提出**基因—文化共同演化**（Gene-Culture Coevolution）理論，認為基因與文化在人類演化過程中互有影響。博伊德和李察森特別主張，文化已經塑造我們的生物演化，如果選擇要複製文化裡的哪些部分如此重要，天擇應該幫助我們演化出有效解決這個問題的機制才對。我們已經演化出處理祖先面臨各種問題的辦法，形成對周圍環境大致準確的表述、採摘可食用的食物、避開掠食者、吸引同伴、建立友誼等[33]，如果也演化出各種機制幫助自己從同儕和長輩習得文化也很合理。

要解決向誰學習的問題，可以先看誰表現良好。艾歷克斯是傑出的廚師、瑞妮善於維持良好的社交關係，所以向他們學習很合理。但就算我們已經縮小問題範圍，卻還是有很多潛在動作要模仿，要怎麼確實做到艾歷克斯的行為，才能做出好吃的菜？而他又是如何與為什麼能做到？我們的直覺幫助排除一些因素，可能不是因為他的髮型，不過儘管如此，還是有許多可能性，有的非常明顯，如他使用的食材或烹調時間；有的非常細微，如他用特定品種的洋蔥，或他攪拌米飯的方法，我們嘗試複製廚師的食譜時，會了解決定成功的因素有時頗為晦澀不明[34]。

為了能向他人更好學習，博伊德、李察森與如人類學家喬・亨里希（Joe Henrich）或生物學家凱文・拉蘭德（Kevin Laland）等同僚，認為人類的文化學習是受到被賦予的一系列粗略捷思法引導[35]。這些經驗法則之一擴展我們向最成功人士學習的能力，因為很難判斷到底是成功人士的哪些行為導致他們的成功，好比為什麼艾歷克斯做出某道美味的菜肴，所以無差別地複製成功人士的所有行為和想法，甚至是外表或髮型，可能是較安全的做法，這可以稱為**成功偏誤**（Success Bias）。

另一種捷思法則在於複製大多數人做的一切，所謂**從眾偏誤**（Conformity Bias）[36]，這種偏誤在合理假設下是有道理的，也就是如果每個人都有一些獨立能力可取得有價值的資訊，任何被廣為接受的想法或行為都可能值得採納，想像許多人都很可能會用這種捷思法。

舉例來說，亨里希與同僚法蘭西斯科・吉爾—懷特（Francisco Gil-White）就認為，利用從眾偏誤的變體就能改善上述的成功偏誤[37]。他們指出，就連要找出誰是成功人士都可能很困難，例如在小規模社會裡，每天帶回最多獵物的獵人都不一樣[38]，在這種統計雜訊（Statistical Noise）中，要怎麼決定該模仿哪一位獵人？我們可以向別人尋求答案，如果很多人都模仿特定的個體、如果他是一個有聲望的個體，這些人可能值得模仿。對亨里希與吉爾—懷特而言，這樣的**聲望偏誤**（Prestige Bias）具有極高的適應性價值。

博伊德、李察森、亨里希等人建立許多複雜的模型，說明仰賴粗略的捷思法，如何能讓個體將周圍文化發揮最大效用。這些捷思法的另一項好處是所需的認知代價很低，無須複雜的成本效益計算，只要找出大部分人相信什麼，並採納相同的信念，或是找出誰做某件事最成功，模仿他們的一切就好了[39]。

但如果大多數人是錯的，或是當最成功、最有聲望的人其實只是運氣好，又要怎麼辨？如果這些粗略的捷思法算是物超所值，其實也會導致從頭到尾的錯誤。

博伊德、李察森、亨里希已經準備好硬著頭皮接受現實了。日本神風特攻隊的自我犧牲可以用從眾偏誤來解釋，這種偏誤讓對群體有益，對個人有害的文化元素得以傳播[40]。聲望偏誤則能解釋為什麼在名人自殺後，一般人似乎更有可能自殺[41]。不那麼極端的例子則是，成功偏誤可以預測大眾會購買由籃球明星麥可・喬丹（Michael Jordan）廣告的內衣，無視他的運動能力很可能與內衣品味無關[42]。

提出基因—文化共同演化理論的這些學者不算是硬著頭皮接受，其實他們還滿開心的，接受「為了獲得社交學習的好處，人類必須輕信他人，在很大程度上接受在社會上觀察到的情況是合理且適當的[43]」。確實人類依靠粗略捷思法這件事，雖然能預測荒謬的信念和對適應性有害行為的傳播，但也能說明有用的信念如何散布，這是「這些規則有趣的進化特徵」[44]。這種想法的新穎性——對適應性有害的文化，會因為我們適應文化而向外擴散，讓它更具吸引力。

從政客到廣告主都遭遇過的失敗

很多社會科學理論都能大致上用基因—文化共同演化的框架來重新說明，卡爾・馬克思（Karl Marx）與弗里德里希・恩格斯（Friedrich Engels）認為，「統治階層的思想在每個時代都是統治思想」：成功偏誤[45]；人類會盲目聽從大多數的意見：從眾偏誤；有魅力的領袖會從被他的派系崇拜，進而控制群眾：聲望偏誤。數量大到令人難以置信的各種知識傳統——具數百年歷史的政治哲學、實驗心理學、受生物學啟發的模型，在這個觀念上殊途同歸，大致上來說，人類易於受騙、過分順從權威、太聽話。

只是會不會一切都錯了？我會在本書中一斧一鑿地破壞支撐「群眾容易受騙」這個觀點的論述，論點概括來說是這樣的：

當我們從策略上考慮，就會清楚發現易受騙性太容易被利用了，因此不是一個有益適應性的特質。人類根本不容易受騙，而是被賦予專屬的認知機制，能謹慎評估傳達給他們的資訊。相對於盲目追隨有聲望的個體或多數人，我們其實會衡量許多線索，判斷到底要相信什麼、誰知道的最多、誰能信任，以及有什麼感覺。

根據我們所見所聞，有史以來許多試圖說服群眾的打算，從煽動人心的政客到廣告主，都未能證明人類是好騙的，這些企圖反而一再失敗，證明要影響全體人類是很困難的。

最後某些錯誤想法在文化上的成功，無論是瘋狂的謠言或超自然的信念，都無法用易於受騙的傾向充分解釋。一般而言，這類錯誤想法不是因為有聲望的人或具魅力的領袖推廣而成功傳播，也就是並非來自供給面；相反地，這些錯誤想法會成功是因為有需求，因為大家想找到符合既有觀點的信念，好讓自己達成某些目標。所幸大多數常見的錯誤想法，在很大程度上與我們心智的其他部分無關，而且幾乎沒有實質後果，這也說明我們在接受時會相對鬆懈的原因。

第二章

溝通中的警覺性

——我們如何察覺不可靠的信號？

支持人們容易輕信他人的最有力論點是，這樣能讓我們獲得同儕與前輩的知識。傾向複製他人的行為或想法，並仰賴簡單的捷思法找出複製的內容，也就是大多數人或有聲望領袖的行為和思想，讓我們能輕鬆取得累積而來的豐富智慧。

然而這個論點並未考慮存在所有互動中的策略性要素，假設被複製的個體在從事具適應性價值的行為，與形成正確信念時都是盡其所能，但這項假設沒有考慮這些個體可能想要影響那些複製者，但是他們為什麼不會如此呢？能影響他人是很大的權力，從演化的角度來看，伴隨著權力而來的就是極大的機會。

要了解個體如何演化成影響他人與被他人影響，最適合的框架就是溝通演化的過程，緊接著這個理論發展出反直覺（Counterintuitive）預測，最適合用一些令人費解的動物行為來說明，接下來會描述這些行為，並一一做出解釋。

舉止詭異的動物

在澳洲東部森林裡，有時會看到一種很奇怪的建築，用草做成像小房子的構造，有莓果、蛋殼、一些金屬等各種鮮豔物體的裝飾，這些建築並不是當地人蓋的，而是點斑大園丁鳥（Spotted Bowerbirds）構築的**展示窩**。這種鳥煞費苦心構築出這種結構，是為了在天氣或掠食者的威脅下自我保護嗎？並不是，牠們會另外築巢保護自己，為什麼要特別打造這種窩？

湯氏瞪羚（Thomson's Gazelles）有著流線型身材、長角，側身有優雅的黑色條紋及明亮的白色臀部，是美麗的動物，但可能有些笨拙。成群的野狗在熱帶草原上漫步，準備追逐獵捕牠們，一旦瞪羚發現一群野狗時，卻常常無法全速逃跑，反而會開始僵屍跳，就是伸直腿在原地向上跳，牠們會跳得很高，可達六英尺[1]，還是在沒有任何障礙物的情況下跳上跳下。即使這樣跳會讓速度變慢，但還是會做出這樣僵屍跳，為什麼笨蛋瞪羚不停止僵屍跳？

和點斑大園丁鳥一樣，阿拉伯鶇鶥（Arabian Babbler）是一種褐色的鳥，大約不到一英尺長。

看名字就知道，babbler 是說話不清楚、嘈雜的意思，所以牠們不築巢，還很吵。除了聲音外，阿拉伯鶇鶥還有一項驚人特質，就是很團結，十多隻鶇鶥會聚集在一起照顧後代，互相清潔，擔任彼此的守衛。看到掠食者接近時，這些守衛會開始做比湯氏瞪羚合理的行為，就是發出警告聲。當掠食者距離還遠時，守衛會發出兩聲短促低音或一聲長高音；等到掠食者接近時，則會開始發出三聲短促高音，這些叫聲讓其他成員能避開掠食者或群起攻擊敵人。到目前為止都很好，但有些鶇鶥離群索居，不會和其他鶇鶥同住，更別說合作了，然而這些離群者在看見掠食者時，也會發出和守衛相同的叫聲[2]，為什麼這些孤獨的鶇鶥仍會任性地發出警告聲？

正如其他哺乳類，懷孕會造成人類母體很多的改變，有些變化很明顯，像是隆起的肚皮；但有些較細微，如胰島素的分泌方式。胰島素是告訴身體把血糖轉換為脂肪的荷爾蒙。在吃完一頓糖類豐富的餐點後，血糖值會上升，胰島素便開始分泌，糖分會以脂肪的方式儲存。然而到了懷孕末期，母親在飯後會開始產生大量的胰島素。這好像很奇怪，成長中的胎兒需要大量能量，能量則來自母體血液中的糖分，但更奇怪的是，儘管胰島素大幅飆高，高血糖值卻會比平常維持得更久[3]。為什麼母親的身體要這麼麻煩，限制胎兒的資源？又為什麼會失敗？

以大腦這麼小的蜜蜂來說，其實是非常成熟的採集者，有負責偵察花蜜豐富的花朵，並追蹤花朵所在位置的蜜蜂，接著會回到蜂窩，用出名的搖擺舞步告訴同伴到哪裡找食物。為了有效地採集，蜜蜂會傾向利用個別經驗（牠們曾找到好花的地點），以及社交資訊（其他蜜蜂的舞蹈）。為了測試蜜蜂採納的個別經驗與社交資訊分別占據的比重，昆蟲學家瑪格莉特・韋芮（Margaret Wray）與同僚進行一系列聰明的實驗，他們把一個裝著糖的容器放在湖中央，有些蜜蜂飛過湖時發現了，帶著好消息回到蜂窩。可是花朵不會長在湖心，所以在蜂窩裡的蜜蜂看見這些蜜蜂跳的舞蹈居然指向湖心時，自然會覺得對方搞錯了，但卻依舊盡責地離開蜂窩。事實上，牠們離開蜂窩的速度和容器放在較合理地點時一樣快[4]。為什麼這些聰明的昆蟲會無視自己的直覺，遵從不太可能是真的指示呢？

溝通行為的衝突與演化

了解這些奇怪行為的關鍵，也正是了解我們如何評估被告知訊息的關鍵：溝通演化理論。要達到真正的溝通，發出訊號與接收訊號的一方都必須都有專屬的適應性變化[5]。例如長尾猴（Vervet Monkey）有一套成熟的叫聲示警系統，讓牠們能在老鷹、蛇、獵豹等其他掠食者出現時警告彼此。長尾猴必須具備在看到這些掠食者時，觸發正確叫聲的機制，也要擁有因應這些叫聲而觸發適當反應的機制，如果來襲的是老鷹，爬上樹就不怎麼管用[6]，這些警告叫聲清楚符合一套演化後的溝通系統。

如果其中一方，無論是發出或接收訊息的一方，天生具有特定的適應性變化，但另一方卻沒有相對應的機制，真正的溝通就不會發生。於是雙方進行的不是溝通，較像是靠著一些線索，只需要接收方進行適應性變化即可。例如成年的哺乳類能分辨同類中哪些是幼兒，哪些是成年者，但卻不需要溝通就能做到，牠們只需要一些線索，最明顯的就是體型大小。幼兒並不是為了被辨識出來而特別演化成體型小的樣子，小的體型是幼兒時期的線索，而不是訊號。

根據物競天擇的演化理論，如果演化出溝通機制就必須使用，因為這樣能增加發送與接收訊號雙方的適應性（Fitness）。演化理論中的「適應性」是指個體在繁殖上的成功，不只包括自身的繁殖，也包括個體模仿者的繁殖。所以個體增加適應性的方法有二：一是繁衍更多自己的後代；二是幫助可能擁有個體的新基因變體親屬增加後代，後者被生物學家稱為**總適存度**（Inclusive Fitness）。

在某些情況下，溝通的演化已經夠直接了。個體細胞會共享相同的適應性，肝臟細胞和大腦細胞會在生育下一代時增加適應性，它們的彼此利益完全一致，因此細胞沒有理由不相信體內其他細胞傳達的內容，彼此之間的溝通演化完全沒有障礙。在某些細胞出問題時，我們的細胞確實會不斷傾聽對方，癌細胞會發出訊號告訴身體長出更多血管，身體也會聽從[7]。

就算不是同一具身體的各個部位，個體間還是能分享相同的適應性，如工蜂的適應性完全取決於女王蜂是否繁殖成功。工蜂不能自行繁殖，唯一傳下基因的機會就是透過女王蜂的後代，因此工蜂沒有欺騙彼此的誘因，這就是即使其他蜜蜂表示有花在湖中央，蜜蜂也會完全相信，不會重複確認的原因。

然而有很多發生在個體間的溝通，並不會分享相同的適應性，在這些有潛在衝突可能性的互動中，很多訊號可能會改善發送方的適應性，但對接收方的適應性卻毫無幫助，甚至會加以削弱。例如一隻長尾猴可能會發出警告叫聲，但不是因為看到掠食者，而是因為看到樹上有很多成熟的果實，想用叫聲讓其他猴子分心，自己趁機大吃一頓，我們會說這種訊號是不誠實或不可靠的訊號，因為對接收方是有害的。

不可靠的訊號如果傳開，就會威脅情報交流的穩定性。如果接收方不再從情報交流中獲益，就會演化成不再注意那些訊號。不注意某樣東西很容易做到，如果某個結構不再有好處就會消失，如同鼴鼠的眼睛或海豚的手指。同樣地，如果接收的訊息對自己有害，我們耳朵和大腦負責處理聽覺訊息的部分也會消失。

相反地，如果接收方有辦法利用發送方的訊號得到好處，到了發送方不再能從情報交流中獲益的程度，發送方就會漸漸演化成停止發送訊號[8]。個體間的情報交流若是沒有相同的誘因，也就是相同的適應性，在本質上就是脆弱的，而且這些個體不一定要是仇敵，就足以讓情況惡化。

競爭生存資源的溝通訊號

我們傾向認為懷孕是母親與後代間共生的關係，但其實在某種程度上來說，這段關係從一開始就具有衝突性。為了讓自己的適應性最大化，母親不該把所有資源都投注在腹中的胎兒，某些資源反而應該留給過去和未來的孩子（就是母親本身）。但矛盾的是，胎兒的演化是偏向自己，而非手足，因此母親與胎兒承擔這種選擇壓力的不對稱性，會導致胎兒演化為向母親要求過多的資源，減少母親原本最好分配給其他後代的資源。

大衛・海格（David Haig）是極有創造力的演化生物學家，他提出母親和胎兒的選擇壓力差異及很多其他現象，解釋妊娠時胰島素分泌的奇怪狀況[9]。胎兒會透過胎盤製造並釋放荷爾蒙到母親的血液裡，其中一種荷爾蒙是人類胎盤泌乳激素（Human Placental Lactogen, hPL），會增加胰島素抗性，而母親的胰島素抗性越高，身體維持高血糖的時間就越長，胎兒能獲取的資源也會越多，母體對此的回應就是增加胰島素分泌，到了最後兩者會達到某種平衡，此時高血糖的時間會維持得比一般略久，但不會像母體沒有增加胰島素分泌的情況下那麼長。胎兒為了控制母親的血糖值，花的功夫會越來越多，胎盤每天會分泌一至三公克的人類胎盤泌乳激素[10]，對一個應該忙著長大的小小有機體來說，這是相當高的資源花費；相較之下，與這種會影響母體的資源爭奪戰無關的其他胎盤荷爾蒙分泌量，則少於人類胎盤泌乳激素的一千倍。

如果說演化的邏輯，讓母親與胎兒利用荷爾蒙競爭資源等一些奇特現象合理化，同樣造成新的兩難。以警告叫聲為例，直到一九六〇年代前，大家都把這種叫聲的功能視為理所當然，個體發出這些叫聲警告團體內的其他成員。一般相信，就算發出警告叫聲代表花費時間守望，而非進食，還讓自己更容易暴露在被掠食的威脅下，但依然是值得的，因為能增加團體生存的機率。然而生物學家喬治．威廉斯（George Williams）在一九六六年出版的經典著作《適應與天擇》（*Adaptation and Natural Selection*），強烈反對上述邏輯。想像團體中有一個個體演化成不會發出警告叫聲，或是較少發出這種叫聲，會比其他成員過得更好，因為牠還是能從其他成員的警告叫聲中獲益，但是相對付出的成本較少或根本沒有成本。這樣的特徵會受到天擇，並在群體中散播，直到再也沒有成員發出警告叫聲為止。

為什麼警告叫聲還是存在於許多物種？在某些例子中，答案就是親擇（Kin Selection）。舉例來說，黃腹土撥鼠（Yellow-bellied Marmot）會發出警告叫聲，但發出的頻率都不相同。大部分的警告叫聲都是由剛剛生下小土撥鼠的母親發出來的。小土撥鼠不像較大個體那樣知道怎麼注意掠食者，所以較能從這些叫聲中獲得實質益處。對母親來說，警告小土撥鼠是很好的投資，牠根本不打算警告團體內的其他成員[11]。

類似現象也能用來解釋阿拉伯鶇鶥的某些警告叫聲，牠們的習性是親屬關係極密切的個體會群居，因此警告叫聲會幫助發出警報者自身或手足的後代生存，繼而增加自己的適應性[12]，不過這並不能解釋為什麼離群鶇鶥會在根本沒有對象時也發出警告叫聲。

嚇阻天敵的可信叫聲

溝通演化的邏輯解釋，即使有很多共通之處的個體間，如母親與胎兒，可能很難有效率溝通的原因；也解釋看來單純是敵對關係的個體間如何開始溝通。然而就算共同誘因的存在與強度很重要，更重要的是維持訊號誠實，繼而對接收方大多有益的可能性是否存在。

掠食者和獵物間有什麼共同誘因？雙方都不想浪費資源。如果獵物幾乎能確定逃離，掠食者乾脆不要攻擊對雙方都好，彼此都能節省一些精力。但是獵物不能直接對掠食者發出「你抓不到我」的訊號，因為所有獵物就算太小、太老、太累、受傷或沒有準備好逃離掠食者，都有發出這種訊號的誘因，而掠食者也沒有理由相信這個訊號。這類訊號要發揮功能並維持，大部分就應該都來自適應性夠強、有能力逃跑的獵物，否則在演化上是不穩定的，也會被淘汰，最終消失（或是一開始根本不會出現）。

這可能是阿拉伯鶇鶥警告叫聲達到的目的，透過發出警告叫聲，告訴掠食者已經被發現了，一旦被發現，掠食者發動成功攻擊的機率就會降低，因為阿拉伯鶇鶥現在能找掩護。從蜥蜴到跳囊鼠（Kangaroo Rat），許多物種都會這樣警告掠食者[13]。是什麼能保持訊號的真實性，保證演化穩定性呢？為什麼阿拉伯鶇鶥不以固定頻率發出這些叫聲，以免附近剛好有掠食者出現？其中一個原因就是，這些叫聲不一定能嚇阻掠食者，只是降低對方攻擊的機率。如果獵物已經被掠食者看見，發出叫聲是值得一試的；但是如果獵物沒有被看見，也不知道掠食者可能在哪裡，向附近的掠食者暴露所在位置，自己成功逃跑的機率就會很低，因此獵物只有在真的看見掠食者時才有發出叫聲的誘因，使得這些叫聲是可信的。

嚇阻掠食者的訊號具備一些固有的可信度，但若是獵物以非常顯眼的樣子對著掠食者發出訊號，可能更有說服力，因為如果不是真的看見掠食者，獵物就不會這麼做，因此可信度更高[14]。舉例來說，湯氏瞪羚看見掠食者時，會把臀部朝向對方，牠們的臀部有一塊白斑，因此掠食者更容易接受到這個訊號[15]。這樣一來，湯氏瞪羚就能告知掠食者已經被發現了，同時頭會朝向另一個方向，萬一掠食者覺得這個臀部看起來太美味，完全不能放過時，牠還有機會逃跑。

湯氏瞪羚不只會把臀部朝向掠食者，還會僵屍跳，跳得很高的僵屍跳其實非常有用，這也是嚇阻掠食者的訊號，是在告訴掠食者，牠們的體能非常好，一定能跑得比掠食者快，所以幹嘛自找麻煩呢？僵屍跳是可靠的訊號，因為只有體能好的湯氏瞪羚才跳得起來，還能跳得夠高，足以讓掠食者打退堂鼓。

僵屍跳提供用來測試演化假說的良好證據，要怎麼知道湯氏瞪羚僵屍跳的主要功能是為了嚇阻掠食者追捕？首先，可以排除一些其他假設，僵屍跳不會增加湯氏瞪羚的速度，事實上牠們會在掠食者太接近時會停止這麼跳[16]；僵屍跳也不是用來避開障礙物，因為就算前方沒有東西，湯氏瞪羚還是會這樣跳；僵屍跳不只單純地告知掠食者已經被發現，湯氏瞪羚看見印度豹時很少會這麼做，因為印度豹是伏擊型掠食者，不在乎湯氏瞪羚長時間奔跑的能力。

排除這些論點後，有哪些證據能支持「僵屍跳具備嚇阻掠食者追捕功能」的假說呢？首先，湯氏瞪羚會針對野狗這類正確的掠食者來跳，因為對方是獵狗，所以如果宣揚自己能跑很久的能力就很合理。其次，湯氏瞪羚進行僵屍跳，在體能較好時（雨季）的頻率，高過體能較不好時（乾季）。第三，僵屍跳有用，野狗不會追捕跳得較多的湯氏瞪羚，一旦開始追逐，也會把目標轉移到跳得較少的湯氏瞪羚身上。

如何免費送出高成本的訊息？

天擇碰巧發現創意令人激賞的方法，讓即使最敵對的關係也能維持情報交流的誠實，方法就是讓發送出不可靠的訊號在本質上成為不可能。阿拉伯鶇鶥不能和那些沒看見的掠食者協調牠們的叫聲，只有具適應性的湯氏瞪羚僵屍跳具有說服力。然而人類似乎缺乏能相提並論的方式，來展現發出訊息的可靠度，只有一些軼事般的例外，像是說出「我不是啞巴」這句話，就能可靠傳遞這個人不是啞巴的資訊。但透過語言溝通傳送不可靠的訊號，並沒有本能上的限制，不像適應性不佳的湯氏瞪羚根本就跳不好，只會聽命行事的員工完全有能力給你無用的建議。

為了維持人類溝通穩定而經常被採用的解決方法，是提高發出訊號的成本：為了傳送訊號而需要付出代價，便能保證訊號的可靠度。高成本的訊號傳送應該能解釋人類很多奇怪的行為，如購買奢侈品能以高昂代價傳遞財富與地位的訊號[17]；強迫性的宗教儀式，從頻繁的公開禱告到禁食，也是以高昂代價表現人們對宗教團體的虔誠[18]；從事危險的活動，像是到澳洲東部群島加入狩獵採集者的行列捕捉烏龜，或是和美國青少年一起粗心駕駛，則是以高昂代價傳達個人力量與能力的訊號[19]。

人類通常利用傳送訊號的高成本，但這些訊號卻也經常被誤解。直覺上，高成本訊號重視的就是那些發出可靠訊號者必須付出的代價：必須有人花費一千多美元購買最新的 iPhone，才會讓擁有這支手機成為財富的重要訊號。事實上，與可靠訊號發送者相比，真正造成差別的是，不可靠訊號發送者在發出訊號時其實必須付出更大的代價。換句話說，關鍵不在於購買新iPhone付出的代價本身，而是在於對有錢人而言，一千多美元只是九牛一毛，但是花那麼多錢買一支手機，對窮人來說付出的代價更高，因為必須縮衣節食才買得起[20]。

既然真正重要的是發送可靠和不可靠訊號的成本差異，成本的絕對高低就無關緊要了。因此恰好與我們的直覺相反，即使在不需要付出代價時，發出訊號的高成本反而會讓訊號變得可靠，只要發送不可靠訊號的人發出訊號時，必須付出較高代價，發出可靠訊號的人就能免費發出訊號，點斑大園丁鳥的展示窩就是這個邏輯。

現在大家都接受，公園丁鳥會構築展示窩吸引母鳥，裝飾較漂亮的窩確實能成功讓屋主有更多交配的機會[21]。為什麼母鳥會被花俏的窩吸引呢？畢竟這些窩根本沒有實際用途。深入研究高成本訊號的生物學家阿莫茲．札哈維（Amotz Zahavi）反而認為，點斑大園丁鳥會藉由展現牠們負擔得起構築花俏鳥窩的成本，暗示身為交配對象的價值，因為構築這種展示窩可能必須冒著較高風險，或是要挨餓，花時間收集花俏的裝飾，而不是好吃的食物[22]。但事實上構築展示窩似乎不用特別高的成本：公鳥雖然在構築展示窩的季節要付出一些努力，但是死亡率並未較高[23]，所以這種展示窩為什麼會是可靠的訊號？

其實這個機制是鳥類學家約亞・馬登（Joah Madden）無意中發現的，他本來想在一些窩上額外放一些莓果欺騙母園丁鳥[24]，因為通常母鳥較喜歡和裝飾最多莓果展示窩的公鳥交配，但是馬登裝飾的莓果卻沒有效果，並不是因為母鳥覺得他挑選莓果的品味太差，而是因為競爭對手的公鳥破壞他用莓果裝飾的那些窩。其他點斑大園丁鳥會叨走這些額外的莓果，代表這些窩的主人其實是假裝抬高自己的地位，而牠們藉著破壞這些窩，把那些公鳥打回原本的地位。

讓這個體系穩定的，不是構築出花俏展示窩的既有成本（不管怎麼說其實都很低），而是公鳥具備的警覺性，讓牠能監視其他公鳥的窩，並且加以破壞，讓構築出浮誇展示窩的公鳥付出代價。因此只要沒有公鳥嘗試構築超出自己防守能力的窩，這些窩就會傳遞關於公鳥素質的可靠訊號，但是不需要付出過多成本，這就是免費的高成本訊號（或是接近免費，因為監視其他公鳥窩還是有間接成本）。

如後續將看到的，對於了解讓人類溝通得以維持穩定的機制，這套邏輯會被證明是非常關鍵的。說話本身並沒有既有成本，畢竟不像購買最新的 iPhone，做出承諾本身並不是高成本的事。人類的口語溝通是典型的「耍嘴皮子」，因此似乎和所謂高成本訊號差得很遠。這是錯的，重要的不在於那些遵守承諾的人必須承擔的成本，而是那些不遵守的人要付出的代價。只要有一個機制能讓那些發出不可靠訊號的人付出足夠的代價，光是以後大家不相信他們，就足以讓承諾成為高成本的訊號發送，溝通也能維持穩定。人類無疑已經發展出很多方法能傳送可靠訊號，而且不必每次都付出成本，這對人類的成就帶來極大貢獻。

人類對警覺性的需求

我們會在意想不到的地方發現溝通的成敗，獵物能說服掠食者放棄追逐，胎兒卻不能說服母親給予更多資源。演化的邏輯對於了解這些成敗至為關鍵，能告訴我們個體何時有共通的誘因：同一具身體內的細胞或同一個蜂窩裡的蜜蜂。但是當衝突發生時，如懷孕期間，共通的誘因還不夠，除非兩個個體的繁殖命運完美交織在一起，否則發送出不可靠訊號的誘因幾乎一定會存在。這就是天擇開始發揮創意，想出各式各樣維持訊號可靠方法的時候了。這些解決方案中，有些像湯氏瞪羚的僵屍跳讓人眼睛一亮，但是幾乎不太可能應用在人類的溝通上；相反地，我主張人類的溝通（大多）之所以能維持可靠，是因為開放警覺性機制，讓我們暴露在不可靠訊號的情況降到最低，並且透過追蹤誰說了什麼，使得傳播不可靠訊息的人付出代價。

第三章
缺乏「防毒軟體」的認知機制
——栽在洗腦者與隱藏說服者手裡

對人類而言，溝通能力十分重要，沒有溝通就很難搞清楚什麼東西吃了是安全的、怎麼避開危險、該信任誰等。雖然有效溝通在今天的重要性更勝以往，但對我們的祖先來說也很關鍵，因為他們必須彼此溝通才能狩獵與採集、養大小孩、建立聯盟，以及傳承技術上的知識[1]。我們複雜的發聲與聽覺器官顯然是成熟口語溝通不可或缺的，在解剖學上至少和現代人類的存在一樣久遠，已存在三十萬年。六十萬年前與我們祖先分支的表親尼安德塔人（Neanderthal）似乎也有相同器官，暗示複雜的口語溝通歷史其實更悠久[2]。

如果人類早在史前初期就靠著彼此溝通獲得極大的好處，必定也面臨濫用溝通的風險，我們比其他靈長類更可能陷入被溝通誤導與操弄的危險。既然有和演化相關的問題，就會有發展專門解決這類問題認知機制的天擇壓力，這也適用於溝通，因為它同時具備好處與壞處。

確實因為可能要付出的代價太高，所以如果沒有演化出專門的認知機制處理溝通的潛力與危險，可能會讓自己陷入困境。在一篇二〇一〇年的文章中，認知科學家丹・斯波伯（Dan Sperber）與同僚（包括我在內）將這些機制稱為**知識論上的警覺性**（Epistemic Vigilance），但我在本書中稱為**開放警覺性**（Open Vigilance），強調面對他人傳遞的資訊時，這些機制的開放性至少與警覺性不相上下[3]。然而即使我們同意這類機制必定存在，它們還是會有不同的作用方式。

面對溝通及開放警覺性機制的演化，有一種思維是以軍備競賽類比。軍備競賽是指兩個實體為了回應對方的行動而日益增加籌碼，緣於蘇聯與美國在冷戰時期相繼打造越來越多的核武，互相回應對方擴充核武的行動，一來一往問核武越來越多。

以溝通來說，軍備競賽會發生在訊息發送者與接收者之間，前者會演化出越來越精巧的方法來操縱接收者，而後者則會演化出越來越精巧的方法來拒絕不可靠訊息，電腦病毒和防毒軟體也是如此。在人類身上，這個模型會導致缺乏心智敏銳度與易受騙性間的關聯。歷史上有很多評論家都主張，有些人類（從女性到奴隸）天生智力有限，因此特別容易被騙（以我的話來說，就是被阻礙使用較成熟的開放警覺性機制）。即使假設我們天生都具備相同的認知技能，也不一定能完全仰賴，因此軍備競賽的模型預測，當接收者因為太累或分心，無法妥善運用最厲害的認知機制時，面對訊息發送者更進步的認知謀略便毫無招架之力，就像沒有更新的防毒軟體會讓電腦易受攻擊。

洗腦者與隱藏的說服者

對一九五〇年代的美國來說，對操控的恐懼是一種時代精神。面對約瑟夫・史達林（Joseph Stalin）掌權的蘇聯，共產黨帶來的威脅感達到最高點，美國也進入麥卡錫主義的高峰。當時的人覺得「紅色勢力」已經滲透一切，包含政府、學術單位、國防計畫等，這些勢力在不知不覺中應該也侵入最捨身愛國的美國軍隊裡。在韓戰期間，成千上萬美國士兵遭到北韓和中國俘虜，那些成功逃跑的人帶回恐怖的虐待與折磨故事，從剝奪睡眠到水刑都有。戰爭結束後，這些戰俘被遣返回國，當初的虐待則蒙上更陰暗的意義，這些行為不只示範敵人的凶殘，還被視為企圖洗腦美國士兵投向共產黨陣營。有二十三位美國戰俘選擇追隨俘虜他們的中國，拒絕返鄉，這絕對是《紐約時報》（*New York Times*）所說的：「活生生證明了，共產黨的洗腦確實會在某些人身上奏效[4]。」

洗腦的作用方式應該是動搖一個人較高層次反思的能力，因為它涉及「制約」、「削弱」及

「分離—催眠—可受暗示性[5]」。對美國海軍少將丹尼爾・加萊瑞（Daniel Gallery）而言，它會讓人「成為介於人類與鼠輩間掙扎求生的曖昧存在[6]」。北韓與中國使用這種技巧，據信脫胎自蘇聯先前發展出將戰俘變成「巴伐洛夫的囚犯」做法[7]。巴伐洛夫（Pavlov）是以用鈴聲讓狗流口水而著名的心理學家。諷刺的是，美國人在自己的「反恐戰爭」裡，為了從恐怖分子嫌疑犯身上獲得資訊，也使用很多這樣的技巧，水刑就是很好的例子。

一九五〇年代的美國，在另一種非常不同的情境裡也出現「人在不能思考時較容易受影響」的觀點。在這個情境下，目標不是在北韓煉獄般監獄裡的那些戰俘，而是舒服觀賞好萊塢最新強片的電影觀眾。在電影播放中，會快速出現「喝可樂」之類的訊息，因為速度太快，所以觀眾不會意識到[8]，這些訊息很快被稱為**下意識的**（subliminal），也就是「只出現在意識的門檻之下」。下意識的訊息創造出延續數十年的恐懼，甚至到了二〇〇〇年都還傳出醜聞，指稱由共和黨贊助，抨擊民主黨總統參選人艾爾・高爾（Al Gore）的政策廣告裡出現**鼠輩（rats）**這個字眼，意圖影響觀眾的下意識[9]。

但是也有人為了實現更崇高的理想，想要駕馭下意識訊息的力量，有些公司開始製作幫助人們提高自尊等治療用錄音帶，讓人們在睡眠中聆聽。因為人在睡覺時不會傾向對意識做太多控制，這些錄音是直接以潛意識為目標，所以大家相信它們特別有用。

對於洗腦和下意識影響力的恐懼，建立在「較差的認知能力與易受騙性間有關聯」的普遍想法，我們思考得越少，越容易被有害的訊息影響。認為缺乏智力成熟度與易受騙性間有關聯的想法，在歷史上非常普遍。早在西元前五〇〇年，赫拉克里特就說過：「那些對演說者言聽計從的人啊，身處人群之中，毫不考慮身邊的愚人與竊賊有多麼多。」他說的就是一般人，而不是貴族。

兩千五百年後，群眾心理學家的論述裡也充斥相同的比喻。十九世紀後半葉，從革命的暴徒到罷工的礦工，群眾對政治的影響力日益成長，於是許多歐洲學者努力想要解決這個問題，發展出群眾既暴力又容易受騙的觀點。這個觀點大受歡迎，啟發貝尼托・墨索里尼（Benito Mussolini）和阿道夫・希特勒（Adolf Hitler），時至今日依舊是包括執法單位成員在內那些必須應付群眾者的普遍想法[10]。群眾心理學家中最知名的古斯塔夫・勒龐（Gustave Le Bon），提出群眾「缺乏……批判性思考……就像在較低等的生命體，如婦女、野蠻人和孩童身上看到的[11]。」勒龐的同僚加布里埃爾・塔德（Gabriel Tarde）在清楚說明動機推理（Motivated Reasoning）時提出，由於「群眾會順從、輕信……因此是陰性的」，儘管他也承認，「通常組成群眾的是男性[12]」。另外一位群眾心理學家希波李特・泰納（Hippolyte Taine）補充，人在群眾中會降低到自然的狀態，就像「互相模仿的卑賤猴子[13]」。大約同時，在大西洋的另一邊，馬克・吐溫（Mark Twain）筆下的吉姆就是「快樂、容易受騙、天真的奴隸[14]」。

在二十一世紀，還是會看到呼應這些令人不快關聯性的論點。《華盛頓郵報》與《外交政策》（*Foreign Policy*）的記者聲稱，唐納・川普（Donald Trump）之所以當選美國總統，都要感謝那些「容易受騙」的「無知」選民[15]。針對英國脫歐（Brexit）也有類似看法，投票要脫離歐盟（European Union）的都是「教育程度低的平民」，投票留歐的則是「成熟、有文化的都會人[16]」。

在當代學術文獻中，天真與輕信他人間的關聯主要以兩種形式呈現。第一種是兒童，他們缺乏認知成熟度，經常與容易受騙連結在一起。近期的心理學教科書主張，隨著兒童能掌握更複雜的認知技巧，會變得「較不容易受騙[17]」。其他較概括而論的說法則認為，「兒童看來是廣告主的夢想：容易輕信他人、脆弱又很容易買單[18]。」

第二種將缺乏認知成熟度與輕信他人特質連結在一起的形式，則是將思考過程分為兩種類型的熱門看法：所謂的「系統一」和「系統二」。這個觀點在心理學界歷史悠久，最近則因為心理學家丹尼爾・康納曼（Daniel Kahneman）的《快思慢想》（*Thinking, Fast and Slow*）一書而更普及。根據這種觀點，有些認知過程是快速、輕鬆、主要在無意識中發生，屬於系統一；閱讀簡單的文字、對某人建立第一印象、在熟悉的街上行走等都屬於該系統。整體來說，形成系統一的直覺能力是有效的，但也可能受制於系統性偏見。例如我們似乎會以臉部特徵為基礎，判斷一個人的能力或是否值得信賴。這樣的判斷也許可靠度有限，但應該能被更強烈的線索輕鬆取代，好比這個人實際上的行為[19]，這就是系統二應該發揮作用的時候。系統二靠著較慢、要花力氣、反思的過程，會在系統一失效時介入，用較客觀的過程及更理性的規則，修正錯誤的直覺想法，這就是常見的雙軌過程敘事（Dual-process Narrative）[20]。

這種雙系統作用最為人所知的範例，可能就是「球棒與球」的問題：

一根球棒和一顆球共一．一美元，球棒比球貴一美元，請問球是多少錢[21]？

如果你沒計算過這種問題，先試著計算，再接著閱讀。

這個問題讓心理學家深深著迷，因為儘管看起來很簡單，但大多數人的答案都是錯誤的○．一美元。這個答案就是系統一的完美範例，大多數人看完這個問題，腦海中第一個跳出來的數字就是○．一美元，但這不可能是對的，因為這樣球棒就要一．一美元，加上球總共是一．二美元。大多數人要靠系統二才能修正這個直覺錯誤，算出正確答案其實是○．○五美元[22]。

如果系統一是由粗略、隨時做好準備的機制組成，系統二則是由緩慢、仔細的思考組成，我們可能會預期系統一和輕信他人有關，系統二則與批判性思考有關。心理學家吉伯特和同僚進行一系列巧妙的實驗，抽絲剝繭地了解這兩套心智系統在評估他人溝通資訊時扮演的角色[23]。在這些實驗裡，受試者會看到一系列的陳述，在讀完每個陳述後，就會知道陳述內容是否正確。例如其中一個實驗的陳述是關於美國原住民霍皮族（Hopi）的語言，受試者可能先看到「ghoren是『罐子』的意思」，一秒後就會看到「正確」。在看完所有陳述後，受試者要回答正確與否。為了測試兩個系統扮演的角色，吉伯特與同僚會不時中斷系統二的處理程序。又慢又花力氣的系統二很容易被中斷，怎麼做呢？受試者要在聽見某個鈴聲時按下按鍵，而這個鈴聲會刻意在關鍵資訊出現，也就是說明陳述是否正確時響起。

不論該陳述先前被提示為正確或錯誤，若受試者的系統二在需要回想內容是否正確時被中斷，就會較相信該陳述內容為真。系統二被中斷，造成很多受試者認為錯誤陳述是正確的。這些實驗讓吉伯特與同僚得到一個結論：我們初始傾向接受被告知的資訊為真，系統二就算只是稍微被中斷，都會阻止我們重新思考原先接受的內容。誠如他們針對這個主題發表的第二篇文章標題：「眼見難以為憑」（You Can't Not Believe Everything You Read）[24]。康納曼將這些發現做了摘要：「如果系統二在忙別的事，我們幾乎什麼都會相信。系統一容易受騙，偏向相信他人；系統二負責質疑和不信任，但系統二有時很忙，也經常很懶[25]。」

觀察也發現，較具「分析性」的思考風格（也就是更傾向依賴系統二，而非系統一），與拒絕經驗上可疑的信念間也有關聯性，這和上述結果一致。在一篇廣為流傳的文章裡，心理學家威爾．傑威斯（Will Gervais）和阿瑞．諾倫札揚（Ara Norenzayan）發現，心智方面較有分析性架構的人，如較會解開「球棒與球」問題的人，較可能是無神論者[26]。其他研究則指出，分析傾向越強的受試者越不容易接受從巫術到預知能力等各種超自然信念[27]。

希望你對剛剛讀到的內容都不買單

警覺性演化的軍備競賽觀點預測，缺乏認知成熟度與易受騙性之間有關聯性，這種觀念縱橫歷史，從古希臘哲學家到當代心理學家都接受。然而儘管這種說法非常有吸引力，但我相信軍備競賽的比喻及上述的關聯性，從頭到尾都是錯的，因為較可能接受錯誤信念的人會承受嚴重後果，我也會說明原因。

首先，軍備競賽的比喻不適合人類溝通演化的大範圍模式。軍備競賽的特徵是透過平行升級維持現狀，蘇聯和美國當時累積越來越多的核武，但是兩國都沒有占上風；電腦病毒並沒有被防毒軟體趕盡殺絕，也沒有攻占所有電腦。同樣地，在前一章描述母親與胎兒爭奪資源的情境裡，因為兩邊都大量部署荷爾蒙訊號，實際上根本沒有造成淨值變化。

還好人類的溝通和這些例子大不相同，在這裡的現狀可能是我們的史前祖先，或接近現存最親近的親屬，彼此之間交換的資訊量。顯然我們已經大膽冒險，遠遠超越這個現狀。和其他靈長類相比，我們發送和消耗的資訊規模大上許多，而且重點是受到接收資訊的影響也更大。我們溝通的頻寬已經大幅擴張，討論遙遠時空裡的事件、表達最深層的感受，甚至會爭論抽象的實體，並講述想像中生物的故事。

關於人類溝通演化，比軍備競賽更好的類比是雜食性演化。有些動物的飲食內容特別明確，無尾熊只吃尤加利樹的葉子、吸血蝙蝠只喝活體哺乳類的血、貓熊只吃竹子，這些動物拒絕食用不屬於牠們的食物選項，極端的例子是如果尤加利樹葉不在樹枝上，而是平放著，無尾熊也不會吃[28]。這些動物演化出極端特定的食物選擇，然而當牠們身處新環境時，這樣的策略可能會弄巧成拙。只喝活體哺乳類血液的吸血蝙蝠不需要擔心食物是否新鮮，學習避開有毒的食物不是牠們天生環境中必須面對的問題，所以沒有學習食物厭惡（Food Aversion）的機制，導致一直喝著其實會致病的血[29]。

和這些單食性動物相反，雜食性動物較開放，也較有警覺性，對覓食、偵測、消化都較為開放，接受更多樣化食物。老鼠或人類需要三十多種營養，包括「九種胺基酸、幾種脂肪酸，至少十種維生素，以及至少十三種礦物質[30]」，而飲食來源沒有任何一種能一次提供所有營養。雜食性動物的食物範圍較廣，也更願意嘗試。事實上只要是看起來能吃的，不管是什麼，老鼠或人類都會嘗試，牠們有一套機制能偵測消化食物中有哪些所需的養分，根據需求調整飲食，如缺鈉時就會想吃很鹹的東西等[31]。

這種開放性讓雜食性動物有很好的適應力，人類可以靠著幾乎只有牛奶和馬鈴薯（十八世紀初的愛爾蘭農民），或是只有魚和肉〔直到最近才改變的極地因紐特人（Inuit）〕的飲食存活。然而開放性也讓雜食性動物特別脆弱，肉類可能會腐壞，含有危險的細菌；很多植物為了避免被吃，可能有毒或很難消化，因此雜食性動物也比單食性動物對食物更有警覺性，利用各種策略學會如何避開可能帶來討厭副作用的食物，其中最基本的就是記錄是哪種食物會讓牠們生病，並在未來避開這些食物。對雜食性動物來說，這是理所當然的，但是對吸血蝙蝠等動物而言卻無法做到。記錄哪些食物安全可食，需要某種專門回路，不是一般的學習機制。生病的動物必須學會避開幾小時前吃過的食物，以及在進食和生病之間的一些其他刺激，如看到、感覺到、聞到的東西，但不見得全部都要記得[32]。從老鼠到人類，還包括毛毛蟲等的雜食性動物，會偏好小時候吃過的食物[33]。老鼠和人類也會特別注意物種內的其他成員吃了什麼，以及那樣東西是否讓牠們生病，會透過觀察學習哪些食物是安全的[34]。

至於溝通，人類和其他靈長類的差別，就與單食性動物和雜食性動物間的差異一樣。非人類的靈長類主要依賴特定的訊號，如長尾猴有專門的叫聲示警空中掠食者來襲[35]；黑猩猩會以特定方式微笑，示意順從[36]；階級高的狒狒在接近較低階的個體前，會吼叫表達明確意圖[37]。人類則如前所述是溝通上的雜食性動物，幾乎所有想得到的事物都能溝通傳達，因此遠比其他靈長類更開放。用「指」這麼基本的動作來舉例，人類嬰兒一歲後很快就了解「指」的意義[38]，但就算在我們覺得「指」是再明顯也不過的情境裡，成年的黑猩猩也不能理解。曾有實驗在黑猩猩面前放兩個不透明的容器，其中一個裡面有食物，但牠們不知道是哪一個。接著實驗人員重複指向其中一個容器，但是黑猩猩選擇該容器的機率並沒有高於選擇另一個[39]。這不是因為牠們缺乏智力，因為如果你試著拿取其中一個容器，黑猩猩就能正確推論裡面一定有食物[40]。與我們相比，溝通對黑猩猩來說就是較不自然。

如果和其他靈長類相比，我們對不同形式與內容的溝通更開放，也應該更有警覺性。我會在接下來四章探討如何應用這種警覺性，在此想強調的是這種開放警覺性機制的整體架構，當這套機制裡有些地方受損時，這個架構能讓我們理解可能的後果：這類損害是否會讓我們更容易或更不容易接受誤導的資訊？

若是根據軍備競賽理論，我們已經從極端開放的狀況，也就是一般易受騙性，朝向越來越成熟的警覺性演化，這是因為我們有較近期發展的認知機制。如果這樣的機制被移除，理論上就會回歸過去容易受騙的狀態，較可能在無論訊息有多蠢或有害的情況下，依舊一律接受所有的訊息。

然而雜食性演化比喻則暗示相反的情況，我們從極端保守主義開始演化，一開始只會讓有限的訊號影響自己，逐漸朝向較有警覺性，但也對不同形式與內容的溝通更開放。隨著開放性增加，成熟度也提升的架構，整體功能會更健全。以軍備競賽的角度來看，中斷較成熟的機制會讓我們易於上當且容易受傷。然而一個開放性與警覺性同步成長的模型沒有那麼脆弱。如果較近期發展的機制被中斷，我們會回復到較古老的機制，讓自己更不警覺也更不開放。如果較近期發展的成熟認知機制被中斷，會回復保守的本質，成為更頑固而不是更容易被騙的人[41]。

洗腦不是真的洗

支持缺少成熟度與容易受騙之間的關聯性，以及間接支持警覺性演化的軍備競賽觀點的證據又要怎麼說呢？首先，洗腦和下意識影響該如何解釋？如果中斷更高階的認知能力或根本繞過它是有效的影響方法，洗腦和下意識刺激應該會讓我們變得很無助，輕易接受共產主義的優點，並且超想喝可口可樂（Coca-Cola），但事實上這兩種說服技巧卻驚人地無效。

對洗腦的恐懼來自二十三名美國戰俘在韓戰後投誠中國，這已經是很令人同情的成功率，四千四百名戰俘中有二十三人改變信念，只占〇．五%。但事實上真正心悅誠服的歸順者接近零，叛國士兵害怕的是在美國會面臨的後果，他們為了在戰俘營裡得到一些好處而和中國軍方合作，或至少比其他戰俘更不會反抗，因此預期回國後會遭到軍法審判。那些回到美國的戰俘裡，確實有一人被判刑十年，另一人則被檢察官求處死刑。相較之下，歸順中國後吃香喝辣好像不是太壞的選擇，就算這代表他們必須在口頭上稱讚共產思想也沒關係，他們幾乎不可能弄清楚那些思想[42]。近期從洗腦延伸的其他方法還有「強化的偵訊技巧」，藉由肉體上的限制、睡眠剝奪等其他試圖麻痺嫌犯心智的做法，是美國軍隊用來對抗「反恐戰爭」的手段。就像洗腦一樣，這些技巧被證明比充分利用嫌犯高等認知的軟性技巧更無用，所謂的軟性技巧是由偵訊者和嫌犯建立信任感，對主題進行深入討論[43]。

同樣地，對下意識影響與無意識心智控制的恐懼也毫無根據。早期的實驗顯示，下意識刺激的力量根本是捏造的，沒有人對電影院裡播放的下意識「喝可樂」廣告有反應[44]，大量的後續（真實）實驗也無法證明，下意識刺激會對我們的行為發揮任何有意義的影響力[45]。看到「喝可樂」的訊息閃過螢幕時，並不會讓我們更想喝可口可樂，在睡眠中聽激勵自我的錄音帶，也不會提高一個人的自信。如果有些實驗暗示刺激能影響我們，我們卻沒有意識到，那個影響頂多也只是細微的，像是讓某個已經很渴的人再多喝一點水[46]。

吉伯特與同僚進行的實驗呢？那些實驗確實顯示某些陳述（如「ghoren是『罐子』的意思」）會被自動接受，需要某些努力才能拒絕。但這是否代表系統一就如同吉伯特所言，會接受「所有我們讀到的資訊」呢？並非如此，如果受試者具有關於該陳述的背景知識，這樣的背景知識會決定他們的初始反應。例如對「軟香皂可食」這樣的陳述，人們的初始反應就是拒絕[47]，這些陳述甚至不需要有明顯的錯誤，人們都能出於直覺不相信。如果它們是錯的，只要有某些切身性，人們就不會相信。至於在霍皮族語中「ghoren是『罐子』的意思」到底正不正確，知道這件事對人們的幫助並不大。

相反地，如果你發現「約翰是自由主義者」的陳述是錯的，它便提供關於約翰的一些有用資訊。當看到「約翰是自由主義者」這類陳述時，人們的直覺反應是採取懷疑態度而非接受[48]，這和「容易受騙並偏向相信」天差地遠[49]。真要說的話，系統一偏向拒絕任何與我們的背景信念不相容的訊息，模糊不清或來源可疑的訊息也會被拒絕[50]，包括很多恰好正確的訊息。例如假使你像大多數人一樣，在「球棒與球」的問題裡卡在〇．一美元這個答案，而且已經有人告訴你正確答案是〇．〇五美元，你的初始反應就會拒絕這個陳述，這樣一來，系統二就必須花點力氣才能讓你接受合理的信念，這種情況比系統二要花費額外力氣讓我們拒絕毫無根據的信念更常見。

沒有實驗性證據顯示，較不具分析傾向的人（較不會使用系統二）和較容易接受經驗上令人存疑的信念間，有系統性關聯。相反地，人們使用不同認知機制的傾向，以及他們接受在經驗上令人存疑的信念類型之間，卻有著複雜的互動。對較不依賴系統二的人來說，與他既有觀點產生共鳴的信念應該更容易成功，但是過度依賴系統二，也可能導致接受來自看似強勢，但其實是錯誤論點衍生的可疑信念。

這就是我們觀察到的，「分析性思考」與「接受經驗上可疑信念」的關聯性存在各種可能，絕對不是直截了當的關係。分析性思考和無神論有關，但這只在某些國家成立[51]。在日本，較具分析性的傾向與夠容易接受超自然信念有相關性[52]。雖然洗腦技巧無法真正讓戰俘全心相信共產主義的好處，但馬克思與恩格斯的完善論述卻說服相當數量的西方思想家。知識分子確實通常是最早接受新的、表面上難以置信想法的人，很多這些想法已被證明是正確的（從板塊構造論到量子物理），但也有非常多是錯誤的（從低溫核融合到疾病體液學說）。

即使相對缺乏成熟度似乎與易受騙性相符，但依舊沒有證據顯示是前者造成後者。以某些衡量標準而言，小孩可以說比年紀較大的同輩或成人容易受騙[53]。例如三歲小孩很難理解有人在騙他，然後不再相信對方[54]（在其他方面，三歲小孩顯然驚人的固執，任何想讓小孩吃花椰菜或早點睡覺的父母都知道這一點）。但是這種明顯（及部分的）易受騙性，並不是因為缺乏認知成熟度造成，反而反映出幼兒環境裡的一些現實，就是和成人相比，小孩知道得很少，通常會信任周圍成人說的話[55]。在我們演化的環境裡，小孩幾乎一定會在母親附近，而母親沒有要欺騙孩子的誘因，也會避免發生大部分的虐待。小孩會強烈假設對方值得信賴，就某些方面而言，正如在蜜蜂身上看到的，牠們沒有太多理由懷疑其他蜜蜂，就像小孩沒有理由不信任照顧者。

無論是哪一種情況，缺乏成熟度都不能用來解釋我們信任他人與否。演化的邏輯就是不可能讓易受騙性成為穩定特徵，易受騙的個體會被占便宜，最後將不再注意任何訊息，因此人類必須有警覺性。警覺性演化的軍備競賽觀點乍看之下很有吸引力，因為發送者會演化以操弄接收者，而接收者也會演化以避開這類企圖。儘管這種軍備競賽觀點，與缺乏成熟度導致易受騙性這種受歡迎的觀點十分符合，但它是錯的。在人類的溝通越來越廣泛、越來越強大的過程中，開放與警覺性才是真正同步共同演化的特徵。現在可以進一步詳細探討，讓自己對溝通更開放也更警覺的認知機制：如何決定要相信什麼、誰最有知識、誰可以信任，以及要有什麼感覺。

第四章

我們如何決定該相信什麼？

——查證訊息可信度的過濾器

想像你是美食主義者，喜歡各式各樣的料理，不過瑞士料理例外，根據多次經驗，你覺得那頂多只能說是二流料理。然後友人賈克斯告訴你，附近有一家新開的瑞士餐廳很好吃。你會怎麼做？

就連這麼世俗的情報交流，都能說明你在評估任何訊息時應該考慮的各種線索。賈克斯去過那家餐廳嗎？還是他只是聽說的？他是否特別喜歡瑞士料理？或是他對美食的整體知識如何？他是這家新餐廳的股東之一嗎？接下來兩章會說明如何辨識與理解這些和訊息來源有關的線索，本章會聚焦在訊息的內容。

假設賈克斯和你一樣對美食頗有研究，也沒有理由過度推崇這家餐廳，你要怎麼整合他認為這家瑞士餐廳很好吃的意見，以及你對瑞士料理抱持的懷疑態度？用既有信念評估訊息，是開放警覺性機制的最基本任務：**可信度查證**（Plausibility Checking）。

一方面，我們已經很明顯知道應該用既有觀點和知識來評估獲知的資訊。如果有人告訴你，月亮是乳酪做的，你就應該發揮一點質疑的態度；如果你和胡妮塔多年來的互動都很不錯，結果有人告訴你，她很差勁，你應該對這個資訊保持警覺。

另一方面，難道依靠我們既有信念不是通往偏見的大門嗎？如果我們拒絕任何與既有信念相互衝突的說法，不就會無可救藥的頑固又充滿偏見嗎？

怎麼處理互相矛盾的意見？

實驗證據顯示，不理性的頑固風險確實存在。在某些情況下，人們面對矛盾的證據時，似乎更容易囿於自己的觀點。以前面的例子說明，就像別人告訴你有一家瑞士餐廳很好吃後，你會更確定瑞士料理就是爛。心理學家將這種現象稱為**逆火效應**（Backfire Effect），而且這是重複觀察到的現象。多年前的第二次伊拉克戰爭，美國喬治．布希（George W. Bush，即小布希）政府出兵伊拉克的理由是，伊拉克領導人薩達姆．海珊（Saddam Hussein）在發展大規模毀滅性武器。儘管當時根本沒有發現這樣的武器，但這項信念依舊持續多年，尤其是較支持小布希與伊拉克戰爭的保守派對此特別深信不疑。在這樣的情境下，政治學者布倫丹・奈恩（Brendan Nyhan）和傑森・萊夫勒（Jason Reifler）給這些美國保守派觀看具權威性的資訊，說明伊拉克根本沒有大規模毀滅性武器[1]。面對這項新的資訊，這些參與者非但沒有改變想法，反而更堅信大規模毀滅性武器曾經存在。幾年後，同樣一批研究人員在堅持反對接種疫苗的人身上也觀察到類似效果，讓這些反對疫苗者觀看關於流感疫苗的安全性和有用程度資訊，甚至進一步降低他們接種疫苗的意願[2]。

不過這種逆火效應當然必須是例外，而不是通則。假設有人要你猜尼羅河有多長，你覺得大約是七千公里，有人說較接近五千公里。如果逆火效應是通則，再重複幾次爭論後，你就會說尼羅河長到能繞地球好幾圈，還好不會發生這種事。在你認為尼羅河長七千公里，別人說五千公里的情況下，人們會**偏向**另一種意見移動約三分之一，很少越離越遠[3]。

就算在政治或健康這類較敏感議題上，逆火效應也很少見。奈恩與萊夫勒當時證明，在保守派聽到伊拉克沒有大規模毀滅性武器時，變成更堅信這種武器存在。政治學者湯馬斯・伍德（Thomas Wood）與伊森・波特（Ethan Porter）最近試圖複製這項發現，他們雖然成功了，卻發現在三十項試圖說服受試者的實驗裡，只有一個逆火效應的例子；其他二十九個例子中，受試者看到與美國政治有關的事實陳述（如槍枝暴力已經下降，或目前墮胎率是史上最低）時，他們的意見會偏向新的、可靠的資訊移動，就算這項資訊與自己既有意見及政治傾向對立也一樣[4]。一般來說，當人看到來自可靠來源的訊息質疑既有觀點時，或多或少都會把新資訊納入觀念[5]。

在上述的例子裡，人們的信念（像是伊拉克有大規模毀滅性武器）和他們被告知的資訊（沒有這種武器）直接衝突，但是瑞士餐廳的例子就比較微妙，你對賈克斯推薦的餐廳沒有意見，只對瑞士料理有整體的偏見。在這種情況下，最佳做法是有點反直覺的。一方面，你質疑賈克斯的意見，認為這家新的瑞士餐廳可能也很難吃，但卻不該因此更肯定瑞士料理就是難吃，如果你會這樣，就是逆火效應，你反而會對瑞士料理的一般信念會變得較不那麼負面，所以如果有夠多（有能力且值得信任）的人告知有些瑞士餐廳很不錯，你最後就會改觀[6]。

超越可信度查證的過濾器：論證

可信度查證是永遠存在的過濾器，會衡量是否接受訊息。整體而言，這個過濾的角色大部分時候都是負面的。如果可信度查證只允許符合既有信念的訊息，我們就不太可能改變想法，因為自己在本質上已經同意這個訊息。這就是你經常需要確認資訊來源品質的原因，什麼是可靠、出自好意的，才會進而改變想法。然而有一種例外是，可信度查證本身對來源沒有任何資訊，卻給予我們接受全新資訊的理由，就是當新資訊增加自己信念的連貫性時[7]。

洞察問題能說明，一項新資訊如何只以情境為基礎就完全被我們接受。請看下列的問題：

希雅拉和索爾絲在同年同月同日由同樣的父母生下，但她們不是雙胞胎。

這怎麼可能？

如果你還不知道答案，請想一、兩分鐘。

現在假設有人告訴你：「她們是三胞胎中的兩個。」就算對告訴你這件事的人沒有任何信任基礎，就算這是一個全新資訊，你也會接受這個答案，因為它很合理，這項新資訊解決有兩個女孩同時出生，有同一個母親，卻不是雙胞胎的不一致性，讓你的信念更具連貫性。

但在某些例子裡，光是被告知某件事並不足以改變我們的想法，就算接受那項資訊會讓自己的信念更連貫也一樣。請看下列的問題：

保羅看著琳達。
琳達看著約翰。
保羅已婚，但約翰未婚。
是不是有一個已婚者在看未婚者？

是／否／無法判斷。

你要想多久都可以，這是我最喜歡的邏輯問題之一，我和同事在很多實驗中都有使用[8]。

決定答案後，假設友人切塔娜告訴你：「正確答案為**是**。」除非你剛好也覺得答案為**是**，否則很可能覺得切塔娜搞錯問題了。你可能會得到正確答案是**無法判斷**的結論，事實上可能滿肯定這才是正確答案[9]。

不過切塔娜應該是對的，你接受**是**為正確答案可能較好，因為琳達必定是已婚或未婚，如果她已婚，已婚者（琳達）在看未婚者（約翰）就是正確的；但如果她未婚，已婚者（保羅）在看未婚者（琳達）也是正確的。無論如何，「有一個已婚者在看一個未婚者」都是真的，所以正確答案為**是**。

一旦你接受**是**的答案，就會覺得較好。然而在一開始答錯的那些人（也就是大多數人）中，基本上沒有人會在缺乏相關說明的情況下，直接接受**是**的答案[10]，他們需要推論的過程，幫忙把點連成線。

這就是論證，不只對邏輯問題有用，在日常生活也無所不在。你要和同事一起拜訪客戶，打算搭六號線地鐵抵達目的地，但是同事建議搭公車。你指出搭乘地鐵較快到達，但是她提醒你地鐵司機員現在罷工，說服你改搭公車。如果你沒有接受她的論證而直接搭乘地鐵，結果就會發現地鐵沒有營運，浪費寶貴時間。

我們可以將人類用來評估論證的認知機制稱為**推理**（Reasoning），推理讓你獲得關於論證品質的洞察力。當你聽見**是**這個答案，或是為什麼該搭乘公車的論證時，推理會告知這些是好的論證，准許你改變心意。同樣的機制也被我們用來說服他人，因為會考慮能達到這個目的之潛在論證[11]。

推理的運作和可信度查證非常相似，可信度查證會用我們既有信念評估獲得的訊息，推理則使用我們既有的推論機制。因為司機員在罷工，所以不應該搭乘地鐵的論證是有用的，因為你自然地會從「司機在罷工」和「地鐵會關閉」之間的關係，推斷出「我們不能搭乘地鐵」[12]，如果你先想到罷工的事，也會得到相同的推論，接受相同的結論，同事只是幫你把點連成線。

在地鐵的例子裡，每個點要連成線很容易，你可能不需要幫助就能做到。然而在其他例子中就困難多了，就像琳達、保羅和約翰問題，或是新的數學證明，需要用全新又很難理解的方式將點連成線，但是了解證明的人只需要事先理解每個步驟的有效性，就能加以評估。

這樣的推理觀點能幫助解釋與蘇格拉底反詰法（Socratic Method）有關的爭議，在柏拉圖的《米諾篇》（*Meno*）裡，蘇格拉底（Socrates）向一位年輕奴隸一步步示範畢氏定理。蘇格拉底不需要說服那名奴隸接受任何結論，一旦每個假設呈現在適當的情境中，奴隸就能自行得到適當的結論，蘇格拉底只要組織這些步驟，讓那名奴隸照著走，就某方面來說，答案已經是「（由奴隸）自己的腦袋給出來的[13]」，可是如果沒有受到幫助，那名奴隸可能永遠無法得到答案。

這說明推理做為開放警覺性機制之一的功效，推理是一種警覺性，因為它促使我們只有在論證與既有推論機制相互呼應時，才會接受這些結論。如同可信度查證，推理本質上不是無腦的，一般來說，當某人想說服你某件不會接受的事時，你會聽見對方的論證[14]，如果你分心，沒有注意聽那些論證，根本不會改變想法；就算你注意聽，但是如果聽不懂那些論證，也一樣有所改變。只有在你理解那些論證，並在思考過程中加以評估後，才有可能被說服。

推理不只讓我們有警覺性，也讓我們有開放的心胸，同時幫助我們接受在沒有論證的情況下，永遠不會相信的結論。我先前提過一些研究，說明人們傾向重視自己的觀點勝過他人的意見，所以平均只會偏向對方的意見移動三分之一（尼羅河的例子）。當有機會一起討論議題，交換支持自身觀點的論點時，更能區別他們應該接受與拒絕的意見，包括那些若是沒有論證，就絕對不會接受的意見[15]。

我們大多數的直覺洞察都是可靠的，否則就無法在環境中找到方向，也早就會被天擇淘汰。因為我們會用這些直覺洞察評估他人推理的結果，所以那些認為夠好、足以允許我們改變想法的推理，很可能導致較準確的意見與更好的決定。因此在小型團體討論裡交流論點，應該會改善我們在各種任務中的表現，因為人們會知道什麼時候要改變想法，以及應該採納哪些新點子。交流推理的結果，讓預報員能做出更好的預測、醫生做出更好的診斷、法學家做出更好的法律決定、科學家發展更好的假說，以及學生更了解學習的內容等[16]。

具挑戰性的論證

為了讓我們的心胸更開放，推理應該盡可能客觀地評估論證，尤其在就算論證結論看似難以置信的情況下，也應該能看出什麼是好的論證。當我們聽到「琳達、保羅和約翰問題」的答案為**是**時，那些搞錯問題者的可信度查證機制會說否。當同事建議搭乘公車時，你知道會較慢到達，所以可信度查證的結果會是不要。然而一旦兩者提出論證，推理也發揮功能，可信度查證機制一開始的抗拒就會被反駁，不過如果你本來更強烈地覺得他們的結論是錯的，會不會更不可能接受這些論證？

在「琳達、保羅與約翰問題」的實驗裡，有些受試者對錯誤的答案非常有信心，以致於必須在自信等級上增加額外的選項，否則都會說自己「非常有自信」選的是正確答案。就算有了額外選項，最後還是有很多受試者表示所選的答案「和我最有自信的事一樣有自信」，相信這個錯誤答案是正確的。然而在看到正確論證時，這些超級有自信的受試者就和較缺乏自信的受試者一樣，都看得出來那是對的[17]。

當論證與謎題有關時，可能會改變一個人的想法。儘管過度自信，但並不會特別執著於他們（錯誤）的答案。不過如果事情有切身相關性，像是關於我們的私生活、政治、宗教時，又會怎麼樣呢？我們還能客觀評估論證嗎？證據分為三種：實驗證據、歷史證據、內省證據，這讓我對良好的論證（就算挑戰人們根深柢固的信念），通常都能改變人們的想法抱持希望。

在很多實驗裡，受試者會獲得強度不一的論證，從徹底的謬誤到無庸置疑的都有，接著被要求評估這些論證。在其他研究裡，研究人員會用函數來表示受試者看到論證的品質與改變想法的程度。這些研究的結論是，大部分受試者對論證的反應是理性的，會直截了當地拒絕謬誤的論證，較容易被紮實而非孱弱的論證說服，並會依此改變想法[18]。

歷史證據顯示論證是有用的，就算它們支持的結論頗具革命性也一樣。二十世紀初，伯特蘭．羅素（Bertrand Russell）、阿弗列．諾斯．懷德海（Alfred North Whitehead）、大衛．希爾伯特（David Hilbert）等西方偉大思想家都試圖為數學提供合理的邏輯基礎。一九三〇年，沒沒無聞的年輕數學家寇特．哥德爾（Kurt Gödel）提出一項證明，說明這是做不到的（更明確地說，不可能為所有數學找到一套完整且一致的定理）[19]。當這些思想家讀了這篇證明後，所有大人物都接受了，即使這代表他們數十年來的努力都付諸流水，只能向這個夢想告別，卻依然接受[20]。除了數學及其完美的示範外，在科學界也一樣，好的論證即使會挑戰長期以來的理論，仍舊是有用的。事實並不如馬克斯．普朗克（Max Planck）曾抱怨的：「新的科學真相並不是透過說服對手，讓它們看起來微不足道而獲勝，而是因為對手最終難逃一死，熟悉新科學真相的新一代會長大[21]。」相反地，當證據出現時，新的理論不管多具革命性，都會很快被科學界接受，例如蒐集到足夠的證據支持板塊構造論後，不到幾年就從邊緣理論變成教科書內容[22]。

好的論證就算在政治與道德領域也一樣管用，斯波伯和我在《理性之謎》（*The Enigma of Reason*）一書中，回顧上述數學界和科學界的例子，但也提到英國廢奴主義的驚人故事，儘管涉及大量經濟成本，整個國家依舊被說服放棄奴隸交易[23]。在過去數十年裡，女性、LGBT及其相關族群與少數族裔的權利，在很多國家都看到相當大的進步。在每個例子中，社會領袖、知識分子、新聞記者、學術單位及政治人物都花費很多時間與精力，利用各式各樣的道德和證據發展論證。人民會閱讀、聽見這些論證，在日常對話裡引用其中一些[24]。就算良好論證不是我們看見這些重大改變的唯一原因，在發展、陳述、溝通這些良好立論，好讓人們改變心意的努力，很可能都對輿論的大幅改變有所貢獻。

在個人層面上，我相信我們都曾經歷令人不舒服論證的影響力。我就讀大學時身為（頑固的）左派，但卻直面臨一些挑戰同儕普遍接受的政治信條論證。無視那些論證不會對我個人造成任何負面的實質後果，因為基本上我不屬於任何政治勢力，而且這樣只會為我帶來社交上的好處，因為我能表現出支持同儕的態度。然而我忍不住感覺到那些反面論點的力量，就算它們的結論有時還是讓我不喜歡，依舊在塑造我目前的政治立場扮演重要角色。

可以說正是這種深思熟慮後的論證，使得馬丁．路德（Martin Luther）對於理性發展出（說得好聽一點）厭惡感，他用華麗的嚴詞表達自己的厭惡：「理性本質上是帶來傷害的妓女，但她不能傷害我，只要我拒絕她就可以。啊，但她如此美麗又閃耀……別忘記保持你的理性，不要被她美麗的詭計牽著走[25]。」在所處的宗教戰爭情境中，可以想像路德面對許多挑戰他道德與宗教觀的論證，若是他能輕易拒絕這些論證，若是他覺得它們沒有一點力量，絕對不會感受到這股內在的騷動，也不會對理性有這麼深的怨懟。

如果直覺是錯的呢？

關於如何評估被傳達的資訊內容，人們主要靠著兩種機制：可信度查證，也就是將訊息的內容與既有的信念進行比較；以及推理，檢查支持該訊息的論證是否呼應既有的推論機制。

我已經清楚說明，可信度查證與推理功能是開放警覺性機制。我們可以藉由先前的信念評估別人告知內容，避免落入確認偏誤（Confirmation Bias），或是因為逆火效應而變得更極端。推理會演化，允許心胸更開放，如同良好論證能協助人們接受原本永遠不會接受的結論，就算這些結論挑戰根深柢固的信念亦然。

可信度查證與推理的主要問題，不在於它們可能偏向將溝通資訊和先前的信念與推論建立連結，而是在於先前的信念與推論本身。我們的心智已經演化，所以大部分的信念都是正確的，大部分的推論也都有憑有據。我們確實已經演化成必須處理很多領域的事物，從知道什麼食物能吃，到對方說的話到底代表什麼意思，也表現得很好。如果我們有很多學習的機會，也會在演化上一些新穎的領域裡得出一些紮實的推論：數十億的人現在幾乎都能完美地順暢閱讀，人類的計算士在被電腦取代前也能進行複雜的心算，錯誤少之又少。

相反地，如果我們試圖在任何演化上尚未準備好處理的領域裡進行推論與學習，很可能會有整體性錯誤。在處理全新問題時，我們要摸索解決方法，尋找一些看似與眼前問題相關、鄰近的認知機制。對大多數處理相同棘手問題的人來說，這些所謂鄰近認知機制可能也差不多，於是當很多人以同樣的方式搞錯一些事時，可能就會出現一些文化模式。

假設有一個人沒有接觸過科學，但想知道動物為什麼會有那些良好適應環境的特徵，可是我們缺乏能直接回答這個問題的機制（為什麼會有？這種機制的實質好處基本上是零）；相反地，認出並了解人造物就很重要，我們很可能具備處理這個問題的認知機制，因為人造物本身也是適應環境的產物，而我們知道人造物是有人做出來的，所以動物的適應性特徵也是由某種力量創造的，感覺起來好像是很合理的解釋[26]。這就是神造論（Creationism）大受歡迎的理由之一，因為這在直覺上很有說服力，當然比查爾斯・達爾文（Charles Darwin）的「適應性是因為天擇不受控制過程而出現的」論點具有說服力。

同樣的邏輯也適用於很多常見的錯誤想法。以疫苗為例，在某些很受歡迎的想像裡，接種疫苗是在健康嬰兒的體內注射某種疾病相關的物質（事實上這些藥劑通常是惰性的），我們的直覺當然無法接受[27]。最近興起的反疫苗心態經常被歸咎於某些說服群眾的大師，從英國的安德魯・韋克菲爾德（Andrew Wakefield）到美國的珍妮・麥卡錫（Jenny McCarthy），說他們鼓動一大群人從事這種有害、對科學無知的行為。然而事實上反疫苗運動的歷史就和接種疫苗一樣悠久，早在一八五三年，英格蘭制定最早的《強制接種疫苗法案》（Compulsory Vaccination Act），便「引發對汙染的強烈恐懼[28]」。二十世紀初，很可能因為小兒麻痺疫苗的成功，讓這股恐懼平息一陣子，但是後來又在西方捲土重來。這些恐懼創造出對反疫苗論述的需求，這種需求也很快就被滿足。醫藥史學家伊蓮娜・寇妮斯（Elena Conis）主張：「韋克菲爾德的研究（錯誤地將疫苗與自閉症連結），和麥卡錫身為疫苗懷疑論者的知名度，是當前父母對疫苗擔憂的產物，而非起因[29]。」特別是韋克菲爾德的研究只在二〇〇〇年左右針對美國的三合一疫苗接種有影響（這種疫苗被錯誤地與自閉症連結在一起），當時這項研究只有專業人士知道，後來也被發現有誤，因為研究結果和數十項其他研究相悖。然而媒體卻在幾年後才開始瘋狂圍繞著疫苗與自閉症的關係打轉，這些報導對疫苗接種率根本沒有影響[30]。

有很多這類例子，我們沒有具備思考大規模、複雜、多元狀態的政治或經濟問題機制，而是依靠透過處理小聯盟間彼此衝突而演化出來的直覺[31]，例如這些直覺會告訴我們，如果別人因為和我們交易獲得太多好處，自己一定會吃虧，或是應該小心強大的敵對陣營彼此勾結對自己不利，因此保護主義者的成功會廣為流傳，或更普遍地說，反貿易的政策與陰謀論會成功（顯然這些直覺有時候是對的，有些貿易對我們有害，有些人確實有陰謀）。

但不是所有錯誤觀念都能運用錯誤應用的直覺來解釋，法國有很多人支持順勢療法（Homeopathy），我還是很不能理解鴨肝要怎麼稀釋到什麼都不剩，還能治療流感？第八章會提到十三世紀時法國蒙塔尤（Montaillou）有一些明確非正統的信念，像是留著臍帶可以幫忙贏得訴訟，也讓我非常困惑（如果你有什麼建議請讓我知道）。

不過和神造論之流相比，抗拒疫苗或陰謀論這些奇怪的錯誤觀念都較有文化上的特定性（尤其是臍帶這件事並未造成大流行）。這些觀念的存在當然需要一些解釋，但一個成立的重點是，這些受歡迎的錯誤觀念通常都在直覺上很令人信服。在缺少強烈的反面力量時，不需要多花力氣就能說服一個人變成神造論者、反疫苗者及陰謀論者。直覺上的錯誤觀念根本不是因為常見的輕信他人所造成，而是反映出可信度查證的運作剛好用在不良素材時的結果。更正確的觀點——天擇演化、疫苗的功效等會傳播，有一部分要歸功於論證；但是論證要在那些能長時間討論問題，並有許多共識的人之間，才能發揮最強大的力量。為了將這些健全的信念擴展到專家圈之外，必須體認到有時其他人知道得更多。

第五章

誰知道得最多？

——衛星導航、美食專家還是高績效操盤手？

二〇一三年一月五日，住在比利時埃爾克利訥（Erquelinnes）鎮上的莎賓・莫露（Sabine Moreau）應該要到五十英里外的布魯塞爾中央車站接一個朋友，她在衛星導航裡輸入地址後開車。兩天後，在八百英里外，她到達在歐洲另一端，位於克羅埃西亞薩格勒布（Zagreb），一路上橫跨三個國家。此時她判斷一定出了什麼錯，決定回轉開回埃爾克利訥[1]。

如同在上一章主張的，我們較重視自己的信念，而非別人傳達的資訊，前提是其他條件都相同。但其他條件通常並不相同，其他人可能是無知的、誤會或資訊不足，讓我們有理由對他們的意見大打折扣，不過其他人也可能比我們更有能力與知識。在開放警覺性機制裡，心胸開放的主要一部分來自能辨識，接著聆聽知道較多者的意見，克服可信度查證導致我們抗拒與先前信念相互衝突資訊的初始反應。

本章要探討各種幫助辨識誰知道得最多的線索：誰最能取得資訊？誰過去都是對的？誰的意見和大多數人最相符？

這些線索告訴莫露應該相信衛星導航，衛星導航能獲得精準的地圖，過去的旅行也都證明它是可靠的，而且大家都相信它的正確性。顯然莫露太相信這些線索，造成它們勝過她的直覺。雖然有一個聽話的莫露，但又有多少人是因為不相信衛星導航的建議，最後迷路或卡在車陣中呢？

眼見為憑的優勢

別人比我們更可能是對的，其中一個最明顯的線索就是取得來源可靠的資訊。你相信友人寶拉沒有懷孕，知道比爾最近見過寶拉，他告知寶拉已經懷孕一段時間了，假設沒有理由認為比爾騙人（這個問題會在下一章討論），你應該會改變想法，接受寶拉懷孕這件事。來源正確的證詞也可以等同於特殊的接觸：如果你知道比爾最近才打電話給寶拉，應該也會相信他說寶拉懷孕的事。

關於取得資訊能力或管道（資訊獲取權）價值的直覺，是很早就發展出來的。在一項經典研究中，心理學家伊莉莎白·羅賓森（Elizabeth Robinson）與同僚系統性地讓年齡最低為三歲的受試兒童，對箱子裡有什麼東西獲得程度不一的資訊[2]，有些小孩看到箱子裡有什麼，其他小孩只是用猜的。接著有一名成人告知，箱子裡的東西和他們剛剛說的不一樣，而這個成人就像那些孩子一樣，有的是真的看到箱子裡的東西，有的只是用猜的。當成人真的看過箱子裡的東西，而小孩只是用猜時，小孩最容易相信那個成人；當小孩真的看過箱子裡的東西，而成人只是猜測時，他們最不會相信成人。

如果我們原本不知道和自己對話的人接觸過什麼資訊，對方通常會告訴我們，如果比爾知道你以為寶拉沒有懷孕，他可能說：「寶拉告訴我，她懷孕了。」提前消除你的疑惑。這種關於我們信念來源的資訊，在對話中無所不在，就算沒有人明確提及，通常還是能推論出一些。如果比爾告訴你：「那部電影很好看！」這暗示他看過那部電影，而不是只看了影評。

同樣地，就連小孩都對這種據稱的資訊獲取權很敏感。在我和同僚進行的一系列實驗裡，學齡前兒童要幫助一個（玩具）娃娃找到她失蹤的（玩具）狗，有一個（玩具）婦女說看見那隻狗往一個方向去了，另一個（玩具）婦女卻指著另一個方向，但並沒有明確說明為什麼她覺得應該往那個方向尋找，兒童會較相信那個提到可靠資訊來源的婦人。同理可證，如果第二名婦人提供一個爛理由，也好過根本不提供理由[3]。

專家是最好的指南針

當友人告訴我一個修理電腦的方法、推薦一家餐廳，或是提供約會建議時，只知道她從哪裡獲得這些想法是不夠的，也許她親自去過那家餐廳，但是那一次經驗的價值取決於她對食物的品味，如果她連麥當勞（McDonald's）和米其林星級餐廳都分不出來，她的親身經驗也沒有什麼價值。我們要怎麼弄清楚誰在什麼領域是有能力的呢？

最可靠的線索就是過去的表現，如果有人一直都能解決電腦問題、挑選精緻的餐廳，或是提供良好的約會建議，聽從這個人在這些領域的意見就是值得的。

從演化的角度來看，過去的經驗之所以會是很好的線索，在於它很難或不可能是假的。要持續解決電腦問題、挑選精緻的餐廳、給予良好的約會建議都很困難，如果你沒有某些基礎的技巧或知識，就無法在這些領域維持良好表現。

為了評估其他人的表現，我們可以依靠各種認知工具。人類有了解他人想要什麼、相信什麼、有什麼意圖的機制，多虧這些讀心的機制，我們能了解朋友希望她的電腦可以運作之類的想法，只需要記錄她是否成功達到目標就好。

我們也可以藉由上一章描述的機制：可信度查證與推理。告訴你洞察問題的正確答案（三胞胎問題），或是提供全新、具說服力的數學說明的人，應該會被視為較有能力，至少在這些領域正是如此[4]。

看到某人把某件事做得很好，無論他是專業運動員或工匠，都可以是令人愉快的經驗，它會引發所謂的能力高潮（Competence Porn），如觀賞名編劇艾倫・索金（Aaron Sorkin）筆下人物進行鏗鏘有力、言詞犀利的唇槍舌戰就是一例。觀看他人無懈可擊的表現，讓我們從中獲得樂趣，雖然並不會直接使我們獲得好處，但很可能和這種經驗帶來的學習可能性有關。

確認某人在某個領域很優秀，就有模仿對方的可能性。有些非人類的動物，如老鼠，已經會選擇要模仿誰，牠們較可能模仿成鼠而非幼鼠的行為[5]。但模仿還是有限制，在友人修理電腦時複製她的行為，不太可能會對你修理自己的電腦有幫助；跟著美食家朋友走，可能會讓你去一些其實不那麼合口味的餐廳，還會榨乾你的荷包。這就是溝通有用的時候了，當你根據過去的表現推論出某個朋友對電腦很在行，可以提出特定問題請教；也可以請美食家朋友推薦適合自己口味和預算的餐廳。利用朋友的專業知識為自己的問題獲得答案，會比光是模仿他們來得合理[6]。

判斷基金經理人、技師到獵人的真正能力

觀察過去的表現是建立能力的強大策略，但並不如表面上簡單，困難之一在於，表現可能有很大程度上取決於運氣。一個惡名昭彰的當代範例是金融市場的股票交易，要判斷一檔避險基金的績效是來自交易者天生能力或純屬運氣，幾乎是不可能的[7]。即使多年走強的表現也不太能算是指標：有鑑於避險基金的數量極多，統計上難免會有一些避險基金每年都表現得很好，但這只是機率而已。同樣的邏輯也適用於人類演化早期一些必定較有切身性的技巧，如狩獵大型獵物。一旦達到某種程度的能力，到底某天是誰殺了獵物，有部分真的是運氣問題，因此也很難評估獵人個別的能力[8]。

還好在很多領域裡，人們的表現沒有那麼飄忽不定，修理電腦就是一例[9]。不過即使當他們的表現能可靠地被偵測時，還是存在一個問題：我們要怎麼從觀察到的表現，推斷背後的能力強弱呢？當朋友修好電腦印表機的問題，你應該推論什麼？我們直覺地會拋棄某些選項：她在週一特別會修理東西、她特別會修理灰色的東西，或是對修理在桌上的東西特別在行，但這還是留下非常多可能為真的可能性：她很會修理自己的印表機問題、她會解決自己的電腦問題、她會修理印表機、她會修理蘋果（Apple）電腦、她會修理電腦、她會修理電子商品、她會修理

東西、她懂複雜的問題，或是她會照著指示做。

事實上，心理學家不知道人們是怎麼從觀察到的現象推斷出背後的能力。有些心理學家主張許多認知任務的能力和智商有關，其他心理學家則認為我們有不同種類的智力。例如羅伯特·史坦伯格（Robert Sternberg）就發展出智力三元論：分析技巧、創意、實踐技巧；霍華德·嘉納（Howard Gardner）則主張智力有八至九種形式，從視覺空間感到身體動覺都有[10]；其他心理學家則認為，我們的心智由許多專業化模組組成，範圍涵蓋臉部辨識模組到推理模組，而這些模組的強度會有個體差異[11]。

不管這個複雜問題的正確答案是什麼，顯然人類有直覺能引導我們從表現推論背後的能力。在幼兒身上就表現出這些直覺，學齡前的幼兒已經知道應該問其他幼兒和玩具有關的問題，而不是問大人，關於食物的問題就要找大人而不是小孩[12]。當他們被問到誰較知道電梯的原理時，這些學齡前幼兒會選技師而不是醫生，但是如果問他們誰較知道植物需要陽光才能生長時，就會選醫生而不是技師[13]。

成人似乎也很會判斷誰對什麼事比較在行，如同先前看到的，在狩獵表現方面的個體差異，代表長期持續觀察判斷誰是好獵人是必要的，而且人有能力做到這樣的觀察。非洲南部傳統狩獵採集部落哈扎族（Hadza）要評估族群中的獵人優劣時，他們的排名會和狩獵表現有高度相關

（與實驗人員透過測試他們的弓箭使用技巧後衡量的結果一致）[14]。

從坦尚尼亞平原移動到西南英格蘭的酒吧，最近也有實驗是詢問康瓦耳（Cornwall）受試者一系列冷知識問題，範圍囊括地理到藝術史[15]。受試者接著被要求提名一位成員來回答加分題，如果答對了，整個小組都能受益。儘管受試者並不知道第一輪答題的結果是否正確，卻並未依賴粗略的捷思法，像是挑選最有主導性或最有名望的人來回答加分題，反而能正確選出在每個冷知識領域裡最有能力的成員來回應。更值得注意的是，針對政治討論的研究顯示，美國公民能判斷認識的人中有哪些人對政治最具知識，也較會和這些有知識的熟人談論政治話題[16]。

理性的羊

有一個人知道得比我們多，可能是因為他們能取得更好的資訊或較有能力，但這並不代表是其他人可能正確，我們可能錯誤（或只是無知）的唯一線索。為了評估一項意見，我們可以看提出意見者的能力，還會考慮有多少人抱持相同的意見。

因為某個意見是多數而接受被視為負面，人類數千年來都因為無條件地從眾而遭受斥責。這種對多數意見的厭惡，讓某些知識分子得出頗為極端的結論，哲學家索倫・齊克果（Søren

Kierkegaard）聲稱：「真相總會與少數一同長眠[17]。」或如馬克．吐溫所言：「多數總是錯的[18]。」根據這個邏輯，地球就是平的，而且是由變形的蜥蜴統治。有些實驗不像齊克果或馬克．吐溫那麼悲觀，而是主張人會稍微較信任多數的意見。請看下列的問題：

假設有九十九人聚集在一起，針對選項一和選項二，要選擇一個，其中一個比另一個好，但在投票前並不知道哪一個選項較好。

為了從中做出選擇，他們決定採取多數決。九十九個成員都投票，如果其中一個選項獲得五十票以上就勝出。

每個成員都有六五％的機率會選到較好的選項。

你覺得這個團體選到最佳選項的機率會是多少？

我和馬丁．達肯杜夫（Martin Dockendorff）、梅麗莎．史瓦茲伯格（Melissa Schwartzberg）向美國受試者提出這個問題及其變形題[19]。平均來說，受試者相信這個團體選出最佳選項的機率幾乎不可能高於六五％，投票多數決不會讓這個團體選到最佳選項的機率高於個別成員選到最佳選項的機率，這對民主程序算是一大控訴。

事實上，這個問題有正確答案。十八世紀末的孔多塞侯爵[20]發現一個公式，他是非常傑出的知識分子，捍衛法國大革命，最後卻必須自殺才能逃過被送上斷頭台的命運。多虧孔多塞侯爵的陪審團定理（Jury Theorem），我們知道這個團體選擇正確的機率事實上有九八%（稍後會解釋一些假設）。

從許多來源累積資訊的力量日益受到重視。孔多塞侯爵的時代過了一個世紀後，法蘭西斯．高爾頓（Francis Galton）說明，從許多意見中求得平均，幾乎保證能降低可能導致的錯誤：平均數犯的錯，一般來說較少，而且永遠不會比平均錯誤來得糟[21]。較近期的新聞記者詹姆士．索羅維基（James Surowiecki）在《群眾的智慧》（*The Wisdom of Crowds*）一書裡，很聰明地宣傳「集體的奇蹟」（Miracle of Aggregation）這個概念[22]。漫畫家蘭德爾．門羅（Randall Munroe）則用諷刺四格漫畫「橋」（Bridge）（圖二）讓這個邏輯變得直覺，容易理解[23]。

跟隨多數的潛在好處非常明顯，所以很多非人類的動物都仰賴這種捷思法[24]。狒狒就是很好的例子，牠們會以數十名成員為單位一起行動，而形成這個團體的個體必須持續做出接下來到哪裡找食物的決定。為了研究牠們的決策，亞麗安娜．史詹伯格—佩什金（Ariana Strandburg-Peshkin）與同僚在一群狒狒身上裝設GPS，讓研究人員能密切追蹤[25]。有時候這個群體會開始分成兩個小團體，往不同方向前進。當這種情況發生時，其他狒狒就會觀察兩個小團體的數

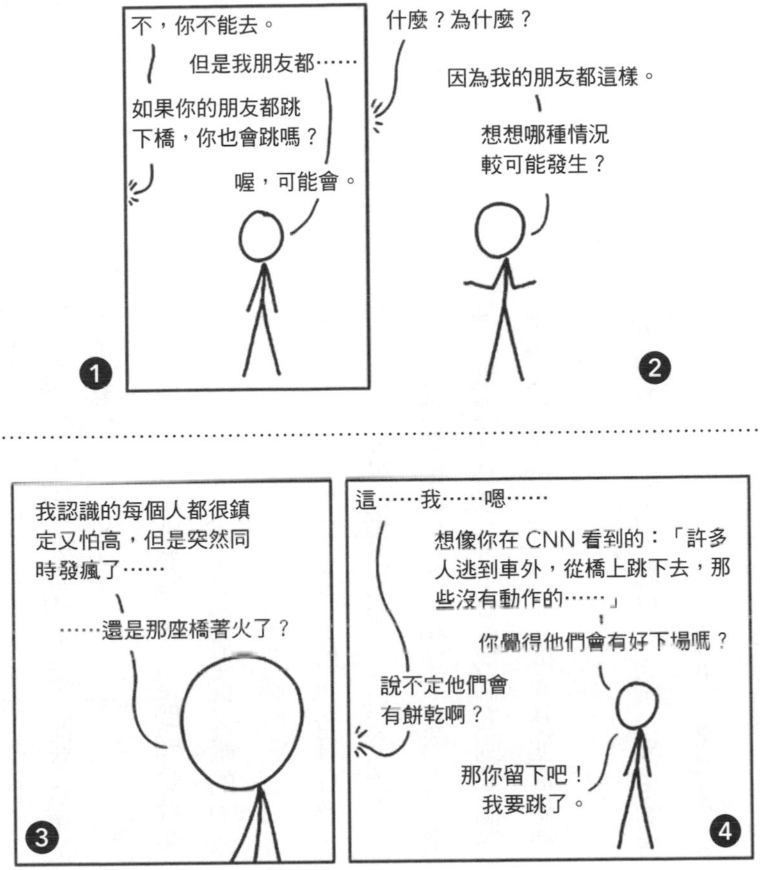

圖二　漫畫家門羅的諷刺四格漫畫「橋」

資料來源：xkcd.com。

量，較可能跟隨成員較多的小團體。

如果狒狒和其他群居動物會直覺利用服從多數的力量，比狒狒更依賴社會資訊的人類卻完全忽視這種豐富的洞見源頭就很奇怪[26]。

稍早提到的九十九人問題及其他類似研究都顯示，當問題是抽象形式時，也就是形成多數的人數是用數字或百分比表現時，受試者並不會利用服從多數的力量，可是當我們能看見個別的意見時，就會得到不同的結果。關於這個主題的最徹底研究之一，是心理學家托馬斯・摩根（Thomas Morgan）和同僚進行的，他們要求受試者解決各種任務，如判斷從不同角度看到的兩個形狀是否相同，這些任務被刻意塑造得相當困難，以至於受試者無法確定答案[27]。受試者還會得到許多受試者的個人答案（或者說他們以為是這樣，實際上答案是由實驗人員捏造的）。在這個情境裡，人就能完全理性地遵守多數規則：當他們看到某個答案受到較多人支持、較有共識時，就較會改變心意（團體大小維持不變）。在很多其他實驗裡也發現這樣的模式，在學齡前幼兒身上即可看到這種現象[28]。

我們有利用多數規則力量的直覺，然而當問題以較明確、抽象的言詞表達時，卻沒有表現出這樣的理解。說明這種顯著矛盾的一個方法是，帶入**演化有效線索**（Evolutionarily Valid Cue）的概念[29]。一個線索在演化上要有用，前提是曾在演化的相關階段出現，而且是可靠的。例如對我們的祖先來說，避免食用腐壞肉類是較好的，腐肉會產生氨，所以氨是一個演化有效線索，讓我們知道最好不要吃這個食物，所以會認為這個氣味非常令人反感（像貓尿）。

假設如狒狒等其他靈長類也遵守多數規則，而做出某個決定的個體數量可能長期以來都是一個可靠的線索，而且這個線索從人類尚未從黑猩猩分支出來前就已經存在了。相對地，數字、機率、百分比都是近代文化上的發明[30]，因此並不構成演化有效線索。雖然我們可能會對這些線索有適當的反應，就像計算孔多塞陪審團定理那樣，但這是需要特別專注、明確學習的。

當我們在考慮誰的意見影響誰時，也發現相同的模式[31]。當選民完全獨立形成自己的意見，不受他人影響時，孔多塞陪審團定理完全適用。如果在前面假想的團體中，有九十八人完全不思考就跟著第九十九人的決定，這個團體的意見優劣完全取決於第九十九人。

例如相關係數這種和意見之間相依存程度相關的抽象線索會直接被忽略[32]，這很合理，因為相關係數絕對不是演化有效線索。相反地，當海倫娜．彌頓（Helena Miton）和我導入演化有效線索後，受試者就開始納入考量[33]。我們告訴受試者，有三個朋友都推薦某家餐廳，但推薦原因是第四個共同朋友告知那家餐廳很棒。在這個情況下，受試者知道要把這三個朋友的意見當成單一朋友的意見。其他的實驗顯示，即使四歲小孩都能考慮意見之間某些形式的依存度[34]。

抗拒多數的拉力

當線索是演化上有效的，人們就會衡量這些線索，藉此判斷多數人的意見有多少價值，包括所謂多數的相對規模（共識的程度）與絕對值（團體規模）、多數成員的能力，以及他們意見之間的依存度[35]。但要怎麼把這些線索和自己先前的想法狀態互相比較呢？如同在第一章看到的，大家都相信當線索匯集在一起時，尤其是當人們面對一個很大的共識團體時，幾乎難以抗拒多數意見的力量。

在阿希的從眾實驗中，十幾個人的共識讓人開始懷疑自己的眼睛，相信兩條截然不同長度的線段一樣長，這似乎完美證明：無論人們先前的信念有多堅定，多數意見的力量都能加以推翻。但阿希本人從來不是這樣建構他的實驗，他強調的反而是個體抗拒團體壓力的力量，畢竟受試者只在大約三分之一的實驗中會跟隨群眾的決定[36]。即使如此，驅動這種行為的也是社會壓力，而不是多數意見的資訊吸引力[37]。許多受試者承認儘管知道團體是錯誤的，卻還是屈服了[38]。

更好的證明存在於該實驗的另一個版本：受試者被告知他們遲到了，因此必須將答案寫在一張紙上。此時他們不必在一致同意一條明顯錯誤線段的團體面前表達意見，而是可以私下回答，他們的從眾行為便急速下滑。只有在很少數的實驗裡，受試者會選擇跟隨團體的共識[39]。在所有的實驗中，很少有人真正相信該團體是正確的，而且他們會藉由各種策略來理解該團體奇怪的答案，像是那些線條造成錯覺；或這項任務的目標是觀察線條的寬度，而不是長度等[40]。

米爾格倫的從眾實驗又該怎麼說？在這個實驗裡，少數幾個樁腳抬頭看一棟隨機的建築物，好像就能讓每個路人都跟著照做？最近重現這項研究時顯示，有別於阿希的受試者，這些路人並不是因為社會壓力而從眾。心理學家安德魯・蓋洛普（Andrew Gallup）與同僚複製米爾格倫的實驗，要求不同數量的樁腳站在路邊看著相同的方向[41]。然而這次這些樁腳看著攝影機，實驗人員能利用動作追蹤軟體仔細描述周圍行人的行為。如同米爾格倫的實驗，有些人也會跟著抬頭看，但是通常會站在樁腳的後方，而不是前面。這排除了社會壓力是主要力量的說法，因為若是出於社會壓力，這些人應該會在他們能被這些樁腳看見，並被評價的地方抬頭看。但是蓋洛普也發現，這些人的反應整體來說都相當理性，他們會用合理的線索來決定是否要遵從多數的意見。路人較可能會在向上看的樁腳人數較多，圍觀人群較少時跟著看（此時向上看的人數比例較高）。研究人員也發現有很多人不會往上看，顯示這種反應根本不是反射動作；相反地，人們有沒有往上看較可能取決於其他因素，如是否趕時間。

勝任能力偵測

整體而言，開放警覺性機制讓我們良好評估誰知道得最多。學齡前幼兒已經使用很多線索，判斷其他人是否可能比他們知道得更多，會考慮誰獲得資訊的方式最可靠，會利用過去的表現確認誰在特定領域中更有能力[42]，也很清楚專家的專業領域範圍。當人數較多、更接近共識、成員有能力，以及當他們獨立形成意見時，更可能遵循多數意見[43]。

當學齡前幼兒覺得他人知道較多時，可能改變想法，但仍會保持警覺性，絕對不會盲從那些有聲望卻無能的個人或多數意見，而是會權衡能力和從眾的線索，與自己先前的信念做比較，因此即使面對專家或強烈的共識，也不會自動改變想法。成人也不會，這與對阿希從眾實驗的幼稚解釋恰好相反。但是這並不代表我們不會被那些看起來有能力，或能偽造共識的人欺騙。捉弄新人的無理要求就是一個無害的例子，當一個工坊裡的學徒被派去找其他師傅幫忙時，所有線索都顯示他應該聽話，因為要求他的工人都具有能力，他們的意見一致，而且如果追問的話會各有理由，說明手邊的工作很重要[44]。但是為了不讓自己像傻瓜，學徒只能忽視這些線索，認為這些人可能並未考慮他的最佳利益。

第六章

我們應該聽誰的？

——用微表情、誘因與承諾訊號偵測欺騙

為了正確評估獲知的訊息，我們必須弄清楚誰知道得最多，但這還不夠。如果最有能力的專家決定說謊，一切都毫無用處；如果團體內的成員共謀欺騙我們，也一樣派不上用場。

大量研究專注於探討「偵測欺騙」這個問題，也就是我們有多能分辨誰是騙子，這是我們在行的嗎？我們憑藉著哪些線索？這些線索有多可靠？實際牽涉的風險似乎非常大。從人力資源部門到偵探，從伴侶外遇的人到電話詐騙的受害者，誰不想要有能百分之百辨識騙子的方法？

細微的非語言線索經常被認為是可靠的，如果一個人顯得坐立不安，或是不願意和你的眼神接觸，就不太容易讓人覺得有自信[1]。對西格蒙德・佛洛伊德（Sigmund Freud）來說，「沒有人能保守祕密。如果他的嘴唇緊閉，他的指尖就會說話；他的每個毛孔都會背叛他，洩漏祕密[2]。」

確實有很多人對自己辨識騙子的能力深具信心，這就是在很多文化裡，法庭偏好口頭證詞勝過書面證詞的原因，因為法官認為自己能透過親眼看到一個人說話，判斷對方是否說謊[3]。直到今天，很多警探都被教導要依靠「眼神游移、非正面的姿勢、閃避和修飾的動作」等視覺線索[4]。電視影集《謊言終結者》（*Lie to Me*）就是以此為前提，劇中的主角卡爾・萊特曼（Cal Lightman）是以研究情緒表情的心理學家保羅・艾克曼（Paul Ekman）為靈感，他和艾克曼一樣會到遙遠的地方旅行，指出世界各地的人會因恐懼之類的情緒出現相同表情；也和艾克曼一樣利用對情緒表情的豐富知識抓出騙子，尤其依賴對微表情（Microexpression）的觀察[5]。

微表情是指臉部轉瞬消失的表情，存在時間不超過五分之一秒，這些短暫的表情應該會讓那些想說謊或試圖隱藏感覺的人洩漏與表面矛盾的情緒。想要隱藏罪惡感、悲傷或快樂的人，可能會不小心因臉部肌肉的細微動作露餡，無法做出想要展現的表情。

沒有受過訓練的人基本上無法看出這些微表情，但受過適當指導的人，如上過艾克曼短期課程的各個執法單位就能察覺。看來我們終於有找到騙子的解決方法，而且只要訓練幾個小時就行了。

微表情真的能判斷謊言嗎？

不幸的是，事情沒有那麼簡單，艾克曼的想法和結果產生了爭議。批評者指出，艾克曼對微表情可辨識騙子的可靠度研究，並未在任何接受合宜同儕審查的期刊上發表，不曾和科學界分享自己的方法和數據，所以無法被獨立評估[6]。此外，在他小組外的科學家進行實驗後，都得到頗為負面的結果。

心理學家史蒂芬．波特（Stephen Porter）與黎安．譚．布林克（Leanne ten Brinke）讓受試者觀看會引發從噁心到快樂等各種情緒的刺激物，並要求某些受試者不要表現出通常會被這種刺激引發的情緒，而是展現另一種情緒表情[7]，接著要求編碼者針對每一影格，逐一觀看受試者的臉部表情（共有十萬零四千五百五十格！），偵測出一閃即逝的真實表情。在受試者必須偽裝情緒的實驗裡，將近三分之一都展現出某些不一致的感受：看到噁心畫面的人可能表現出恐懼或快樂，但可能非常短暫。

這似乎證明了艾克曼的理論，但其實有兩個理由能說明並非如此。首先，這些表情平均至少出現一秒，比微表情應該持續的時間長了好幾倍，因此沒有受過訓練的人也很容易察覺；其次，在十四個真正的微表情中，有六個是在受試者不打算隱藏任何情緒時出現的，所以微表情在辨識欺騙意圖方面根本毫無用處。布林克與同僚進行的另外一項研究，則要求受試者表現出真誠或假裝的悔恨情緒，結果也很類似，微表情非常罕見，而且真正感到悔恨的受試者出現微表情的可能性，和假裝悔恨的受試者不相上下[8]。

問題還不只是微表情，在波特與布林克原本的研究中，被要求偽裝臉部表情的欺騙型受試者裡，有三分之一短暫地出現有別於應該表現的表情，但在不被要求偽裝的受試者中，也有二七％的人有這種狀況。畢竟我們經常會感覺到互相矛盾的情緒[9]，因此這些表情完全不是偵測欺騙的可靠工具，不能抓出大多數的騙子，反而會抓到很多其實沒有要隱瞞的人。

波特和布林克的結果符合一項模式，有數十項研究都在仔細觀察說謊或說實話的人，掃描他們行為的所有細節，想找到欺騙的線索。然而針對這些實驗的後設分析卻得出頗為殘忍的結果：沒有任何線索強大到能可靠地看出誰在說謊[10]。例如，一個人是否說謊和他與別人眼神接觸多寡的相關性是零，和逃避眼神接觸的相關性也只有很小，是基本上無用的〇．〇五％[11]。一份針對這項文獻的近期回顧中指出：「傑出的行為科學家向來強烈懷疑一個人的信譽，可以根據舉止（肢體語言）線索做出可靠判斷[12]。」因為沒有任何可靠線索存在，即使應該是專家的那些人，也就是靠著找出騙子拿薪水的人，也不可能光從行為線索比一般人更能判斷誰在說謊[13]。

要怎麼找到騙子？

為什麼說謊與欺騙沒有可靠的行為線索呢？如前所述，最接近的原因（依賴我們心理機制運作的原因）是，無論說謊或講真話，人們都會感覺到矛盾的情緒，因此很難辨別騙子和說真話的人。最終的原因（出於演化的原因）是，這樣的線索對演化而言並不穩定。就像撲克牌玩家在唬人時不該洩露一樣，至少如果他們希望繼續玩下去，而且不要破產的話。會讓人識破欺騙的演化有效行為線索，對適應性來說是有害的，而且確實似乎不存在。

你可能會懷疑，這對我一貫的主張——我們天生對溝通的資訊有警覺性，難道沒有衝突嗎？如果我們無法分辨謊言與真相，怎麼能保持警覺性？雪上加霜的是，在偵測謊言的實驗中，多數受試者都傾向做出錯誤判斷，認為說謊的人在說真話。

以心理學家提姆・萊文（Tim Levine）為首的一些研究人員主張判斷錯誤是合理的，因為人們其實很少說謊[14]。針對日常生活的謊言研究顯示，謊言是很少見的，平均一天少於兩個，大多數都是無害的，像是假裝自己比實際上更開心（至少對某些採樣的美國人來說這是真的）[15]。與其耗費大量力氣抓出這些小謊言，不如假設大家都會說實話。這呼應哲學家湯瑪斯・里德（Thomas Reid）在十八世紀發展的論點，他聲稱我們「信任他人誠實，相信他們告訴我們的事的傾向」，和我們「說真話的習性」有關[16]。

從演化的角度來看，無論是里德或是萊文的論點都不成立。想想訊息發送者多常因為說謊而獲益，如果謊言的數量沒有受到某種限制，就會如雪球般越滾越大，直到人們不再信任彼此。如果我們只是假設大家都誠實，大家就會不再誠實。如果有人向你保證，不管你說什麼，別人都會相信，而且一定不會被抓到，我保證你一定能想到幾個謊言。

如果我們不能依靠行為線索，要怎麼處理溝通中的欺騙問題呢？又怎麼知道要信任誰？

純粹疏忽，還是蓄意欺騙？

因為欺騙就是基於隱藏意圖，所以本質上很難偵測到，如果沒說出口，我們可能完全不知道大多數人的意圖。在很多情況下，隱瞞一個人的意圖就和不小心說溜嘴一樣簡單。這就是法庭上要證明一個人作偽證很困難的原因，因為成立的要件不只是被告受到冤枉，還包括證人知道真相，並且蓄意隱瞞[17]。

但欺騙不是溝通唯一的危險，甚至也不是最主要的[18]。假設你打算買一輛二手車，銷售人員可能從頭到尾都在說謊：「有另一個買主很想買這輛車！」但他也可能提供錯誤的建議：「這輛車很適合你！」你可能相信他的建議是可靠的，但他更可能是因為想成交才會這麼說，而不是真的很清楚什麼車適合你。現在你問他：「這輛車有沒有出過車禍？」他回答：「沒有。」如果他知道這輛車其實出過車禍就不好了，但即使車商是用低得可疑的價格買到這輛車，如果根本沒有花費力氣調查，他就要承擔疏忽的責任，因此也沒有比較好。針對目前的情況來看，他到底是真的知道這輛車出過車禍，或是應該知道很可能曾經發生，對你來說並沒有太大的差異，因為最後你都得到誤導的陳述與瑕疵車輛。

欺騙需要很多認知能力，我們必須想出一個故事，照章陳述，維持內在的連貫性，還要讓這個故事與對方知道的一致；相反地，疏忽就容易多了，疏忽是預設值，就算我們具備認知機制，能幫助調整自己的溝通，符合他人會認為切身的內容，但要確保我們所說的內容包括對方想要或需要聽到的資訊依舊很困難。我們的心智必須是自我中心的，與慾望、偏好達到協調，因此很可能理所當然地認為他人知道我們做的每件事，在大多數事情上也和自己的意見一致[19]。

因此，應該追蹤與對話者的相對盡責查證（Due Diligence）程度，也就是他們花費多少力氣提供對我們有價值的資訊。盡責查證有別於能力，你可能有朋友對食物的知識很淵博，能分辨細微的滋味，選出最適合的酒，所以請她提供餐廳的建議是很合理的；但是如果她完全不根據你的情況調整建議，不考慮你的口味、預算、飲食限制，她的建議也沒用。如果你一再告知自己是素食者，而她一直向你推薦牛排館，就是沒有盡責地找到正確資訊傳達給你。你對這樣的失敗感到憤怒，未來也自然會較不信任她的建議。

強調盡責查證——人們有多努力傳達有用的資訊給我們，而非強調欺騙的意圖，改變了我們的觀點。與其尋找欺騙的線索，也就是拒絕訊息的理由，我們應該要找盡責查證的線索，也就是接受訊息的理由[20]。以開放警覺性為基礎的角度來看，這樣合理多了，拒絕外來的資訊，除非有線索顯示對方已在決定要告訴我們的內容上做到足夠的盡責查證。

誘因一致提高信任機率

與我們對話的對象，什麼時候很可能已經做到盡責查證（顯然也包括不欺騙我們）呢？簡單來說，就是他們和我們的誘因（Incentive）一致時：我們好，他們也會好時。廣泛來說，有兩個理由能說明為何不同個體會有一致的利益。有時候誘因會自然而然達到一致，像你和友人哈帝一起搬一台烘衣機，你們都有讓自己盡量輕鬆的誘因，所以會協調動作，同時抬起來，往同樣的方向移動等，因此當哈帝告訴你：「數到三一起搬。」你有充分理由相信他會在數到三時搬起烘衣機。另一個自然達到誘因一致的理由則較為長遠，父母會希望子女過得好，好友也會希望彼此能成功。

有一個簡單的思想實驗能讓我們知道誘因是否自然一致，只需要考慮：如果資訊接收者不知道訊息發送者是誰會怎麼樣？就算不是哈帝本人告訴你，數到三就會搬起烘衣機，他還是會想讓你知道這個訊息；同樣地，想說服兒子學醫的母親也不會在意是不是自己說服的，只要兒子最後當醫生就好。

整體來說，我們還滿能把自然達到一致的誘因納入考慮：當有證據證明我們的誘因和訊息發送者一致時，就較會參考對方的意見。心理學家珍娜・史奈札克（Janet Sniezek）與同僚的一項研究清楚證明這一點[21]，他們要求顧問對一個隨機主題（背包價格）發表看法，研究人員觀察有多少受試者會將顧問的看法納入考量。在收到背包實際價格的資訊後，一些受試者可以決定獎勵顧問，而顧問在提供建議前就知道這一點。顧問有動力提供有用的建議，而且和受試者都明白。結果受試者會更重視這些顧問的意見，因為雙方的誘因一致[22]。

麥克斯・詹德曼（Max Gendelman）和卡爾・科希納（Karl Kirschner）的故事是更生動的例子，說明當我們意識到雙方誘因一致時，就會有開始信任他人的能力[23]。詹德曼是猶太裔美國士兵，一九四四年遭德軍俘虜，囚禁在接近東方戰線的地方。科希納是受傷返家休養的德國士兵，住家接近監獄所在地。詹德曼入獄時，兩人曾見面；當詹德曼成功逃脫時，就躲在科希納的家中。科希納告訴詹德曼，身為德國士兵的他必須逃離蘇聯的進攻，所以他們應該互相幫助。詹德曼需要科希納幫忙，以免被搜捕逃獄者的德軍開槍射殺；科希納則需要詹德曼，避免在美軍抵達戰線後遭射殺。因為誘因一致，使得互相為敵的兩人能交流合作，直到安全撤退到美國戰線後為止[24]。

如果人們發現雙方誘因一致時，就會更重視對方所說的話；當誘因不一致時，也會停止傾聽最信任朋友或最親愛家人說的話。當朋友在玩撲克牌或「卡坦島」（Settlers of Catan）等競爭遊戲時就會發生這種情況。小學生在決定是否相信被告知的內容時，也能把誘因列入考慮。心理學家玻利瓦爾・雷耶斯—雅克茲（Bolivar Reyes-Jaquez）與凱瑟琳・愛克絲（Catharine Echols）向七歲和九歲的孩子介紹這樣的遊戲[25]：有一個人（目擊者）會看到糖果藏在兩個盒子裡的哪一個，其他人（猜測者）會選擇打開兩個盒子中的一個，目擊者可以向猜測者建議要打開哪一個盒子。在合作條件下，如果目擊者和猜測者打開正確的盒子，兩人都會有糖果吃；在競爭條件下，如果打開的盒子正確，只有猜測者會得到糖果，如果打開的盒子錯誤，則由目擊者得到糖果。在合作條件下，扮演猜測者的孩子總是會相信目擊者；而在競爭條件下，他們理所當然地無視目擊者的話，而是會隨機挑選[26]。

依照相同的邏輯，兒童和成年人都會對利己的主張保持警惕。七歲小孩較可能相信說自己剛剛輸了一場競賽的人，而不是聲稱贏得比賽的人[27]。成人在決定某人是否撒謊時，最重要的考慮因素似乎是個人的動機，有撒謊的誘因就會讓某人的信譽一落千丈[28]。

誘因或多或少可以自然地達到一致，但即使有誘因，也很少會完全一致。哈帝可能希望你搬烘衣機較重的那一側；母親可能希望兒子成為醫生，部分原因是因為這會讓她獲得社會地位；朋友可能希望你成功，但不要比他的成就高太多。幸好人類已經發展出讓誘因一致的好方法：聲譽。

聲譽遊戲

在評估訊息發送者的可信度時，考慮誘因是否自然一致是非常關鍵的，但光靠這樣並不夠，因為它無法幫助我們解決溝通演化的本質問題：當誘因分歧時會發生什麼事[29]？

我們需要一種人為方式，讓訊息發送者和接收者的誘因達到一致，懲罰似乎是解決之道。假如我們毆打發送不可靠訊息的人做為懲罰，對方就有誘因注意發送的訊息內容。不幸的是（或是沒有那麼不幸），從演化的角度來看，這種直覺的解決方案並不像乍看之下那麼有效。懲罰某人的代價很高，被毆打的訊息發送者不太可能消極地接受懲罰。如果有害的訊息已經造成損害，為了懲罰訊息發送者增加的成本對我們沒有任何好處。懲罰唯一的價值在於嚇阻，如果在發送訊息前，發送者已經知道如果發送不可靠訊息將受到懲罰，那他就會更謹慎[30]。

於是現在問題變成：如何讓他人知道，我們已經準備懲罰發送不可靠訊息的人？在這個階段，可靠溝通的演化難題浮上檯面。包括那些沒有能力或無意懲罰任何人的人，都最好告訴所有人，如果發送不可靠訊息就會受到懲罰。真正進行懲罰的人會需要一種方法，讓他們的警示具有可信度。懲罰遠遠不能解決可靠溝通的問題，而是只有在可靠溝通問題已經解決的情況下才會發揮作用。

所幸人類已經透過監視彼此的聲譽，發展出許多合作和使誘因一致的方式[31]。長久以來，那些不擅長選擇或成為合作夥伴的人都過得不太好，至少平均而言如此。對最糟糕的合作夥伴來說，放逐就像死刑，幾乎不可能在野外獨自生存[32]。因此我們非常擅長選擇合作夥伴，並使他人希望與自己合作的機率最大化[33]。身為盡責查證的溝通者，就是好合作夥伴的重要特徵。訊息接收者應該記錄誰盡責或不盡責，並以此為基礎調整未來的行為，讓他們較不會聽那些未盡責查證者的話，也減少和對方合作。如果這是真的，訊息發送者在與希望合作的接收者溝通，甚至在和可能影響他希望合作的對象溝通時，都會有盡責查證的誘因。這樣一來，訊息發送者和接收者之間的誘因就會在社交上達到一致。

如果由於誘因的社交一致性，可以增加訊息發送者盡責查證的意願，就不能期望他們始終保持最大的努力，因為這是不公平的要求。例如美食家朋友西蒙娜塔為了給你最好的建議，就必須知道你的口味、你最近吃過哪些餐廳、負擔得起的價格，還有你打算跟誰去吃飯等一切資訊。如果我們總是期望他人做到最大程度的盡責查證，而且能預期失敗導致的負面後果——信任下滑，合作減少，每個人最終只會不發一語，也剝奪我們獲得珍貴資訊的可能性，畢竟即使你的美食家朋友在提供建議時並未考慮所有潛在因素，她的建議可能還是有用。

我們需要的是管理期望的方法，一種讓發送者告訴接收者應該多重視這個訊息的方法，這是承諾訊號（Commitment Signals）的功能[34]。我們可以指出對自己所說（或寫）的東西願意承擔或承諾到什麼程度。當我們願意承擔時，其實是在告訴接收者，自己非常確定這項訊息對他們來說是有價值的，接收者應該更有意願接受這項訊息，但如果事實證明我們其實並沒有盡責查證，他們應該會有更強烈的反應。

在人類溝通中，承諾訊號比比皆是。有些承諾能明確指出說話者的信心程度：「我確定」、「我猜」、「我覺得」等。語意中的認知情態（Epistemic Modal）——**可能**、**也許**、**可以**，也會調節承諾的程度。信心增加（因此提高承諾的程度）會透過音調更有起伏等非語言訊號隱晦地傳達[35]，甚至為自己的信念提供來源，也會對我們願意承諾的程度產生影響。說「我已經知道寶拉懷孕了」比「人家說寶拉懷孕了」，更能讓我們承諾寶拉懷孕的事實，即使是幼兒也能評估這些訊號，如兩歲小孩較容易相信有自信的說話者[36]。

我們可以根據別人的承諾程度，調整是否認真考慮他們的說話內容，前提是有兩項條件必須先滿足：不是每個人的承諾度都應該被一視同仁，也應該根據過去違背承諾的行為調整未來的信任程度。

過度自信的承諾者

為了適當考慮承諾的程度，必須記錄對話者有多重視我們的持續合作，這樣才知道要多重視對方的承諾。我們越認為他們想要保持合作，就越能相信對方的承諾，但還必須記錄誰承諾了什麼，好讓我們能相對應地調整自己的信任。如果承諾訊號可以隨意使用，又不用擔心後果，就不會是穩定的。為了影響他人，每個人都會盡可能做出承諾，這樣承諾訊號便會毫無價值。

在一系列實驗中，心理學家伊麗莎白．坦妮（Elizabeth Tenney）與同僚請受試者以兩名證人的兩項證詞為基礎，在模擬審判中做出裁決；其中一名證人表現得比另一位更有自信[37]。因為受試者沒有其他方法分辨證詞，所以對較有信心的證人會更加信任。後來兩個證人都被證明是錯的，受試者發現不那麼有自信的證人更可信，雖然和另一個證人一樣錯了，卻承諾得比較少。

我也和同事複製並延伸這些實驗[38]：讓受試者接觸兩名顧問，他們提供相同的建議，但是自信度不同，然而後來事實證明兩名顧問都錯了，接下來即使在完全不相關的領域裡，受試者仍然更願意信任那位自信度較低的顧問。

說過度自信並不能解決問題似乎很奇怪，不是有很多說起話來信心滿滿的成功政客或商人嗎？在某些情況下，過度自信可能會造成損失，例如當我們對演講者的實際表現沒有良好回饋時。但是請務必記住，這些情境是例外而不是通則。若是在可以很容易地監視彼此言行的小團體裡，過度自信是糟糕的策略。小型傳統社會與我們祖先居住的環境相對接近，提供一個很好的例子，當一個人能成為這種社會裡的領導者，並不是因為他會畫大餅，而是因為擁有卓越的實務技能、可以提供更好的建議，或是知道如何解決衝突[39]。我們在日常生活中也看到這一點，有些人可能會被熱情洋溢的朋友吸引，對方發誓自己的想法是最好的，但這只是短暫的，如果他們的想法不能實現，我們就會調整自己的期望。

在其他條件都相同的情況下，我們會較容易受到更有自信表達自己、願意承諾的說話者影響。但如果事實證明他們是錯的，那些願意承諾的說話者會損失更多，因為他們要付出的代價是損失聲譽和影響他人的能力，因此承諾訊號能保持穩定。

決定信任對象

決定要信任誰，與尋找緊張的跡象或難以捉摸的微表情無關，甚至根本不在於抓到騙子，反而是關於辨識誰在與我們溝通時會盡責查證：誰會花力氣提供對我們有用的資訊，而不只是關心對他們有用的資訊。盡責查證與誘因息息相關：當說話者的誘因與我們一致時，就可以相信對方會盡責查證。

當人們在同一艘船上，訊息發送者和接收者之間的誘因有時會自然地保持一致。然而即使誘因間只有些微不一致，也可能造成溝通崩潰，因此不太可能只靠著自然達到一致的誘因。為求補救，我們透過記錄誰在說什麼，以及降低對提供無用資訊者的信任，使他人與自己的誘因一致。反過來說，這種監督會激勵說話者向我們提供資訊時做到盡責查證，從而形成社交上的誘因一致性。

因為我們能夠記錄他人的承諾，並相對應地調整自己的信任度，所以人類的大多數溝通並非毫無價值的閒聊，而是昂貴的訊號，因為如果訊息變得不可靠，我們將會付出一定的代價。也可以說正是這種承諾度的動態，使人類的溝通達到前所未有的範圍和力量。但是這種記錄誰說了什麼，以及弄清楚說話者的誘因是否為與自己大致相同的能力，取決於我們能否獲得大量的資訊。在演化過程中，會在生命中的大部分時間裡認識與我們互動的大多數人，因此我們將有足夠資訊來辨識一致或不一致的誘因，找出過度自信、不可靠、欺騙者，並藉此調整我們對他們承諾的評估。

諷刺的是，儘管我們現在面對前所未有的資訊氾濫，大家對那些行為會對自己造成最大影響的人卻所知甚少。我們對確保產品安全性的人、幫自己開刀的人，或是為我們駕駛班機的人了解嗎？對於那些統治我們的政治人物，除了可以從他們寫好稿的演講和精心策劃的見解中，掌握他們個人生活的蛛絲馬跡外，對他們幾乎都不了解，我們該如何決定要信任誰呢？

開放警覺性機制的組織原則之一是，在沒有正面線索的情況下，我們會拒絕對方傳達的資訊。人的預設狀態是保守的，而不是容易受騙的，信任也一樣。如果我們對某人一無所知，甚至不知道他們是誰，就不會信任對方。因此建立信任的第一步，就是被視為一個個體或實體，這就是名字的識別度之於政治，品牌建立之於行銷很重要的原因[40]。

一個名字顯然不夠，為了讓其他人相信我們消息的可靠性，必須做得更多。正如在前幾章看到的，良好的論證、可以獲取相關資訊，或是過去良好的表現，都能讓說話者更具說服力。然而可信任度（Trustworthiness）通常是一大瓶頸，如果我們不以信任為基礎接受它們的前提，許多論證就會徹底失敗（如研究表明自閉症和疫苗之間沒有關聯，而且這些研究是可靠的）。假使不認為對方會把我們的利益放在心上，即使是消息最靈通、能力最強的說話者，我們也不應該聽從。對廣告和政治行為的研究也支持可信任度的重要性。正如將在第九章看到的，名人能幫助產品銷售，因為他們被認為是相關領域的專家，但可信任度卻更重要[41]。在某種程度上，政治人物的個人特質會影響投票決策。一項研究顯示，最重要的特質是「候選人真正在乎像你這樣的人」；換句話說，你是否認為他們的誘因與自己一致[42]。

當可信任度崩潰時，造成的損害也凸顯它的重要性。通常如果名人傳出負面消息，他過去對產品造成的正面效應也會陷入困境[43]。例如當老虎．伍茲（Tiger Woods）的性醜聞曝光後，三個曾請他代言的品牌〔百事可樂（Pepsi）、美商藝電（Electronic Arts）和Nike〕市值縮水近六十億美元[44]。同樣地，實現選舉諾言的政治人物（在大多數情況下都會實現，至少在民主國家如此）幾乎不會得到任何回報，但是因為貪腐被定罪時，就會付出很大的代價[45]。

第七章

情緒真的會感染嗎？

——暴動、恐慌與激情如何蔓延？

坦干伊加於一九六一年宣布脫離英國獨立，卻維持大英國協成員的身分，直到一九六二年才完全脫離英國；一年後與附近的尚吉巴島（Zanzibar）統一，成為現代化國家坦尚尼亞。

但在一九六一年，政治並不是坦干伊加唯一動盪的領域。在維多利亞湖西岸的布科巴（Buboka），孩子們的行為變得很奇怪。一切都從一月三十日開始，當時在同一所寄宿學校的三名青少女突然無法控制地大笑和哭泣，持續好幾個小時[1]。一年後，將近一百名學生受到影響，學校因而被迫關閉，學生回到家中進一步散播這些行為。接下來幾個月，這種傳染病影響整個地區的數百名年輕人。

怪異行為的爆發並不算新鮮事[2]。二〇一二年，數十名紐約州北部勒羅伊（Le Roy）小鎮的青少女，也出現與五十年前坦干伊加學生類似的症狀，影響時間長達數個月[3]。

在描述這些事件時，很難避免將它們與流行病學類比，使用如爆發、擴散、影響、傳染等類似詞彙。報告坦干伊加事件的兩位醫生將這些事件描述為「笑聲流行病[4]」。

同樣的類比經常被用來描述人們在群眾中的行為。在十九世紀末，傳染性（Contagion）成為群眾行為的主要解釋。勒龐寫道：「在群眾裡，想法、情感、情緒、信仰具有與微生物一樣強大的傳染力[5]。」他的同僚塔德也指出：「傳染發生得最快、最劇烈且最強大的地方，就是在都市的群眾中[6]。」義大利犯罪學家希皮歐・希格勒（Scipio Sighele）提出，「道德傳染像某些身體疾病一樣，肯定會發生[7]。」

當時將情緒類比病原體的傳播並不令人意外，十九世紀後半葉是疾病細菌理論的黃金時代，約翰・史諾（John Snow）因此遏止霍亂流行；路易斯・巴斯德（Louis Pasteur）研發預防狂犬病的疫苗；羅伯特・科赫（Robert Koch）則找出引起炭疽病、霍亂和肺結核的病原體[8]。

這種類比越來越成功，已被用來形容恐慌，比如對奧森・威爾斯（Orson Welles）的《世界大戰》（*War of the Worlds*）廣播劇（應有）的反應：當成千上萬名聽眾以為火星人降落地球時，應該出現潮水般的恐慌，這是「最早如病毒般蔓延的媒體事件[9]」，軍隊被描述為在「迷惑、恐懼和無知的傳染」中潰不成軍[10]。今天在描述社群媒體造成的影響時，關於傳染和病毒的說法已無處不在，**病毒式行銷**（Viral Marketing）一詞就是例子，還不只出現在大眾媒體。二〇一四年，知名的《美國國家科學院院刊》（*Proceedings of the National Academy of Sciences*）發表兩篇文章，內容就是關於試圖發現和操縱「社交網絡中的情緒傳染力[11]」。

把疾病與人類情緒或行為散播的方式放在一起觀察比較，確實讓人難以抗拒。人們不會自願散布病原體，情緒的表達或是像不可控制的笑聲、無法停止舞蹈之類的怪異行為，也不受自主控制。人們不是自己選擇要受到病原體影響的，當人們看到別人大笑或哭泣時，也不會有意識地決定開始跟著做，事實上很多時候會積極抵抗這種衝動。至少有某些病原體非常難以抵抗；在群眾中的情緒和行為也是如此：「很少有人能夠抵抗（它們的）傳染力[12]。」諾貝爾文學獎得主埃利亞斯・卡內堤（Elias Canetti）這麼說。最後，病原體可能會帶來可怕的後果；同樣地，行為或情緒上的感染也可以（或據說可以）「使一個人成為英雄或刺客[13]」；可以讓個人「為了整體利益而犧牲個人利益[14]。」

如果說十九世紀的心理學家主要憑藉著對群眾行為的粗略觀察，他們的接班人就進行令人印象深刻的實驗，證明對情緒訊號的反應能有多快和多自動。心理學家約翰・蘭澤塔（John Lanzetta）和貝所・恩格里斯（Basil Englis）記錄受試者臉部肌肉的運動，發現一看到某人微笑或皺眉，會立刻導致觀察者臉部的相同肌肉被活化[15]。之後心理學家沃爾夫・迪姆伯格（Ulf

Dimberg）與同僚證明，就算當情緒表達快到幾乎無法有意識地記下時，這種自動模仿還是會發生[16]。這種臉部肌肉幾乎瞬間活化的現象被認為是傳染的跡象，人會自動做出觀察到的臉部表情，讓他們感受到相同的情緒。心理學家古恩・德澤凱許（Guillaume Dezecache）與同僚甚至示範這種模仿可以延伸到第三方，不僅是觀察者會做出被觀察者的情緒性表情，而且觀察觀察者的人也會採納這種表情[17]。

根據這樣的結果，在情緒溝通界最具影響力的書籍之一應該要以《情緒感染》（*Emotional Contagion*）為書名也就不足為奇了，該著作由心理學家伊蓮・哈特菲爾德（Elaine Hatfield）、約翰・卡西奧普（John Cacioppo）及理查・瑞普生（Richard Rapson）撰寫，內容是關於「基本或原始的情緒感染」力量，「這種感染力是相對自發性、無意的、無法控制的，且大部分是我們熟悉意識無法接觸的[18]。」

理智駕馭下的激情

從我在本書中採用的演化觀點來看，情緒感染是難以置信的。如果情緒確實具有感染力，能強迫人做出不可抑制的模仿行為，就會很容易被濫用。騙子可能會笑，直到被騙的人跟他們一起笑為止；瀕死的敵人也可以讓對手同情並照顧他們。如果情緒那麼容易受到操縱，我們最好根本不要注意情緒訊號。

哈特菲爾德等當代情緒研究者很快指出感染這種基本觀點的侷限性，也就是有樣學樣，相同的特徵會延續。學者阿爾弗雷德·艾斯皮納（Alfred Espinas）在十九世紀指出：「情緒狀態的表現會造成目擊者出現相同的狀態[19]。」但是這樣的感染力對某些情緒來說一點也不合理，如憤怒。我們表達憤怒，讓別人清楚知道自己覺得委屈，而且最好不要再發生這種情況[20]，但如果表達憤怒的唯一效果是讓其他人也跟著生氣，表達憤怒將會適得其反。

因此可以想像有一種感染的形式，會比有樣學樣來得鬆散，一種情緒只會引起一種反應，即使那種反應與最初的情緒不同也一樣。但這並不能解決感染力引發的問題：如果展現憤怒總是會導致圍觀者屈服於憤怒的個體，我們之中最弱的人便能藉由展現自己的憤怒讓所有對手屈服，無視於他們的相對優勢。

一定有某種東西能維持情緒訊號大致上的可靠度，也就是平均而言對接收訊號的人是有益的。為情緒表達撰寫一本書的達爾文很清楚這個問題。以臉紅為例，他引用同僚湯瑪斯·柏吉斯（Thomas Burgess）的說法。柏吉斯認為臉紅的功能是暴露出我們可恥的不道德行為。對柏吉斯而言，創造者為靈魂提供「展示在臉頰上的主權力量，這是所有國家都沒有遮掩的身體部位；臉頰可展現偶然或故意侵犯道德情感後引發的各種內在情緒[21]」。因為臉頰和靈魂之間的直接連結無法被有意識的意志篡改，所以臉紅是誠實的信號。出人意表的是，自從柏吉斯將這種可靠性歸因於造物主的親切舉動以來，關於情緒訊號為什麼能維持可靠的常見答案，並沒有發生太大的變化。

經濟學家羅伯．法蘭克（Robert Frank）撰寫自達爾文以來，在情緒功能方面的最發人深省的書籍：《理智駕馭下的情懷》（*Passions within Reason*）[22]，他在本書中主張展現情緒可以是理智的行為。想想做出可靠的報復威脅會造成的問題。為了避免他人冤枉我們，我們想讓對方相信：如果他們錯怪我們，我們會報復。但是正如在上一章中解釋的，一旦我們受了委屈，報復通常不是最明智的選擇。假設你在網路上購買便宜的產品，結果遭到詐騙，賣方堅稱不會退款。你可以控告他們，但這可能要花很多錢，而且肯定會占用很多時間，拋開不談通常是更合理的做法，知道這一點的詐騙集團就會占你便宜。但是如果你能說服詐騙集團，會不計任何代價進行報復，就不會被詐騙，甚至不必進行報復[23]。

對法蘭克而言，情緒及其表現是為了解決這類問題而演化的。憤怒的演化是要表達如果自己遭受委屈，必定會不計代價報復的決心。顯而易見的問題是，是什麼讓憤怒的表現具有可信度？對法蘭克及其前輩、後進來說，答案就是情緒的表達，就像我們對這些表情的反應一樣是自動的、不受意識控制的，「如果所有的臉部肌肉都完全受到意識控制，臉部表情傳達情緒資訊的能力就會被剝奪[24]。」其他線索也被描述為本質上是誠實的，因為它們在意識的控制範圍外，瞳孔放大是警醒的暗示，臉紅則是罪惡感的線索。

因此情緒感染的循環是完整的：人禁得起對情緒訊號的自動反應，因為情緒訊號是自動發送的，因此不可能偽造。透過這種方式，情緒可以擴散，直到它們以雪崩式的自動、具說服力訊號影響整個群體為止。

但是從演化的觀點來看，這種推理並不成立，因為是否有意識地發送訊號其實無關緊要。以湯氏瞪羚為例，牠們試著傳達給野狗的訊息是：牠們的適應力非常強，不會被抓到。與其使用需要耗費能量的僵屍跳，何不發出某種叫聲呢？無論叫聲是否在湯氏瞪羚的意識控制下都不會影響可靠度：無論是否出於自主性，適應性不佳的湯氏瞪羚很快就會演化成發出同樣的叫聲，野狗也會放棄注意這種叫聲。

同理，如果某些行為或情緒展示能可靠地引起觀眾的反應，個人就會逐漸演化成在對自己有利的情況下發送這些訊號，即使這代表發送不可靠的訊號，他們還是會這麼做。湯氏瞪羚的僵屍跳是可靠的訊號，因為適應力不佳的話，根本不可能演化出令人信服的僵屍跳能力。相較之下，情緒訊號儘管是自動產生的，也不會有這種障礙。我們為什麼不在根本不會報復時也展現憤怒呢？為什麼就算在毫不猶豫重複可恥的行動時不臉紅一下呢？

如果自動反射不保證可靠度，為什麼我們還要注意情緒訊號？為什麼它們一直是真誠的？

情緒警覺性的發揮

答案在於釐清自動和強制這兩個密切相關的概念[25]，如果認知機制是在意識控制外發揮作用，則它是自動的。還好大多數時候，絕大多數的認知功能都是如此，我們無法有意識地專注於理解話語或詮釋視覺場景所有必要的步驟。認知機制是強制的，一旦出現正確的刺激就會開始運作，無法阻止。強制機制就像反射，如果醫生的錘子敲了膝蓋下的正確位置，你一定會抬起腳。

我們很容易會覺得如果認知機制是自動的，也必定是強制的。但那只是因為我們過分關注在有意識的控制上；實際上如果大多數認知機制是自動的，幾乎沒有任何機制是強制的[26]。

看到一塊美味的巧克力蛋糕，會讓大多數人產生渴望，即使我們在節食（尤其是在節食時），這種反應也難以抑制，它是自動的。然而同一塊巧克力蛋糕如果是在吃完一頓大餐加上兩塊乳酪蛋糕後再出現，可能只會引起反感，這種反應同樣也是自動的。但是由於相同的刺激可以在不同情況下，產生完全相反的反應，因此兩種反應都不是強制的。

如果我們對情緒訊號的反應不是強制的，德澤凱許、湯姆．史考特—菲利普斯（Thom Scott-Phillips）和我所謂的**情緒警覺性**（Emotional Vigilance）——專門處理情緒訊號的開放警覺性機制就有存在空間[27]。即使是不知不覺中，人們也應該能調整對情緒訊號的反應，從而阻止不符合他們最大利益的反應。應用這種情緒警覺性能為訊號發送者提供誘因，避免他們發送不可靠的情緒訊號。

情緒警覺性該如何發揮作用？很可能根本沒有一體適用的做法。情緒警覺性應該會調整，適應不同情緒的特性。例如與憤怒相比，厭惡帶來的操縱機會要少得多：想想有多少人（全部？）發現憤怒能成功讓別人屈服。相較之下，讓人們感覺噁心似乎沒有什麼用，也許只能把整個美味的巧克力蛋糕留給自己。儘管如此，當對情緒訊號做出反應時，以下三個因素應該與所有情緒都有關：我們先前的信念和計畫是什麼、訊號在什麼情況下產生，以及發送者是否可信任。甚至不具備最成熟情緒控制能力的嬰兒和幼兒，在對情緒訊號做出反應時也能考慮到這些因素。

聽到孩子是選擇性無知的大師，沒有多少父母會感到驚訝，關於父母說的話，他們只會注意想聽的內容。心理學家凱瑟琳．塔米斯—勒蒙達（Catherine Tamis-LeMonda）與同僚進行一項實驗，用十八個月大的嬰兒做了很好的示範[28]。這些嬰兒必須選擇是否要走下一個坡道，其中一些母親會鼓勵他們走下來，有些母親則是透過情緒訊號告訴他們不要走下來。嬰兒無法避開那些訊號，因為母親面對他們比出手勢和做表情，他們確實完全明白母親的意思。面對既不是太陡又不是太平坦的斜坡，嬰兒會注意母親，當母親發出負面訊號時，只有四分之一的嬰兒會冒險走下坡道；但如果母親發出正面信號，則有四分之三的嬰兒會往下走。此外，嬰兒就完全不理會母親了：如果斜坡是安全的，只有傾斜幾度，即使母親要求不要往下走，嬰兒仍會往下走；如果斜坡顯然是危險的五十度角，無論母親的訊號是什麼，嬰兒都會停下來（如果嬰兒還是決定往下走，實驗人員會接住他們，進行該實驗時沒有嬰兒受傷）。嬰兒進行的是簡單的可信度查證。

還在學步的幼兒也知道什麼時候的情緒表現是合理的。心理學家薩賓娜．琪雅瑞拉（Sabrina Chiarella）和黛安．鮑琳—杜波伊斯（Diane Poulin-Dubois）在〈哭泣的嬰兒和波麗安娜〉（Cry Babies and Pollyannas）這篇文章中，描述另一項針對十八個月大的嬰兒進行的實驗[29]。她們給嬰兒看一段影片，內容是一位女演員表現出合理的情緒（拿到好玩具後的幸福感），或不合理的情緒（在相同條件下卻表現悲傷）。這些嬰兒對不合理的悲傷表現會有更好奇的反應，來回看著物體和演員，試圖搞清楚發生什麼事。當情緒看來不合理時，嬰兒也會表現較少的關注，也不太可能尋求幫助。

針對三歲幼兒的類似實驗則顯示，他們不僅會根據表現的情緒是否合理調整反應，還會追究不可靠訊號的發送者。心理學家羅伯特．赫帕奇（Robert Hepach）與同僚要求幼兒和成年人互動，這些成年人中有些人一貫表現出合理的情緒，有些則表現不合理的情緒[30]。如果成年人的袖子（而不是她的手）被很重的盒蓋壓住，會表現出哀傷；如果她畫圖的紙有輕微的凹痕（而不是被撕裂），則會哭泣；如果她在遊戲中獲得公平（而不是不公平）的彈珠數量，會開始抱怨。之後這個成年人將在屏風後開始哭泣。如果那個成年人持續發出不合理的訊號，此時只會有三分之一的幼兒去看看她怎麼了；若是她先前的抱怨都有合理基礎，就會有超過八〇%的幼兒去看她。在之後的任務裡，幼兒也不太會幫助那些發送不可靠情緒訊號的成年人。

這就是情緒訊號穩定性的關鍵，許多人會被徹底拒絕，濫用訊號的人最終必須為此付出代價。濫用者可能不會受到一般理解的生理懲罰，但聲譽卻會受損，破壞更明確承諾者的聲譽也是如此。發送不可靠情緒訊號的人在發送情緒訊號時可能較不受信任，在使用其他形式的交流時可能也一樣。

那麼成人呢？根據本章前述提出的實驗，成年人不是無可避免地會模仿感知到的他人情緒嗎？難道人類長大後，會失去分辨可靠和不可靠情緒訊號的能力嗎？

並非如此，成人還會根據情緒來源和發出訊號的環境，調整對情緒訊號的反應。蘭澤塔和恩格里斯已證明受試者會自動模仿同盟者表達的微笑或皺眉，但前提是受試者希望以後能與對方合作。當受試者預期要與對方競爭時，傾向表現出相反的反應：在對方震驚時微笑，而在他獲得獎勵時皺眉，蘭澤塔和恩格里斯稱為**反移情**（Counterempathy）[31]。

許多實驗已經提出訊息源效應（Source Effects），如果眼淚來自成人而不是蹣跚學步的孩子，則會被視為更可靠地暗示悲傷[32]；女性不會模仿那些對她們不公平者的表情[33]；在面對敵對運動隊伍的粉絲時，男性會在對方表現恐懼時表達正面情緒，並在對方表現出愉快時表達負面情緒[34]。哪怕只是打哈欠這種完美說明似乎不可抗拒感染力的例子，似乎沒有那麼反射性：與看見陌生人打哈欠相比，在看到自己認識的人打哈欠時較可能開始跟著做[35]。如同幼兒，成人會越來越不信任那些錯誤表達情感的人，例如假裝憤怒好在談判中獲得策略優勢的人[36]。

「適應性觀點」重新解釋情緒傳播的可能

我們對情緒訊號的反應可能是自動的，因為不是有意識地控制自己的情緒反應，但絕對不是強制的，我們的反應會根據許多因素進行調整，包括先前的計畫或信念、情境及來源的可信度，因此傳染性類比讓人質疑[37]。演化使我們既不傳播，也不接受病原體，事實上我們的演化有很大一部分在於致力避免受到病原體影響；相反地，我們確實演化成要傳送與接收情緒訊號[38]，因此在談論人對情緒的反應時，用感染來比喻是沒有意義的。

描述由感染力引起的情緒傳播只是為傳播現象取了一個新名字，沒有任何解釋的價值：這種類比對理解這種現象的任何面向毫無幫助（而是恰好相反[39]！）。因為來自實際病原體的感染較易了解，但實際上病原體的感染和情緒交流之間的差異遠比共同點更多[40]。

代價呢？無論經由病原體或情緒訊號進行感染，受影響的人要付出的代價不是很高昂嗎？我們如何坦然接受這個概念：對情緒訊號的反應是適應性的，面對怪異行為的流行，或是群眾將人變成嗜血的小流氓或恐慌的綿羊時，我們會小心調整，保護自己免受不可靠發送者的影響？實際上，當前的適應性觀點與情緒傳染的假定情況並不矛盾，這種觀點確實幫助我們理解，為什麼情緒表達有時會強烈影響他人，有時卻沒有任何影響。

在像是笑聲流行病等各種「大規模心理疾病」案例中，感染觀點與目前適應性觀點的清楚分界在於，對這種行為會傳播到哪些人身上的預測。病原體會傳播給和感染源接觸最多的人，所以我們應該期待情緒訊號會有相似的模式。相較之下，適應性觀點預測，這些行為的影響力應該強烈受到訊號感知者的心理狀態，以及他們與訊號發送者的關係所限制。另一個支持情緒警覺性觀點的實證是，以大規模心理疾病為特徵的異常行為幾乎不會（如果真有的話）散布到一群相互了解和信任的人形成的小圈子外。這些症狀通常最多只會影響幾十個人，而且他們會是同一個群體的成員：學校學生、工廠工人、小村莊居民[41]。在當代發生大規模心理疾病的案例中，該地區很快會有記者、政府代表、專家和看熱鬧的人蜂擁而至，但這些人都不會受影響。大部分的情況是，只有單一性別或單一年齡層會受影響。在高中，怪異行為通常會沿著青少年社交生活的潛在問題傳遞：先是混在一起的酷小子受影響，其次才是較普通的青少年[42]。

一個人是否開始表現出怪異的行為，取決於他們與那些已經表現出症狀者之間的既有關係，以及本身先前的心理狀態。真正有害的行為，如對他人的暴力行為、嚴重的自我傷害，並不會造成大規模心理疾病，觀察到的反而是頭暈、抽搐或大笑等行為。此外，受大規模心理疾病影響的人可能還會從中獲益，那些經歷這些症狀的人也許遭受異常壓力，而這些症狀可能會讓他們擺脫困境，或是至少引起他人注意。在坦干伊加爆發的異常行為，主要影響那些囿於自身傳統文化，以及經營寄宿學校的修女強加宗教文化的兒童。受大規模心理疾病影響的工廠，工作條件往往特別差，而且當訴訟和賠償的可能性出現時，就會有越來越多的人開始出現症狀[43]。例如一九八〇年代初，在一種奇異的（但真正的）流行病蔓延西班牙後，該國政府便開始賠償受影響者。精神科醫生指出，在那些沒有表現身體症狀但有心理症狀的患者中，補償「使得某種模仿成為症狀學的一部分」，有些人（可能無意識地）模仿醫生認為有資格獲得補償的症狀[44]。

與屬於大規模心理疾病特徵的怪異行為相反，病原體傳播對造成的危害程度並不敏感：知道染上流感真的會很麻煩，但幾乎無法避免我們受到感染。

因此，採取適應性觀點更能清楚解釋大規模心理疾病的模式，我們對他人情緒表現的反應，會經過情緒警覺性的過濾，而不適用感染的類比。那麼群眾呢？答案很簡單，將群眾視為被猛烈激情擺布的被動群體，根本是沒有事實根據的看法[45]。

理性的群眾

傳統的極端保守派敘事將法國大革命描述為「暴民專政」，其「發展與本質相符，以暴力行為組成，一旦受到抵抗便會反擊[46]。」歷史學家喬治．柳德（George Rudé）在《法國大革命中的群眾》（*The Crowd in the French Revolution*）一書中還原真相[47]。如果攻占巴士底監獄時真有一百多人死亡，幾乎所有的犧牲者也都是革命者。柳德甚至懷疑，為什麼「憤怒和勝利的群眾」如此自制，只殺死少數的警衛？兩個月後，暴徒接管巴黎市政廳。人民撕毀官方文件，卻沒碰市政廳內的巨額金錢。一七九一年七月，五萬名群眾在戰神廣場遊行，他們的行動大致和平，但政府召集國民警衛隊管制群眾，殺死數十名抗議者。在大革命期間，女性暴民占據販售糖的倉庫或商店，卻沒有洗劫這些地方，而是要求打折。在大革命中，因無力抵抗而死於群眾之手的受害者，大多是在九月屠殺（September Massacres）期間被殺的囚犯，但這一次屠殺既不是完全非理性的，也不是無差別的殺人行為，巴黎當時受到外國勢力包圍攻擊，最有能力的人與所有武器都在前線，因此這座城市面對來自內部攻擊時便相當脆弱。許多囚犯四處逃逸，包括只是一些因為負債就入獄的人或女性囚犯。

十九世紀末，工人群起罷工，抗議低工資和危險的工作條件，雖然這股風潮嚇壞勒龐、塔德及其他群眾心理學家，但這些工人大致上是無害的。在兩千七百次罷工中，只有不到一百次演變成暴力行為，群眾殺死的人數累計為一人（一個被工人恨之入骨的討人厭上司）[48]。相較之下，罷工者被警衛和警察殺死的機率遠遠大上許多。群眾的溫馴甚至導致無政府主義者開始抱怨罷工者的愚蠢，聲稱群眾心理學家支持他們。無論是太暴力或太溫馴，群眾都被（錯誤地）認為是容易被騙的[49]。

這樣的大規模理性和令人驚訝的自制行動也不是法國群眾專屬，十四世紀的英國農民叛亂起義時，占據地主的莊園、城堡及教堂。但與其肆意搶劫和殺戮，更心滿意足的是燒毀讓他們背負債務或束縛的文件[50]。

歷史學家青木晃司記錄日本德川幕府時代（一六〇〇年至一八六八年）的七千多起民眾抗議

事件，其中只有二%的抗議對象喪生[51]。

一七八六年，以丹尼爾．夏伊士（Daniel Shays）為首的數千人在麻薩諸塞州武裝起義，反抗當時的經濟和政治階級，這場暴動及其他類似的暴動都嚇壞了美國憲法制定者[52]。然而夏伊士的叛亂並未造成任何傷亡，而且大多數叛亂分子最終認罪，以獲得大赦。

一九六六年，「自發暴民」在中國武漢成立紅衛兵[53]，這些群眾的目標是兩萬一千個反對文化大革命的「牛鬼蛇神」住家。沒有人敢反抗這些暴民，他們大可隨意殺人，但是這些紅衛兵卻讓九九．九%的目標活命。

不可否認，從私刑到性侵，群眾確實可能會做出可怕的事。但這裡的重點並不是要對群眾和構成群眾的個人做出道德判斷，而是要了解他們的運作動態。如果群眾真正被「感染性的傳播、不可抗拒的激情洪流、輕信的流行」煽動，應該更堅守暴力，無法表現自制，而且完全不理性[54]。但事實上群眾通常會完全迴避暴力，如果做不到，在行為上也會有所區別，只攻擊特定目標，使用控制的策略而不是如脫韁野馬般橫衝直撞[55]。即使是道德淪喪的攻擊也不一定是非理性的，有些人準備隨時伺機而動，偷竊和攻擊（通常是特定的）他人。這些行為並不是由「無法抗拒的激情洪流」所驅動，而是因為群眾的掩護提供了免除罪刑的機會[56]。

研究所謂的恐慌事件時，也會看到同樣的模式[57]，分析指出，很少有人在聽到聲名狼藉的《世界大戰》廣播劇時感到恐慌[58]，即使有自然災害或空襲等真實的恐怖事件發生，也不會引起廣泛的驚恐[59]。同樣在戰爭期間，會導致「作戰單位……嚴重混亂……的恐慌……極為罕見[60]」。我們發現，受威脅的群眾和其他群眾一樣具備異質性，而不是一視同仁地表現出感染性的恐慌。人為因素研究學者基蓮．普路（Guylène Proulx）和同僚分析九一一紐約恐怖攻擊倖存者的說法，這些人在巨型噴射機衝撞時正處於世貿中心大樓內[61]。在這種情況下，所有人急著從出口逃跑的大規模群眾恐慌也是可以理解的反應。然而只有不到三分之一的第一手敘述，描述其他人有「短暫的恐慌」。大多數倖存者都認為其他人保持鎮定，而且有重要的少數人提供幫助。德澤凱許和同僚在巴黎巴塔克蘭劇院攻擊事件的受害者反應中也觀察到類似模式[62]，即使恐怖分子以自動武器瞄準他們，受困劇院的群眾仍採取更具社交性的行動（如安撫他人），而不是反社會行動。此外，推擠他人好讓自己從緊急出口逃脫之類的反社會行動，依舊是由考慮到逃離可能性這類理性（儘管自私）因素所驅動，而不是出於純粹的恐慌。

九一一和巴塔克蘭劇院攻擊倖存者的反應並不是特例，在每種緊急情況下都會有少數人做出驚慌失措的反應，衝向出口，推擠任何阻擋他們的人。但恐慌是誤導性的描述，因為它暗示這種行為是非理性的，並且容易傳播。事實上，面對槍擊、火災或其他感知到的威脅，不擇手段地逃跑雖然自私，但幾乎不可能是非理性的。恐慌並未蔓延，大多數人的表現都很冷靜，許多人會幫助他人，尤其是老弱婦孺[63]。

無論是暴動或恐慌的群眾，他們的形象都受到「全體的錯覺」拖累，一般直覺認為，群眾中所有成員就要有同樣的行為[64]。但即使在群眾中的成員有相同的意識型態，行為卻還是不同，不一定會跟著彼此的行動或領導者的要求做[65]。如果說沒有「無法抗拒的激情洪流」，群眾成員其實還是會相互影響，但主要是發生在小團體裡，例如一起加入群眾的人，彼此熟悉，更容易相信對方的反應[66]。這種模式的唯一例外是退伍軍人，軍人彼此了解和信任的程度越低，越可能仿效那些開始逃亡並導致全面潰敗的人，但是這與情緒感染無關。當士兵正確推斷出不能信任別人守住戰線時，便會盡量不讓自己處於最不值得羨慕的位置——當那個最後逃離的人[67]。

我們不會對自己恰好看見的所有情緒一視同仁，而是會保持警覺，即使在群眾中也一樣。要讓我們按照訊息發送者預期的方式對情緒訊號做出反應，這樣的反應就必須符合自己當前的計畫和精神狀態，而且發送者必須是我們喜歡的人、過去沒有不可靠的前科，而且情緒看起來是合理的，否則我們可能根本不會做出反應，或是可能會做出與預期相反的反應，好比為某人的痛苦感到高興，或因對方表現憤怒而被激怒。

第八章

煽動者、先知和傳道人

——反映而非主導人民的意願

演化使得易受欺騙對適應性有害，為了避免被發送不可靠訊息的人傷害，我們擁有一組認知機制協助，決定要多重視聽見或讀到的內容。為此，這些開放警覺性機制會考慮許多線索：是否有良好的論證？消息來源是否充分？對方是否考慮到我的利益？

然而一旦涉及大量受眾，無論這些線索是好是壞，都無法良好地擴大應用規模。在小組討論的情況下，論證是最有效的，因為能來回討論與辯駁。當針對數以百萬計的聽眾進行演講時，講者必須訴諸最大公約數，而無法預料肯定會出現的許多反對意見。向大量的受眾展現能力是困難的，由於知識和專注的時間有限，聽眾要怎麼知道誰是最有能力的政治人物或經濟學家？同樣地，可靠地展現自己的善意說來容易做來難，因為建立信任的過程最好慢慢來，一次做給一個人看。

如果較成熟的開放警覺性機制無法正常運行，就只剩下可信度查證的方法。可信度查證這個機制隨時待命，非常警醒，因此應該對說服大眾的行為產生不成比例的影響，使得改變人的想法極為困難。試圖說服大眾的人充其量只能希望成功傳播與大眾既有計畫和信念相符的訊息，透過一些努力，就能在聽眾抱持矛盾情緒，或從一開始就意見薄弱的議題上，影響較邊緣的聽眾。然而有許多人卻假定宗教先知有改變整體群眾的力量、政治宣傳者具有顛覆整個國家的能力、政治運動人士掌握主導選舉結果的技巧，以及廣告商有能力讓所有人成為不思考的消費主義者，這一切會不會都是錯的？

煽動者：反映而非主導人民的意願

如果說古雅典是民主的藍圖，克里昂就是民主藍圖「最糟糕的敵人」，他是煽動者[1]。如政治家邁克・希格納（Michael Signer）所述，克里昂「接管雅典政府，差點處死一名勇於質疑他的劇作家，企圖對已占領的島嶼居民進行大規模屠殺，魯莽地發動軍事遠征，並讓雅典陷入一場最終一度打敗其民主的戰爭[2]。」批評者認為，克里昂的超凡魅力，尤其是用有力聲音滔滔不絕地向雅典人民演說，讓他「對群眾非常有辦法[3]」。像克里昂這種煽動者的力量，經常被認為是群眾易受騙性的最重要例證。

事後看來，克里昂的某些選擇無疑在道德上令人反感，或在戰略上具有疑義。但這裡真正的問題是：克里昂能否利用自己的魅力，說服雅典人做出對他有利，但對他們不利的決定？

在克里昂做出的種種決策中，最惡名昭彰的一項就是屠殺米蒂利尼（Mytilene）居民，報復他們背叛雅典，這是嗜血煽動者驅使民眾從事惡行的典型例子。但克里昂是否真的必須運用超凡魅力，才能說服雅典人犯下這種殘暴行為？看來不太可能。米蒂利尼居民與雅典的敵人斯巴達密謀背叛雅典[4]，還勸說其他城市參加叛亂。考量當時的標準，對這種行為進行殘酷懲罰是可以預期的。諷刺的是，這些事件反而更能說明煽動者的軟肋，在派出三列槳座戰船執行命令的隔天，雅典重啟辯論，克里昂的對手狄奧多特（Diodotus）說服雅典同胞，出於一些實際的理由，應該放過當地人[5]。於是雅典又派出另一艘戰船攔截，並成功完成任務。寡頭政治的執政者因此下台，剩下的居民也逃過一劫。

克里昂的魅力說不僅太薄弱，無法與合理論點抗衡，也無法讓他免受嘲弄。亞里斯多芬（Aristophanes）在戲劇中嘲笑克里昂時，群眾是被逗樂而不是被激怒；但克里昂身為很好的煽動者，這群人應該是他能完全擺布的對象才對[6]。可是當克里昂對亞里斯多芬提出捏造的指控時，人民陪審團事實上卻站在劇作家這一邊。

雖然民眾不是無條件地支持克里昂，但他們的支持在很大程度上還是真心的：畢竟雅典人讓克里昂成為將軍，並投票支持他的許多政策。然而克里昂的權力並非不勞而獲，他的經濟政策似乎讓占多數的窮人受益[7]。克里昂的影響力並不是來自特別強大的說服力，而是因為他掌握「真正煽動者能觸動人心的手法[8]」，他不是貴族，可以自由制定民粹的政策，「挑戰富人的權威與未經檢視的傳統[9]。」整體而言，克里昂的有力聲音是反映而非主導人民的意願，無論好壞。

其他煽動者，如從前國務卿威廉·詹寧斯·布萊恩（William Jennings Bryan）到參議員脩義龍（Huey Long）這些一脈相傳的美國民粹主義者，都是靠著相同的策略，他們並非操弄群眾，而是藉由擁護已經很受歡迎，但還沒有政治領袖能充分代表的觀點來獲得政治權力，甚至連最惡名昭彰的煽動者希特勒都符合這種模式。

多虧從日記到納粹情報部門報告等各種資料，歷史學家伊恩·克肖（Ian Kershaw）得以深入了解納粹統治下的德國民意[10]。在《希特勒神話》（*The Hitler Myth*）一書中，克肖描述在希特勒的政治生涯中，一般德國人如何看待他，以及他如何獲得大眾廣泛支持[11]。克肖認為，希特勒在一九三三年勝選的關鍵在於，他是「已經完整建立、廣為接受意識形態共識的化身[12]。」希特勒搭上激烈的反馬克思主義浪潮，與教會和商界菁英有著共同的理想[13]。

從一九二七年至一九三三年，希特勒採取創新的選戰策略，如今這些技巧早已司空見慣，他到德國各地增加與選民的接觸；使用擴音器放大聲音，充分發揮華麗詞藻的力量；向大大小小的群眾發表數百場演講。這些努力成功了嗎？一項詳盡的研究指出，它們並未成功。政治學家彼得·塞爾布（Peter Selb）和西蒙·蒙澤特（Simon Munzert）發現，希特勒的無數演說「對納粹選舉命運的影響微不足道[14]。」

希特勒上台後，他的吸引力隨著經濟和軍事變化而起伏，獲得那些從政策中受益的民眾支持，一連串無傷亡的軍事勝利也讓他獲得一般大眾贊同[15]。然而早在一九三九年開始，由於德國為了戰爭縮衣節食，民眾的不滿情緒也開始高漲[16]。在史達林格勒戰役這場納粹災難後，民眾對希特勒的支持也隨之瓦解，不再視他為鼓舞人心的領袖，也開始流傳惡毒的傳聞[17]。即使公開批評希特勒是死罪，但是從一九四三年到希特勒自殺的一九四五年四月間，仍有許多德國人公開表達不滿[18]。

希特勒完全無法操弄德國的輿論，而是做出回應；正如克肖指出的：「對於群眾的容忍程度，希特勒比其他任何宣傳指標都還要敏感[19]。」為了獲得控制權，他必須宣揚與自己世界觀背道而馳的訊息。在他掌權的過程中，希特勒淡化自己反猶太人的傾向，幾乎不會在公開演說中提及，也拒絕簽署抵制猶太商店的請願書[20]。和其他煽動者相同，希特勒無法靠著自己的說服力影響大眾，而是借力使力，操弄人們既有的立場[21]，之後將看到納粹宣傳機器整體而言幾乎沒有什麼效果。

先知：不是受到擺布，而是本來就必須這麼做

煽動者影響群眾的力量被極度誇大，像先知這種宗教人士呢？歷史顯示，先知能刺激群眾進入某種狂熱，導致他們從事自殺行為，從自我犧牲到注定失敗的十字軍東征都是例子。然而後退一步就能很快明白，真正重要的是受眾的心理狀態和物質條件，而不是先知的說服力。一旦人們準備好採取極端行動，就會出現一些先知，提供點燃火勢的火花[22]。

一八五〇年代中期，農卡無色成為南非牧民科薩人的強大占卜者[23]，她做出非常誇張的預言：如果科薩人聽從她的話，「沒有人會再過著辛苦的生活。大家想要什麼就有什麼，一切都會豐碩富足……所有失去手腳的人都會復原，盲人也將可視，老人將回春[24]。」農卡無色還描述一支由死而復生者組成的強大軍隊，將擊敗入侵的英國人。但是為了實現這個夢想，科薩人必須殺死所有牛隻，燒毀所有作物。很多人這麼做了，殺死每頭牛，並將作物燒到一點也不剩，但隨之而來的只有死亡與飢荒。

這難道不是易受騙性和群眾說服力的例子嗎？科薩人沒有充分的理由相信農卡無色，根本沒人知道她是誰，她沒有為鼓動眾人採取的行動提供合理理由，而且這些行動本身要付出的代價似乎很高。對英國觀察家來說，農卡無色只是「藉助盲從輕信」的特性[25]，但這個說法卻忽略使科薩人行為成立的關鍵因素。

一八五六年至一八五七年間，「肺病」的流行造成牛隻集體死亡[26]。在這種情況下，殺死動物並在生病前吃掉似乎是合理的選擇[27]。肺病可說是科薩人屠殺牛群主因：在沒有受到該疾病影響的地區，沒有任何一隻動物被犧牲[28]。正如我倚賴的研究資料來源，歷史學家傑夫・佩瑞斯（Jeff Peires）的結論：「因此肺病是科薩人屠殺牛群的必要原因[29]。」同樣的理由在某種程度上也適用於作物，因為當時異常的雨季讓作物特別容易枯萎。

即使在受肺病影響的地區，群眾也不是盲目地服從農卡無色，他們一開始會殺死一、兩頭牛，這是奉行悠久的祭祀傳統[30]，把最重要的動物留在最後獻祭[31]。當農卡無色的預言未能實現，科薩人很快就感覺幻滅[32]。在某些情況下，驅使人們殺死牲畜的原因，是來自酋長、鄰居甚至親戚的威脅，這些人已經失去一切，於是對那些拒絕為共同利益做出犧牲的人感到不滿[33]。

佩瑞斯認為，「對一個已經因為現代人幾乎無法想像的壓力而陷入絕望的國家而言，殺牛是符合邏輯和理性的反應，甚至可能是無法避免的反應[34]。」即使這個結論可能有些誇大，但佩瑞斯的研究顯示，農卡無色對科薩人並沒有神奇的控制力，反而是那些跟隨她領導的科薩人因為有採取極端行動必要性才會這麼做。

牛隻屠殺運動也是一場起義，幾乎是暴動[35]。在此之前，科薩人一直忍受酋長擁有大部分的牛，因為在情況艱難時可以仰賴酋長分享牛隻。但是當貴族開始向英國移民出售多餘的牛隻，而不是在公共宴會上與一般人分享時，情況就發生了變化[36]。這促使許多平民屠殺牛隻，這些牛不僅不是他們的牛，甚至已經不能充當「乾旱時的保障」[37]。相較之下，絕大多數從牛隻交易中受益的人都反對這場屠殺[38]。

至少這樣看來，科薩人屠殺牛隻事件和其他千禧年運動一樣典型。數個世紀以來，千禧年運動感動很多人，他們相信世界末日將至，更美好的世界近在咫尺。和科薩人一樣，那些擁有相同信念的人經常從事看似毫無意義的行為，如歐洲的貧窮基督徒追隨先知的訓諭，背起十字架，試圖奪回耶路撒冷。但他們的舉動並不是群眾說服力的結果，通常是更實際的考量所致。

整體來說，歐洲中世紀的窮人千禧年運動，是受到絕望與對物質收益的希望驅使而展開。當最成功的窮人十字軍到達耶路撒冷時，首領向他們人喊道：「有需要財產的窮人在那裡[39]！」對歷史學家尤金・韋伯（Eugen Weber）而言：

麻煩在於，這些飽受折磨的人大多數對千禧年本身興趣缺缺，他們更在意千禧年之前的大滅絕：壓迫者被推翻、神職人員和猶太人被殲滅、富人與胖子的末日。他們的狂喜與狂亂帶來的不是和平而是尖鋤。從十二世紀到十六、十七世紀，末世論引發高昂情緒，十字軍東征變成大屠殺，精神上的抱負也變成社會和政治的動亂[40]。

其他歷史學家也同意，千禧年主義這種「被壓迫者的宗教」主要是「在感受或經歷危機的……條件下」崛起的，「……壓迫來自更強大的群體、極端的經濟困難、根本的社會變革，使得特定的社會階層感受到威脅[41]。」

挑戰社會秩序是典型的打破常規，因此需要強而有力的正當理由，而千禧年信仰提供了：破壞一切都是可以的，因為無論如何世界就要結束，而且接著會發生更好的事。這就是為什麼在跨越不同文化，眾多互相競爭的運動裡都能發現千禧年信仰的原因。即使最著名的千禧年信仰是基督信仰，但這個想法在《新約聖經》（New Testament）之前就已存在，在猶太教或祆教的文本中都有，在很大程度上也在其他宗教中獨立發展，佛教就是一例[42]。

此外，儘管傳教士相當努力，但說起來也不太能歸功於他們，因為基督教的千禧年主義已被各種族群以不同方式進行改編，從南非的科薩人到中國的太平天國亂黨都是例子[43]。

無論何時何地，只要端出千禧年預言都會成功，當有人對現有秩序發動激烈的抗爭時，千禧年主義便能涵蓋各種文化，甚至世俗的動盪都有自己版本的千禧年主義：革命將在一段時期的混亂後，讓眾人祈求的黃金時代重返現世[44]。末日預言的市場是由不滿群眾的需求所驅動，而不是由狡猾的先知供給。

傳道人：改變信仰不等於遵守教義

先知可能不會對群眾產生太大影響，但是那些（大多）不依靠即將來臨的天啟威脅的宗教人物呢？佛教（五億兩千萬追隨者）、基督信仰（二十四億兩千萬追隨者）或伊斯蘭教（十八億追隨者）在文化上的成功顯示，有些傳道人已能讓龐大的羊群皈依他們的教義。而且這些勝利是有數百年歷史的宗教專屬：十九世紀摩門教興起，和二十世紀從印度奎師那到南韓統一教等新宗教運動的成功都顯示，即使規模遠比傳統宗教小，但對現代受眾使用相同的手法依舊有效。

在考慮如何將一個人的願景傳達給數百萬甚至數十億追隨者時，很難不認為一定有大規模信仰改變在發揮作用。《聖經》（Bible）中描述彼得的某次布道：「那一天，門徒約添了三千人[45]。」在四世紀，歷史學家優西比烏（Eusebius）寫道：「首次聽聞福音，群體中所有人的靈魂都飢渴地擁抱對宇宙創造者的虔誠信仰[46]。」許多二十世紀的歷史學家都認為，指數型宗教成長的必要條件是「**大規模的**成功[47]」。同樣地，新宗教運動的發展也讓許多觀察家憂心，指責那些領導者洗腦新招募的信徒[48]。

關於群眾改變信仰的這些觀點，源於對複利的誤解：少量但固定的成長，會在長時間內產生巨額資金。如果你在第零年投資一美元，現在要獲得二十四億兩千萬美元（假設地球上每個基督徒代表一美元），只需要略高於一%的固定年利率就行了。社會學家羅德尼・斯塔克（Rodney Stark）彙編其他歷史學家的估計結果顯示，基督徒的數量在西元四〇年約一千人左右，三五〇年則增加到三千四百萬人。儘管這是基督教擴張最快速的時期，但算起來只相當於三・五%的固定年成長率[49]。要解釋基督信仰在三個世紀內從幾個信徒增加到數千萬人的驚人崛起，只需要每個基督徒在一生中成功說服幾個新信徒就夠了，這其實不算是大規模的改變信仰。最近的宗教運動也有類似的信仰轉換率。斯塔克針對早期摩門教徒的研究顯示，他們的年成長率低於五%[50]。社會學家艾琳・芭克爾（Eileen Barker）也進行詳盡的觀察，想了解因為創始人是文鮮明，而被稱為文信徒的新信徒如何加入統一教[51]。雖然集體集會是新宗教運動中最受歡迎的做法之一，但成功率其實很低。在有興趣到願意參觀教堂中心的人裡，「兩年後，兩百人中沒有一人參加該活動[52]。」即使是參加為期兩天的靜修成員，「一年後，只有五%繼續擔任全職服事[53]。」

傳道人根本沒有說服大眾的本事，除了少數例外，宗教上的改變信仰其實是以牢固的既存關係做為驅動力，朋友招募朋友，家人帶動其他家庭成員投入。斯塔克與同僚約翰．羅蘭（John Lofland）對美國統一教的開端進行詳細研究，發現也是遵循這種模式。該活動由金愛容（Young Oon Kim，音譯）領導，努力多年，「透過演講和新聞稿招收信徒[54]」，但僅成功招募十幾個人，而且都是她與家人的好友。初創以來，從摩門教徒到日蓮正宗教徒或中世紀的卡特里派（Cathars），密切的人際關係對信仰改變的重要性（實際上是準必要性），是重複被觀察到的要素[55]。

即使受到朋友或家人招募，改變信仰仍可能使人必須承擔一些來自未改變信仰者的社交成本，從誤解到迫害都有。在這些條件下，改變信仰難道不是反映精妙的說服手法嗎？居然能讓某人光憑信任，就接受一套經常伴隨著代價高昂的個人義務新信念。恰恰相反，會改變信仰或皈依的人看來是因為在新群體中找到喜歡的東西。心理學家迪克．安東尼（Dick Anthony）總結關於新宗教活動的文獻後指出：「大多數改變信仰者的心理和情感狀況，會在加入後改善而不是惡化[56]。」即使是代價最高的行為也可能是有益的，摩門教徒必須將收入和時間的一〇％捐贈給教會。然而不難理解為什麼有些人會喜歡生活在每個人都分享這麼多的群體裡，因為這讓摩門教徒能「相互提供大量的社交服務[57]」。即使是早期那些有時遭受極大迫害風險的基督徒，也可能得益於皈依這個新異教者建立的支持網絡[58]。和這些實際的面向相比，與新宗教相關、顯然具異國情調的信仰其實是次要的，扮演事後附會的角色。正如經濟學家勞倫斯・伊納科內（Laurence Iannaccone）所說：「信仰通常會**跟著**參與出現，強烈的依附感將人吸引到宗教團體內，但是強烈的信仰則發展得較慢，甚至根本沒有發展[59]。」

新興宗教活動得以成長，是因為能帶給人們喜愛的社交互動模式，無須進行讓群眾改變信仰的活動。但是當一種宗教無處不在，或具有主導地位時又會怎麼樣呢？這時候難道神職人員不能支配群眾的思想和行為嗎？

在整個中世紀，天主教會試圖強迫歐洲農民從事種種顯然不符合他們利益的行為，從固定上教堂、懺悔，到每年農民收成的一〇%都要繳給教會的什一稅。此外，教會還散播支持現有不法現狀的信念：天賦君權。神職人員的教誨是，認為富人擁有財富只是因為他們幸運而非應得，是「近似貪婪」的觀念，是萬惡之源[60]。

這就是馬克思主義學者所謂的宰制意識形態（Dominant Ideology）：上層階級創造一種世界觀，合理化他們的位置，並對剩下的人強加這種世界觀[61]。對馬克思和恩格斯來說，「掌握物質生產工具的階級同時控制著精神生產工具，因此一般來說，缺乏精神生產工具的階級思想會遭到宰制[62]。」讓大量人民接受這種意識形態，認為他們的悲慘是應得的，使他們消極地接受命運，會是有史以來最了不起的群眾說服手法。

與這樣的觀點一致，天主教會通常被描述為歐洲中世紀的最高統治者。當尊敬、無知和對地獄的恐懼混合在一起，教會便能讓一群羔羊般的民眾遵守訓諭，接受教義[63]。然而十三世紀曾在法國南部貧困地區傳道的多明尼加人宏伯．羅曼斯（Humbert de Romans），對這種手法如何為教會發揮作用卻提出不同的觀點。羅曼斯應該很擅長他的工作，因為後來擔任多明尼加教團的負責人，但他對在民間看到的一切卻感到相當絕望。

儘管教會的權力很大，卻幾乎無法使窮人遵守教義上的最低要求，包括受洗、認識「天父」、每年參加一次聖餐禮[64]。他抱怨這些人去教堂只是為了「通宵達旦講八卦，主題不僅空虛，根本是邪惡和不得體[65]」。那麼特殊場合呢？信徒確實喜愛各種紀念聖徒的日子，但獲益的不是教會，而是「旅店老闆和娼妓[66]」。信徒也會去朝聖，但沿途「有時犯的罪比一名參與者在整年犯的罪加起來還多[67]」。

窮人不僅將宗教儀式變成放蕩的機會，還積極抵制教會試圖強加在身上，讓他們必須付出高昂代價的任何行為。羅曼斯強烈譴責窮人「在悔過或禁食方面的疏忽」和「不願意支付什一稅[68]」。歷史學家埃曼紐．勒華拉杜里（Emmanuel Le Roy Ladurie）指出，「關於什一稅的衝突……貫穿農民的抗爭，從卡特里派到喀爾文派，它都是一個共通的議題，比通常不存在（抗爭中）的教義連續性更顯著[69]。」

在這種不服從的背景下，又怎麼會有人發起十字軍呢？難道不是教會說服成千上萬的窮人做出終極犧牲嗎？如前所述，窮人經常將參加聖戰視為掠奪的機會，而不是精神上的召喚。無論如何，這些出征不是教會統治集團的產物[70]。教會確實有時會積極作戰，而且這是有道理的，因為「受末世論激勵的窮人」掠奪目光所及範圍內的所有猶太人住所後，「很快把目標轉移到神職人員[71]」。在第一次的牧羊人十字軍東征高峰時，「謀殺牧師或神父被視為特別值得稱讚[72]。」看來牧羊人沒有拿到關於宰制意識形態的備忘錄。

除了拒絕遵守教會要求，必須付出高昂代價的行為外，中世紀的群眾也拒絕大部分正統天主教教義。思想史學家指出，在啟蒙運動的整個過程裡，「長久存在、根深柢固的異教，經常以（基督教）最膚淺的表象做為掩飾[73]。」勒華拉杜里對十三世紀法國村莊進行深入研究，注意到各種絕對不是基督教徒的舉止：一家之主死後，其他家庭成員會保留他的頭髮和指甲碎屑，因為這是「生命力所在」，藉此讓房屋吸收死者的一些神祕特質；女孩的經血會被保存，以後用來製作愛情靈藥；臍帶會被珍藏，因為被認為可以幫助贏得訴訟（不得退費）[74]。難怪多明尼加傳教士羅曼斯會譴責農民「太傾向巫術」，而且「太頑固，甚至屢勸不聽，他們就是無法制止這些行為，不論是逐出教會或任何威脅都無用[75]。」

窮人完全拒絕的信念中，有一些是要他們全然接受現狀的說法。羅曼斯可能認為貪婪是一種罪，但仍指出「群眾習慣把這個世界的富人視為幸運者」，並且很想抱怨「教會治理下的貧窮狀態」，（通常理所當然地）歸咎於「糟糕的主教」[76]。天主教會在整個中世紀都想說服群眾，強迫他們接受毫無吸引力的信念與代價高昂的行為，但這些努力最後都是一場空。

中世紀天主教歐洲觀察到的模式，重複出現在全世界掌握經濟主導權的階級裡[77]。世界各地人民根本不會接受宰制意識形態，而是用「弱者的武器」（weapons of the weak）實踐「反抗的藝術」（the arts of resistance），這正是社會學家詹姆士・史考特（James Scott）兩本具影響力書籍的名稱[78]。即使最極端的權力不對等，如主人和奴隸，都不能讓下位者接受身處的困境，奴隸會不斷用各種方法戰鬥，從「拖拖拉拉、裝糊塗、假裝順從」，直到「縱火」和「破壞」[79]。

宰制意識型態的命題有一個重點是：統治階級會編造一套說法，解釋現狀是最好的可能，表明自己對現有的優越地位當之無愧。這種說法通常會充斥在所有的溝通管道，從手稿到電視、廣播，無一不包，但這並不代表社會底層的人會真的買單，這些說法反而在所有地方都遭受抵制，並有替代說法被創造出來，包括帶來革命時機的千禧年願景。

第九章

政治宣傳與廣告媒體

——中共大內宣與劍橋分析真有成效嗎？

政治宣傳者：納粹與中共的洗腦成功嗎？

希特勒在獄中撰寫《我的奮鬥》（*Mein Kampf*）時，深入思考政治宣傳。他形容群眾是易輕信他人的，是「一群人類小孩」、「有陰性性格」（兒童和婦女長期以來就與情緒化和易受騙連結在一起），因此有效的政治宣傳必須以「刻板印象的公式進行……持續不斷地重複，直到最後一個人也開始理解這個主張為止[1]。」

在以經濟與反共平台為主而當選總統，並鞏固權力後，希特勒便在約瑟夫・戈培爾（Joseph Goebbels）和宣傳部協助下，將他的理論付諸實踐，共同發展出歷史上最可恥的群眾說服計畫，尤其是目標為塑造德國的反猶太主義，所以在電影、廣播節目、書籍、海報、教材等都極力誹謗猶太人。

這種「宣傳攻勢」多有效呢[2]？為了獲得德國反猶太主義的精細數據，經濟學家尼科・沃伊蘭德（Nico Voigtländer）和漢斯—喬亞吉姆・沃斯（Hans-Joachim Voth）檢視一九九六年至二〇〇六年的調查[3]，他們想以量化的方式了解，曾暴露於納粹宣傳機器的德國人，尤其是一九二〇年代和一九三〇年代出生的那些人，是否具有較強烈的反猶太主義。研究發現，這群人確實如此，生於一九二〇年代和一九三〇年代的德國人同意「猶太人在世界上的影響力太大」之類的說法，比生於其他時代的人高出五％至一〇％。

即使納粹的政治宣傳在德國目前存在的反猶太主義中，僅占一小部分的原因，但似乎仍導致這個情形。但它是否如希特勒所想的，是因為粗暴地不斷重複而成功呢？沃伊蘭德和沃斯研究各地可接收政治宣傳的差異性，有多少人擁有收音機、可以觀看宣傳電影的電影院數量等。如果單純重複是有效的，接觸到較多宣傳的地區，反猶太主義應該也會急劇上升，可是實際上純粹接觸政治宣傳根本沒有效果，其實是因為先前已存在的反猶太主義，才能解釋政治宣傳效果的區域差異：只有在希特勒上台前就已經最反對猶太人的那些地區，才被證明會接受那些宣傳。對這些地區的人來說，反猶太人的宣傳可能被用來做為可靠的線索，說明政府站在他們這一邊，因此可以自由地表達自己的偏見[4]。另一項研究則專門探討無線電廣播的效果，結果出現更強烈的結果，廣播宣傳「在歷來反猶太主義高漲的地方有效」，但「在歷來反猶太主義低落的地方則有負面影響[5]」。

在上一章中提及歷史學家克肖曾搜尋納粹德國的紀錄，以了解希特勒的受歡迎程度，他也分析納粹宣傳的有效性，結果得到類似結論。一般而言，德國人並未留意那些抵制猶太商店或放逐猶太人的呼籲，納粹只有透過「恐怖統治和法律歧視」才實現「在德國的經濟（及逐步在社會）生活中排除猶太人[6]」。

克肖主張，納粹政治宣傳的其他面向，甚至比試圖把所有德國人都變成激烈的反猶太分子更不具效果，大眾普遍抵制推動將殘疾人士強制安樂死的政策[7]。對共產主義攻擊吸引的本來就是右派的人，但這「在德國的工人階級中……幾乎全然失敗」，因為他們是共產主義的自然擁護者[8]。事實上，納粹的政治宣傳未能說服大多數德國工人心甘情願地協助戰爭，許多人選擇用曠工抵制[9]，當戰況每下愈況，尤其是在史達林格勒戰役後，他們根本對來自宣傳部的消息充耳不聞。宣傳部長戈培爾「一成不變的勝利訊息變得單調，並被大眾忽視」，民眾信任英國國家廣播公司報導勝過官方節目[10]。這些納粹宣傳甚至未能讓民眾喜愛納粹黨人，因為這些地方官員通常沒有能力又貪汙，普遍受到鄙視[11]。最諷刺的是，克肖之所以能做出這些結論，部分是透過檢視納粹情報機構保安處的工作報告得知，其中某些報告確實相當嚴厲，如來自施韋因富爾特（Schweinfurt，德國中部小城市）保安處的這份報告：「民眾對我們的宣傳普遍反感，內容被視為錯誤與謊言[12]。」

至於那些參與必敗死戰的德國軍隊呢？他們不是納粹宣傳有效性的終極證據嗎？針對德國士兵的研究向來顯示，「政治價值觀在維持戰鬥動機中只占很小的一部分[13]。」對各地士兵而言，主要動力反而來自身處小團體的支持，那些與他們並肩作戰多年、同甘共苦的夥伴間建立特殊的忠誠羈絆[14]。此外，恐懼也發揮作用，害怕如果逃跑失敗（如成千上萬的德國士兵）就會被處死；害怕自己落入較糟的敵方成為戰俘（東部前線很少有戰俘回來，而西部前線戰俘的待遇相對寬鬆，也導致西部有許多逃兵）[15]。

克肖總結自己的發現，指出：「納粹政治宣傳的有效性……絕大部分取決於能否在既有共識上發展，確認既有價值觀支持現有的偏見[16]」。每當政治宣傳和輿論背道而馳，就會一敗塗地，整體而言，根本沒有或只有一點群眾說服現象。是納粹在宣傳方面特別糟糕嗎？在其他政權是不是也能觀察到同樣的模式？

蘇聯也曾進行大量的政治宣傳，不只是在戰爭期間，在過去數十年也不遺餘力，特別是在史達林要鞏固權力的期間更卯足全力。早期的蘇聯政治宣傳並未引起民眾共鳴，政府不得不拋棄共產主義的概念，偏向更適宜的論述：用愛國主義取代國際主義、英雄崇拜取代客觀的歷史動力[17]。但是這種策略之後卻造成嚴重的反作用力，因為有許多英雄在一九三〇年代晚期的公審中喪命。蘇聯的政治宣傳從未完全取得掌控，即使在史達林宣傳的高峰，蘇聯工人和農民都「採取許多消極抵抗的戰術」，並積極尋求「替代的資訊來源[18]」。和其他地方一樣，主要是從政權中受益的人看來接受它的價值觀[19]。即使到了現在，俄羅斯的宣傳工作（如在烏克蘭）也遵循類似模式：對群眾宣傳時不怎麼成功，攻擊對手時則事與願違[20]。

另一個偉大的共產主義大國是中國，它的政治宣傳說服力也沒有比較強大，就算在毛澤東領導下也一樣。政治學家王紹光詳細研究促成發源武漢的文化大革命背後因素[21]。人民參與文化大革命並不是反映他們「對毛澤東的盲目信仰」，而是「認為毛澤東的方案能為個人問題提供解決方案[22]」，那些從中得利的人積極擁護這項行動，但有許多其他人反抗。

中國政府較近期進行的宣傳工作也被證實無效，針對一九九〇年代中期中國人民對政府態度的研究表明，對國家新聞媒體的消費與對政府的缺乏信任呈正相關，因此媒體不太可能成功灌輸人民對領導階層的信任[23]。對官方媒體缺乏信任，代表中國人民「總是渴望從不同管道獲得其他資訊」，一位民眾如此表示[24]。相當於中國版推特（Twitter）的微博成立不久後，七〇%使用社群媒體的中國人坦承依賴這類媒體做為主要資訊來源[25]，對官方媒體的不信任，以及對其他資訊來源越來越大的依賴，代表對政府抱持負面看法的傳聞很快就被接受，並且很難與之抗爭[26]。中國人民的許多抗議行為，也表明不會被動接受政府宣傳。在此引述記者歐逸文（Evan Osnos）的研究，指出在二〇一〇年平均**每天**在中國各地發生約五百次「罷工、暴動和其他『群眾事件』」，這還只是官方的統計資料[27]。

中國共產黨有時間學習政治宣傳的極限，因此已經將控制大眾的策略從暴力說服，轉向政治學家瑪格麗特・羅伯茲（Margaret Roberts）所說的「增加阻力與資訊氾濫[28]」。增加阻力在於使敏感資訊更難以取得，封鎖關鍵字、強迫人民翻牆，或根本一開始就不蒐集這類資訊（如關於某政府機構的表現好壞等，只有國家才能可靠蒐集的資訊）。資訊氾濫則是透過官方宣傳的大量轟炸，分散人民對敏感問題的注意力。外界懷疑中國政府招募多達兩百萬人在網路上散播資訊，這些人就是所謂的「五毛黨」，因為每張貼一篇這種誘餌型文章，即可收到五毛人民幣的酬勞。然而中國政府基本上似乎已經放棄使用這些外宣軍團來改變人們的想法，他們「避免與懷疑論者爭論……甚至不討論爭議性話題[29]」，反而試圖先強調支持政權民眾（我們現在會看到這是很大的數字）的觀點，或是討論其他主題，如名人八卦，分散那些不太關心政治人民的注意力。

政治學家澤維爾・馬奎茲（Xavier Márquez）在以非民主政權為主題的書中，列出其他政治宣傳失敗的例子：「佛朗哥主義者宣傳快四十年，未能成功讓西班牙人反對民主……不斷接觸對獨裁者尼古拉・希奧塞古（Nicolae Ceauşescu）的狂熱崇拜，並沒有使大多數羅馬尼亞人成為他的黨員……不懈的政治宣傳讓許多東德人習於挑剔刻薄，對當權者說的話一個字也不信[30]。」

整體而言，政府的政治宣傳無法說服民眾，甚至可能適得其反，導致對該政權普遍不信任。政治宣傳最多只能搭上既有觀點浪潮，讓人們有發表言論的自由；若是沒有這些宣傳撐腰，這類意見可能會受到社會的反對[31]。

為什麼獨裁政權中的某些人會表現得好像被洗腦，一致向獨裁暴君敬禮、購買數十億的毛主席徽章、在金正日的葬禮上嚎啕大哭呢？答案很簡單，每個依靠政治宣傳的威權統治者都會密切監視、猛烈鎮壓出現異議的跡象。不對納粹敬禮被視為「政治不順從主義」的象徵，可能會被判死刑[32]；在北韓，任何不滿的跡象都可能讓整個家庭入獄[33]。我們不能指望人們面對這類威脅時會表達自己的真實感受，一位中國醫生描述在文化大革命期間的生活，他記得：「要在中國生存，你必須什麼都不對別人說[34]。」同樣地，一名北韓煤礦工人也承認：「我知道我們的政權應為我們的處境負責，鄰居也知道我們的政權該受到譴責，但是我們還沒有愚蠢到討論這件事[35]。」

如果想要獲得真心支持而非空洞誇耀，胡蘿蔔似乎比棍棒來得好。中國人民也許不會完全信任官方媒體，但是整體來說，他們尊重並支持中央政府和中國共產黨，後者通常能獲得七〇％以上的支持度，高於任何西方政府[36]。這可能是宣傳手法，但也可能是因為在黨的領導下，中國數十年來一直保持高經濟成長率，讓八億人脫離貧困[37]。

運動人士：拜票與廣宣的效益很有限

如同一再看到的，威權體制裡的政治宣傳單位努力想說服大眾，卻未能動搖人民。然而與其說是大眾發揮應有的警覺性，會不會是這些失敗其實反映宣傳單位不夠老練或缺乏技巧？例如宣傳部長戈培爾似乎不是影響力大師，到了一九四〇年，由於「一成不變的枯燥內容」（如納粹情報部門的報告），人民已經對官方宣傳失去興趣[38]。

在當代民主國家中大量增加的競選經理人、政治公關顧問、行銷人員、民意調查人員、危機顧問等其他專家可能更精明。威權主義者的政治宣傳是藉由對媒體的壟斷控制，也許缺乏競爭讓主要宣傳者的本能和動機變得遲鈍了？相較之下，現代政治活動競爭非常激烈，為專業人員提供很多機會，得以自我磨練技能、學習如何指導候選人勝選，以及為候選人找出最能幫助他們當選的人。

我在把重點放在美國政治，原因有二：首先，美國政治人物的支出遠遠超過其他國家：二〇一六年，用於政治活動的支出為六十四億美元（三分之一花在總統大選）[39]；其次，絕大多數的研究都針對於此。若不是涉及的金額出乎尋常，美國的選舉活動，尤其是最引人注目的選戰，其實和其他地方的競選活動類似，媒體會當成戲劇性事件報導，充滿陰謀曲折，候選人的民調結果隨著辛辣的廣告、動人的演講及公開辯論中的表現波動。以現有手段來看，志工大軍挨家挨戶拉票、電視廣告的播放時間、無數的電話拜票，確實會期望得到相稱的戲劇性結果。

然而關於政治活動和媒體能否贏得選舉，或更廣義地影響大眾輿論的研究，卻得出令人驚訝的模棱兩可結果。在二十世紀最初十年，最流行的模型是「皮下注射針頭」（Hypodermic Needle）或「神奇子彈」（Magic Bullet），根據這個模型，人們幾乎會接受媒體所說的一切[40]，該模型的基礎是在第一次世界大戰中創新（但可能無效）地使用政治宣傳手法，以及認為大眾對遇到的任何刺激都會有反射反應[41]，但這種模型缺乏數據基礎。隨著民意調查、投票行為追蹤，以及對媒體影響力的適當研究興起，一九四〇年代和一九五〇年代進入「最小影響」（Minimal Effect）時代[42]。約瑟夫・克拉柏（Joseph Klapper）總結多年的研究後，在一九六〇年主張，政治傳播「更常是強化而不是改變的觸媒」（這個結論讓人聯想到關於政治宣傳的研究結果）[43]。

在一九七〇年代和一九八〇年代，政治學領域也興起實驗研究（Experimental Study）。研究人員不會在現場測量人們的意見，而是將受試者帶進實驗室，讓他們接觸各種刺激，如活動資料、電視新聞等，並測量這些刺激對受試者觀點的影響。這些技巧揭露媒體確實可能會影響輿論，但不是透過告訴民眾要怎麼想，而是告訴他們要想什麼〔議題設定（agenda setting）〕、如何最清楚地理解問題〔設定框架（framing）〕，以及在評估政治人物時要使用什麼標準〔預示（priming）[44]〕。儘管這些影響不如皮下注射針頭模型暗示得那麼直接，但仍可能很強大，當根據經濟政策而不是對墮胎觀點來評估政治人物時，民眾的投票選擇可能就會不同。

這些基於實驗室的技術優勢在於方法的嚴謹性，因為研究人員能進行經過良好控制的實驗：受試者隨機接觸不同的刺激，並仔細監測他們的反應。這些方法的缺點是缺乏生態效度（Ecological Validity）：很難判斷在現實生活中的不可控制環境裡，是否還會發生在實驗室裡觀察到的現象。例如一些研究顯示，電視上不同新聞的曝光可能導致政治觀點改變。然而在現實生活中，人們並不是被動接觸電視新聞，會自行選擇觀看什麼新聞，甚至根本不看。政治學家凱文・阿諾西（Kevin Arceneaux）和馬丁・強森（Martin Johnson）進行一系列研究，受試者可自由選擇觀看哪個頻道。他們觀察到有許多人乾脆轉台，而且選擇觀看新聞的人都是政治知識最豐富的人，所以也不太可能因為對新聞中的所見所聞有反應而改變想法[45]。不過即使是更具生態效度的研究，顯然也能看到政治活動和媒體確實在某些問題上會影響大眾輿論，但影響方式也顯示，人們不會對政治活動提出的所有訊息照單全收。

迄今關於政治活動或媒體是否影響大眾輿論的最重要裁決，來自人們先前意見的力量。在絕大多數政治議題上，人們沒有強烈意見，甚至沒有任何意見，這是有道理的，因為不管什麼主題，都需要花費大量時間和精力蒐集資訊。例如在二〇〇〇年美國總統大選前夕，很少有選民知道小布希和高爾（兩個主要候選人）在社會安全方面的立場[46]。結果當選民被告知偏好黨派候選人有著如此這般的觀點時，就會傾向採納該意見，遵循「黨派暗示[47]」。遵循黨派暗示反映信任機制（大致上）穩固的作用方式，如果你多年來逐漸信任某個政黨，在不太了解的某個問題上遵循其領導是很合理的。

人民也很擅長辨識周圍最了解政治問題的人，並參考他們的意見[48]。整體而言，人們更容易受到可靠訊號的影響。例如某報紙出乎意料地為一個不屬於該報平常支持的政黨候選人背書時，發出的訊號就更可靠，如果人會受到影響，也只會被這些令人驚訝的背書影響[49]。

在二十一世紀最初十年，政治學家開始進行關於政治活動有效性的大規模實驗，將傳單發送到隨機鄰里、隨機選擇家戶拉票、隨機召集潛在選民等，接著記錄意見調查或投票結果，讓研究人員能準確評估曾接觸他們的傳單、面對面討論、電話等干預措施的受試者所受的影響，並和其他不受干預的受試者做比較。這種方法提供兩全其美的方法，嚴謹又有生態效度。

二〇一八年，政治學家約書亞．卡拉（Joshua Kalla）和大衛．布洛克曼（David Broockman）發表對所有遵守這些嚴謹方法研究的後設分析，並加入一些新數據[50]。一些在大選前進行很長時間的政治活動，對投票傾向的影響很小卻很重要。在選舉初期，人們較沒有時間對要投票的對象形成既定想法，因此觀點有些不穩定。然而這些效應從來不會持久，而且到了選舉日就會完全消失，所以競選宣傳活動對投票行為沒有淨效應（Net Effect）[51]。其他研究顯示，政治活動在選民較沒有先入為主想法的選舉中會造成一些影響，因為此時不能用初選結果或投票方式等與候選人的聯繫做選擇[52]。

至於大獎，也就是國會或總統大選，針對拉票整體效果的研究顯示是零[53]。這是非常值得注意的結果。儘管在郵件、拉票、電話拜票和廣告上投入大量資金，但在最重大的選舉中（至少在美國），這些競選活動的干預似乎總是缺乏效果。

就算是最新、看來最精巧的技術，也無法挑戰這個結論。很多人都聽過劍橋分析（Cambridge Analytica），這家惡名昭彰的公司從臉書（Facebook）用戶蒐集數據（通常未經同意）、建立這些用戶的心理檔案，並針對這些心理檔案投放以他們為目標的政治廣告。用《衛報》（*Guardian*）的話來說，劍橋分析造成「民主被挾持[54]」。

實際上這是一個騙局，針對特定對象的廣告似乎帶來有限效果，但是這些效果只在產品購買中得到證明，並在用戶個人資料有著相關數據，而且效果很小，在廣告投放給成千上萬人後，只增加數十次的購買[55]。劍橋分析試圖用可疑數據影響用戶，從而影響總統選舉（還沒有任何廣告），就算劍橋分析的政治活動影響力與他們在美妝產品實驗中記錄的一樣大，也只能動搖數千名選民，事實上影響可能是零。共和黨的政治分析家記得，劍橋分析的員工「老是拋出術語」，但是從未看到「任何有效的證據」，這一點並不奇怪，因為該公司還是以他們所謂的「流行心理學學士」為基礎[56]。

關於政治活動的效率不彰，過去的主要解釋是，雙方會根據對方的投資做出相應反應的投資，因此雙方造成的影響便相互抵銷。但在卡拉和布洛克曼回顧的研究中，不可能會發生這樣的事，因為接受傳單、電話等干預的人是隨機挑選，因此另一方不可能特別針對這些人做出回應。看來政治活動就是無法說服大量選民，至少在重要的選舉中如此。在整個競選期間觀察到的民調劇烈波動又要怎麼說呢？最近一項分析顯示，它在很大程度上是人為的，當候選人看起來表現良好時，傾向投票支持的人更可能回答民調，因此產生搖擺不定的幻覺，但實際上很少有人會真的改變主意[57]。

與大多數政治活動相反，新聞媒體「對總統選舉的結果產生重要影響」，正如統計學家安德魯・格爾曼（Andrew Gelman）和政治學家蓋瑞・金（Gary King）在二十五年前所言。然而格爾曼和金指出，這種效果「不是透過誤導性廣告、鏗鏘有力的發言，或政治公關達成，而是透過傳達候選人在重要問題上的立場做到的[58]。」通常媒體的主要作用是提供必要資訊，使人民做出最基本的知情政治決策，如每位候選人所屬政黨，或候選人的平台是什麼。最近的研究證明格爾曼和金的看法，新聞媒體的報導越多，選民的知識就越多[59]；對媒體信任程度越高的民眾，知道的資訊也越多[60]；資訊越豐富的選民越不容易被說服。因此大眾可獲得的新聞來源越多，就會越了解政治人物在做什麼，而政治人物也會更努力滿足選民的期待[61]。至少在眾所周知的選舉中，媒體和政治活動在向人民提供資訊方面扮演積極角色，儘管在美國政治活動方面很容易想成只要花一小部分成本，就能獲得相同結果。

廣告商：名人代言也無法改變顧客偏好

與揮霍在廣告上的金額相比，花費在政治活動上的金額根本很低。二〇一八年，全球在廣告上的支出超過〇．五兆美元[62]。（理論上）這筆錢會嚴重影響顧客偏好，讓他們選擇更昂貴的產品，甚至喜愛劣質替代品，如在盲測中本來較喜歡百事可樂，卻買了可口可樂。

至於政治活動就很難衡量廣告的效果，Google 和微軟（Microsoft）的研究人員主張，要了解網路廣告是否產生正面報酬，就必須在一千萬多人身上測試，而且理想情境是在完全控制的實驗環境[63]。廣告有效性這麼難以衡量的原因不在技術層面，而是在於廣告效果根本不大，因此很難說是否造成任何影響。

針對廣告有效性的早期研究顯示，大多數的廣告其實沒有明顯效果。早在一九八二年就有一篇文章提出這個問題：「你是否過度廣告了？」答案顯然是肯定的[64]。一項針對一九九五年後十年內的廣告回顧研究聲稱，觀察到電視廣告一些小而重要的影響[65]。如同政治廣告，主要決定消費者廣告有效性的變因，在於觀眾是否已經有先入為主的意見，廣告對已體驗過產品的消費者沒有影響[66]。這個結果很重要，因為這代表廣告效果不在於讓某些產品的形象更好，或看起來更高級，因為倘若真是如此，已經熟悉產品的人應該一樣容易受到廣告影響。相反地，廣告的作用主要是「向（顧客）提供關於產品內在特色的資訊」，而且這些資訊將在實際使用時被個人體驗取代[67]。

廣告發揮功能的一個可悲例子是香菸的電視廣告。香菸並不完全是難賣的產品，早在廣告存在前，有菸草的地方就有人抽菸。只要指出香菸的存在就夠了，因為尼古丁對大腦的影響是會針對獎勵中樞提供回饋，很快讓人變得不可或缺，所以不需要廣告就能完成後續大部分的工作。不出所料，香菸廣告可以打入尚未意識到吸菸是一種選擇的群眾市場，如一九五〇年代的年輕美國人[68]。

廣告並不是以反映出單純輕信他人的方式在影響消費者。舉例來說，依賴名人廣告的有效性，取決於名人是否被視為相關領域的可信賴專家[69]。與相關專業知識相反的是，廣告中免費放送的性和暴力更可能降低其影響力[70]。

這些結果可能令人難以置信：我們都能想到一些名人代言他們根本不具備專業知識的產品。博伊德和李察森就為跟著名人有樣學樣的偏見提供說詞，像是喬丹廣告內衣。但更有名的例子可能是喬治·克隆尼（George Clooney）和Nespresso。據我所知，克隆尼並不是公認的咖啡專家，但他已能讓人聯想到該品牌，不過他的代言造成的直接效果並不清楚。克隆尼於二〇〇六年成為歐洲品牌大使之前，Nespresso已經以每年三〇%的速度成長。在接下來幾年裡，該品牌一直以相似的速度成長[71]。Nespresso在克隆尼於二〇一五年開始代言品牌的很久前，也早已在美國有了驚人成長[72]。

諷刺的是，我們不清楚克隆尼帶來多少顧客，卻知道克隆尼是由顧客帶來的，為了回饋讓品牌成功的早期購買者，Nespresso要他們挑選品牌大使，而他們選了克隆尼[73]。

就連讓人在盲測中選擇不喜歡的碳酸飲料（應該是可口可樂）都不能怪廣告，大多數人無法分辨可口可樂和百事可樂[74]。就算廣告在這個領域有巨大的效果（其實沒有），也沒有發揮太大的說服力，讓人選擇可口可樂而非百事可樂，這些產品基本上在味道或價格上根本難以分辨。

市場研究人員傑拉德・特利斯（Gerard Tellis）審視廣告的效果，並得出以下警告：「許多廣告商很快會承認這個真相：說服非常困難；而要說服消費者採取新的觀點、態度或行為，又更加困難[75]。」

說服群眾的模式

試圖說服群眾的嘗試不斷累積，從在古希臘阿哥拉（Agora）市集上高談闊論的煽動者，到與智慧型手機爭奪我們注意力的廣告商，一個清晰的模式應運而生。大規模的說服群眾非常難以實現，即使是從納粹德國到蘇聯史達林這些最可怕的宣傳努力，都無法改變人們的想法。

任何與先前信念衝突的訊息、不願意遵守的禁令，我們都極有可能充耳不聞。天主教會在鼎盛時期都無法讓農民禁食、懺悔、苦行、心甘情願支付什一稅，或放棄異教徒習俗；納粹的政治宣傳也未能使德國人討厭殘疾人士或喜歡納粹；一旦選民對候選人有了既定想法，世界上所有的競選經費都難以動搖；廣告在對廣告產品有第一手經驗的消費者身上根本就是浪費。

說服群眾若是遭遇阻力就會失敗，訊息要產生效果，聽眾就需要有積極的理由相信那則訊息。最有效的訊息是呼應偏見，或能符合聽眾目標的，如同反猶太主義利用納粹宣傳合理化他們的仇恨、暴動的群眾反覆利用千禧年的主題，但我們談的真的是說服嗎？說服充其量最多只能改變人們對微不足道問題的看法，就像選民選擇符合他們在重大問題上觀點的政黨，然後跟隨政黨在（對個人）較不重要議題上的領導。

顯然說服群眾的模式與廣為流傳的輕信他人觀念並不相容，這些模式反而反映對傳達資訊的謹慎評估，人們會判斷消息是否符合先前觀點，以及消息來源是否可靠。

在前面章節中，詳細介紹開放警覺性機制的功能：我們如何判斷什麼是合理又良好的論證、誰有專業知識、誰值得信賴，以及如何對情緒訊號做出反應。大量的心理學實驗顯示，這些機制在大範圍內具有合理的功能，讓我們能避免有害的資訊，並在面對夠好的證據時改變主意。開放警覺性機制絕對有效，足以抵抗幾乎所有試圖說服群眾的努力，使它們無法改變我們的想法。

這個樂觀的結論似乎與一系列明顯錯誤的信念清單格格不入——強大的女巫正進行活動、歐巴馬是穆斯林、疫苗並不安全，這些信念在各文化裡相當成功，但承認錯誤的信念並不一定代表此人容易受騙。在接下來六章中將探討各種錯誤觀念，涵蓋傳聞到假新聞，說明它們的傳播方式，以及對我們思想與行為的影響，並解釋為何透過假定人們具備有效的開放警覺性機制，而不是單純訴諸輕信他人的特質，才能最清楚解釋這些現象。

第十章

危機期間的傳聞滿天飛

——轉發謠言背後的社交與切身性紅利

二〇一五年，有二〇%的美國人認為當時的美國總統歐巴馬是在國外出生，那時候的在野黨是共和黨，其中有四三%的人還認為他是穆斯林（歐巴馬生於美國夏威夷州，是基督教徒）[1]。

二〇一七年四月，杜成德（David Dao）被強行從超賣座位的聯合航空（United Airlines）趕下飛機。當時的處理情況很糟，導致他掉了一顆牙、鼻梁斷了，還有腦震盪（根據委任律師的說法）。他與聯合航空和解後，傳聞在廣受歡迎的中國社群媒體平台微博上四處流傳，宣稱和解金達一億四千萬美元[2]。儘管實際金額從未洩露，但很可能比這個金額低一百倍[3]。

一九六九年初，法國奧爾良（Orléans）傳說有年輕婦女在猶太零售商店裡的更衣室被綁架後送到國外賣淫[4]。儘管遭到警察、政治家和其他權威人士駁斥，傳聞依舊持續數個月，經歷一個夏天才慢慢消失。

除了這些瘋狂、毫不正確的傳聞例子外，比較系統性的研究也證明一些傳聞的低正確度。一九五〇年六月，印度大吉嶺鎮遭受毀滅性的山崩襲擊。心理學家杜爾甘南德・辛哈（Durganand Sinha）研究災後擴散的傳聞，內容涉及山崩的原因、傷亡人數、降雨量等[5]。這些傳聞都是假的、過於誇大，且將真實事件做出戲劇化詮釋。一九三四年印度比哈爾邦（Bihar）發生地震後，也觀察到相同的結果[6]。

密西根大學（University of Michigan）在一九七五年發生大罷工，心理學家山鐸・溫伯格（Sandord Weinberg）和瑞奇・艾其（Ritch Eich）意識到「傳聞在危機時期往往會激增」，因此試圖對抗它們的蔓延，他們成立傳聞危機中心，讓員工打電話來核實聽說小道消息的真實性，在回報的傳聞中約有一五%是正確的[7]。

關於危機的傳聞

為什麼錯誤傳聞會如此普遍？第二次世界大戰後不久，心理學家高登・奧爾波特（Gordon Allport）和利奧・波斯特曼（Leo Postman）出版影響深遠的《傳聞心理學》（*The Psychology of*

Rumor）一書，此後大多數傳聞傳播理論都集中在那些相信並散布傳聞者的心態[8]。書評提及：「傳聞的產生和傳播是來自個人焦慮、普遍的不確定性、輕信，以及和結果相關性涉入的最佳組合[9]。」根據奧爾波特和波斯特曼的理論，像是白宮裡的黑人總統、罷工結果的不確定性等這種變動中的環境，會讓人產生焦慮，而焦慮使人容易相信與引起焦慮事件的相關資訊，傳聞則幫助人們將當前發生的事情合理化，減少對未來的不確定性，減輕自身的焦慮。除了會使人更容易受騙的引發焦慮情況外，某些人天生本來就缺乏「批判性意識」，因此無論傳聞多麼荒唐都會加以傳播[10]。

這些解釋聽起來似乎合理，卻與本書提出的理論不符。不確定性應該讓我們渴望確定性，焦慮應該讓我們強烈要求安心，但前提是這些確定性和安心是真實的。沉迷於錯誤的確定性或安全感可能感覺很好，但卻是災難的根源。不論這些訊息讓我們有什麼感覺，開放警覺性機制應該要拒絕那些我們沒有足夠理由接受的資訊。

主張人會尋找令人焦慮的傳聞，並輕易相信內容的理論有一個主要問題：大多數傳聞更可能助長，而不是消除焦慮[11]。認為本地店主綁架年輕女孩，會讓我們覺得更安全嗎？將關於災害的損害加以誇大，會減輕我們的擔憂嗎？

但是即使標準理論無法解釋傳聞傳播的全部模式，有這麼多錯誤傳聞在傳播的事實，仍然挑戰著我主張人並不容易受騙，而是善於評估溝通的論點。不管錯誤的傳聞是減輕或增加焦慮，許多人常常基於薄弱的證據就接受了。對開放警覺性機制來說，這似乎是明顯的失敗。但要正確衡量這個失敗，並更清楚了解成因，就必須看看傳聞傳播更有效的例子。

傳開的一切都不是空穴來風

多年來，《華爾街日報》（*Wall Street Journal*）每天都會刊登「街上聽見的」（Heard on the Street）專欄，記錄八卦和流傳在金融界的傳聞。經濟學家約翰・潘德（John Pound）和李察・查克豪瑟（Richard Zeckhauser）分析這個專欄，著重其中關於意圖併購的傳聞，也就是一家公司出價收購另一家公司[12]，發現這些傳聞有將近一半是正確的，因此成為市場會適當納入考量的有價值資訊來源[13]。

心理學家尼古拉斯・迪方佐（Nicholas DiFonzo）和普拉桑特・博迪亞合（Prashant Bordia）對工作場所的傳聞進行一系列研究，蒐集來自不同企業近三百則關於晉升、裁員、離職等傳聞[14]。儘管有企業差異，但這些傳聞的準確性都相當高，一般都高於八〇%，經常達到一〇〇%。例如研究人員指出：「在大型公司正式宣布進行大規模裁員前一週內，關於裁員名單的傳言是完全準確的[15]。」這些結果重複一些早期針對工作環境中小道消息的研究，所有結果都觀察到這些傳聞的準確性超過八〇％[16]。

這些研究之一關注一個特別有意思的環境，就是第二次世界大戰期間的軍隊[17]。奧爾波特和波斯特曼的研究主要是針對戰時在美國平民間的傳聞，但心理學家西奧多・開普樓（Theodore Caplow）有別於兩人的經典研究，將重點放在美國陸軍內流傳的傳聞，誰將在何時何地被派去部署、誰將返國等[18]。奇怪的是這些傳聞都絕對正確。開普樓表示：「在任何正式公告前，傳聞已經準確指出每項主要軍事行動、駐紮地更換及重要的行政變動[19]。」

這裡檢視的正確傳聞，有些可能會讓人不那麼焦慮，士兵聽說很快將返國、員工發現會晉升；然而其他人無疑會因此產生很大的壓力，因為聽到自己會被送到前線或被裁員。傳聞到底會增加或減少焦慮，與正確性的關聯性很低，那麼持續產生正確傳聞的情境有什麼特別之處？

驗證傳聞的真偽

就本質上而言，答案很簡單：當傳聞內容對流傳的這群人會產生重大影響時，傳聞往往是正確的。

與其他認知活動一樣，開放警覺性需要付出成本，而且我們只會在認為值得的程度內運用這項特質[20]。這代表在與自身息息相關的領域中，我們會仔細記錄誰說了什麼，以及他們說的內容到底是正確或錯誤；反過來說，這也讓提供傳聞的人有格外謹慎的動機，以免損害自己的信譽[21]。當最終確定傳聞是否屬實時，如果有能力追溯誰說了什麼，將有助於我們建立由可靠線人組成的網絡。

這就是開普樓研究的美國士兵能如此有效傳遞正確傳聞的原因，而且他們也只會傳播正確的傳聞[22]。因為傳聞也許是關於誰要被部署到哪裡，是我們很快就能查清楚是否為真的內容。多虧重複的回饋，士兵知道誰說的哪種類型資訊是可信的，也知道誰應該被踢出資訊網絡。

而且對於和自身直接環境相關的議題，人們通常能對照既有的知識，或透過蒐集新資訊來查證傳聞的內容，因此不管情況再怎麼令人焦慮，都能在錯誤傳聞產生初期就加以消滅。

心理學家詹姆斯·迪格里（James Diggory）研究一九五二年賓夕法尼亞州東部爆發狂犬病的傳聞[23]。受災最嚴重的郡的居民應該是最焦慮的，但與偏遠地區的郡相比，也較不相信關於威脅的誇大傳聞，威脅的迫切性使他們更焦慮，但也更有立場準確地評估風險。

第二次世界大戰期間，在美國傳播的最惡毒傳聞之一，就是指責有日本血統的個人犯下叛國罪，尤其是說他們協助襲擊珍珠港，對美國進行破壞活動。這些傳聞在美國本土傳得沸沸揚揚，但在這些受到懷疑者居住的夏威夷州卻根本無人相信，「因為民眾可以親眼看到，並與捍衛各島的人交談[24]。」

有時候會出現一些新問題，這些問題實際上是切身相關的，但是我們對此了解不多，而且沒有時間建立可靠的線人網絡，密西根大學罷工期間可能就是這樣的例子。在這種新的情況裡，很少有員工能掌握關於重要事項的可靠資訊：是否取消課程、是否對罷工施加懲罰等。缺乏可靠的先備知識或已建立的網絡，為錯誤傳聞創造肥沃的溫床。然而由於這些問題對員工有實質重要性，因此他們利用研究人員建立的危機熱線中心，結果「大多數的錯誤傳聞都在廣泛傳播前被消滅了[25]。」

我們怎麼會相信錯誤傳聞？

顯然在評估大多數傳聞，尤其是那些對自身影響最大的傳聞時，我們的開放警覺性機制會很管用。為什麼會在其他情況下似乎一敗塗地呢？我認為，錯誤傳聞的散布似乎不是指責開放警覺性機制的證據，實際上恰好相反。

錯誤傳聞最令人震驚的是，人們居然會基於如此薄弱的證據而接受。但是人們怎麼會真的相信這些傳聞？相信傳聞或其他的事並不是孤注一擲，是否相信取決於你如何處理某項資訊。如果我們不弄清楚從資訊中得出的推論或行為，信念基本上可以保持不變，不受認知或行為後果影響。與直覺信念相比，斯波伯認為這是反思信念，可以自由進行推論，還可自發地以這種信念做為行動的基礎[26]。例如當你閱讀這些文字時，直覺相信面前有一本書（或其他設備）。你可以拿著這本書，知道可以用來遮住照到太陽的臉、可以借給朋友等。相反地，關於「晚上看到的大多數恆星其實都比太陽大」這個信念，你應該是被說服這是真的，因為你對這件事沒有任何施力點。

對於反思信念，也就是通常沒有太多個人後果的信念，我們不該期望開放警覺性機制會有多努力：何必麻煩呢？這個信念根本不會造成多大的差別。我認為，大多數錯誤傳聞只是反射地成立，因為如果是直覺地成立，後果將會更嚴重。

在某些情況下，很難想像傳聞會導致哪些重大的行為：中國人民幾乎不會質疑在美國處理保險和解的方式、一名巴基斯坦商店老闆可能會說是以色列人精心策劃九一一事件，但是他會怎麼樣嗎？

即使人可以根據（虛假的）傳聞做某些事，但通常不會這麼做。相信九一一是自導自演的美國真相尋求者，並不會因為直覺相信這種陰謀而採取行動。正如記者喬納森・凱（Jonathan

Kay）指出的：「真相運動的最大諷刺之一是，那些激進分子通常在大型、不安全的地方，如大學禮堂，舉辦集會，卻又堅持認為政府特務會不惜一切代價保護他們的陰謀不被發現，以維持主導世界的地位[27]。」

或以指控猶太店主綁架年輕女性的奧爾良傳聞為例，該鎮有許多居民散播這則傳聞，不過對大多數居民而言，這則傳聞對他們的行為沒有造成任何改變，或是有很少的改變。一些年輕女孩開始去其他店家，或在可疑商店購物時會請朋友陪伴。在傳聞的高峰期，會有些人站在熱鬧的街道上盯著那些商店看。面對年輕女性終生被迫遭受性剝削的指控，只是瞪大眼睛看幾乎不是適當的反應方式。這些行為（或缺乏行為）顯示，大多數散播傳聞的人都不是直覺地相信。相較之下，在珍珠港事變後，關於有日本血統的美國人流傳的傳聞似乎有顯著效果，因為美國政府決定將大多數這類公民扣留在日裔拘留營。實際上，比起有關叛國罪的惡劣傳聞，拘留營背後有更重要的動機：這些日裔美國人有許多是成功的加州農民，農地產量比白人鄰居更好，他們的成功導致「西岸白人農民的不滿」，為「大規模監禁日裔（美國人）提供部分動機[28]。」

接受這裡提到的虛假傳聞後卻沒有採取行動，顯示開放警覺性機制幾乎沒有讓這些傳聞過關。如果我們的開放警覺性機制真的認為傳聞是合理的，應該預期會有更強而有力的反應，也就是在直覺相信傳聞時看到的反應。

在巴基斯坦，關於可怕的三軍情報局（Inter Services Intelligence Directorate, ISI）陰謀論非常普遍，然而巴基斯坦人從未舉辦關於三軍情報局多麼邪惡和強大的會議，正因為他們直覺相信三軍情報局是邪惡而強大的，所以不會公開說。

想像你有一名女性友人哭著跑出一家商店，哭訴差點被綁架。你只要瞪著那家店，然後告訴其他人不要去那裡就覺得夠了嗎？不是應該立刻報警才對嗎？

大多數人不會用錯誤傳聞或陰謀論做出符合他們邏輯的結論，少數會這麼做的人卻讓這個事實更透徹，威爾希就是其中之一，他相信彗星乒乓披薩店地下室是希拉蕊密友販賣兒童據點的傳聞，出於這種信念，再加上他對腐敗警察的不信任，於是帶槍衝進那家餐廳，強烈要求店主釋放那些孩子，他做的事好像還滿有道理的。大多數支持這則傳聞的人（根據一些民意調查，有數以百萬計的人都相信）對此事都毫無作為，也不覺得怎麼樣，或最壞的情況是他們會在網路上發送侮辱性訊息[29]。你幾乎無法想像兒童性販運者會因為閱讀《國家驕傲報》（*Nation Pride*）批評販運者「令人作嘔至極」，並只給了他的餐廳一顆星（Google 評論也許可以考慮提供戀童癖友善的披薩店零顆星選項），就突然發現自己的行為錯誤[30]。

威爾希為什麼會這麼認真看待披薩店傳聞？我真的不知道。就我的論點來說，重要的是在相信傳聞的數百萬人中，他是唯一一個表現出於直覺相信這件事的人。

不受約束的好奇心

即使錯誤傳聞通常不會造成嚴重的行為後果，許多人還是認可，這難道不是開放警覺性的失敗嗎？就算較輕微也還是失敗，要理解這可能不是重大失敗的原因，以及為什麼會有人相信虛假傳聞，必須先問：人們究竟為什麼會對這種傳聞感興趣，畢竟如果他們對這類資訊不會採取太多行動，又為什麼會如此熱衷於聽說和散播傳聞？

認知的代價高昂，處理每項資訊的成本很低，但要養成能做到這件事的大腦成本卻很高，因此我們的腦袋會特別注意有用的資訊。我們具有能辨識人臉而不是脖子的機制[31]；自然會注意可能戀愛對象的許多特徵，但不會注意程式語言的特徵；對個人比岩石更感興趣。

理想情況下，應該只關注、處理和儲存具有實際重要性的資訊，讓我們能在世界上活得更好的資訊。但要準確預測哪項資訊會派上用場是不可能的，事實上就算猜測什麼會有用，也需要付出昂貴認知成本的任務。友人艾莎跟你說新同事薩爾瑪的瑣事，讓你覺得很無聊，但是如果你之後認識薩爾瑪又對她著迷，這些資訊可能就會派上用場。處理和記憶資訊的成本很高，但是忽略資訊的成本可能更高，因此謹慎行事是有道理的，尤其是在這項資訊符合忽視成本特別高的資訊範本時，特別要小心。

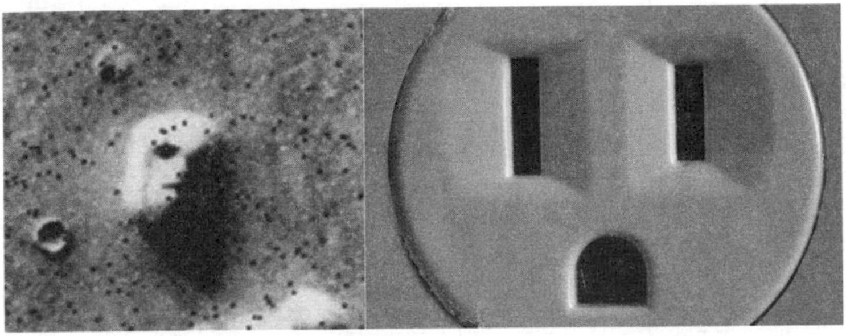

圖三　幻想性錯覺的兩個例子：在沒有臉的地方看到臉

資料來源：美國太空總署與 grendelkhan。

以辨識人臉為例，我們演化出分辨臉孔的能力，因為這有助於和其他人互動。辨別人臉的焦點，或用斯波伯的術語來說，適當領域（Proper Domain）是由我們互動對象的實際人臉構成[32]。但是我們的臉部辨識機制也會注意到很多不在這個機制適當領域裡的其他物體：非人類的動物面孔、火星上的山、電源插座等〔圖三；搜尋「幻想性錯覺」（Pareidolia）會有更多例子[33]〕。這構成臉部識別機制的實際領域（Actual Domain）：所有能用來當作輸入的東西。

為什麼臉部辨識機制的實際領域會比適當領域大上許多？這是因為成本不對稱。如果你在電源插座中看到一張臉，朋友可能會覺得很有趣；但如果你誤以為朋友的臉是一個電源插座（或其他任何東西），她就不會那麼高興了。

認知機制的適當領域與實際領域之間不相符，會創造出廣大的切身性領域（Domains of Relevance）：不管資訊是否有任何實際後果，都覺得它是切身的，這就是我們無窮好奇心的源頭。

正如臉部表情，大多數成功的文化產物都是因為我們認為它們具有切身性，名人八卦就是一例，如果關於他人的資訊傾向於有價值，關於受歡迎、美麗、堅強、聰明、主流的個人資訊就更有價值了。在過去的進化過程中，如果沒有與這些人實際互動，他們和我們幾乎毫無關係，而大多數的切身資訊在實際上也都是真的與自己相關。現在我們也許永遠不會與這些傑出人士互動，但還是會覺得他們的資訊很有吸引力。如果你不喜歡哈利王子（Prince Harry）和梅根・馬克爾（Meghan Markle）的最新八卦，可能會對亞伯拉罕・林肯（Abraham Lincoln）或阿爾伯特・愛因斯坦（Albert Einstein）的傳記感興趣，只不過你遇見他們的機率比那些看八卦報紙的人遇見哈利和梅根的可能性更低。由於我們對與知名人物相關的資訊感興趣，因此會獎勵提供這類資訊的個人，可能是覺得那些知道最新名人事件的朋友更有趣，或是購買這類作家的著作。

許多成功的虛假傳聞都與威脅有關。我們喜歡思考威脅似乎有些奇怪，不過這是有道理的，我們可能不喜歡威脅，但是如果威脅存在就會想要知道。關於威脅的資訊比臉孔更具有明顯的成本不對稱：與過於注意潛在威脅的資訊相比，忽略有關潛在威脅資訊的成本可能會高出許多，就算威脅只是傳聞也一樣成立。在珍珠港事變發生約前一年，美國駐日本大使聽說有一項襲擊計畫正在醞釀，但他認為這些傳聞並不可靠，導致毀滅性後果[34]。

由於這些成本不對稱，和威脅有關的資訊即使實際上並不切身，也常被認為切身相關。關於自然災害造成的死傷、伺機而動的性侵犯，或各種陰謀論的傳聞，都是形式怪誕的心理蜜糖，帶有罪惡感的愉悅，對我們可能不好，但就是忍不住樂在其中[35]。

陰謀論是威脅的一種明顯形式，有鑑於聯盟在演化過程中具有重要性，我們很可能演化成特別注意與自己敵對聯盟成形的風險[36]。即使我們沒有專門的「陰謀探測器」，但陰謀論結合各種使它們變得切身的元素，它們是關於由有力量的人（中了）組成，對我們具顯著威脅（又中的聯盟（連中三元）。

一項針對推特上十萬多個傳聞的研究發現，最成功的虛假傳聞是那些會引起噁心和驚訝的傳聞[37]。成本不對稱的邏輯也適用於噁心，通常對於讓人噁心的東西，多知道總比少知道來得好（藉此避免潛在的病原體）。至於驚訝只是切身性的一般衡量標準，在其他條件相同的情況下，較令人驚訝的資訊就是更切身的資訊。我五歲和七歲的兒子討論最喜歡在海灘上發現哪些垃圾時，就體現這種智慧：「噁心和我們不知道的東西，這種東西才有意思。」

按照這種邏輯，傳聞之所以在危機時期最容易散播，不是因為危機讓人更容易受騙，而是因為危機使人對以前不感興趣的話題感到好奇，從降雨量到這個州另一頭的狂犬病流行都是。這些新的切身資訊源頭，通常並沒有實際上提高切身性，因此錯誤傳聞可以相對輕鬆地傳播；相反地，如果傳聞具有嚴重的實際後果，人們就會盡力查證，確認危機是否真的存在。

有助於傳聞散播的社交獎勵

我們傾向於獎勵那些提供切身資訊的人：我們較喜歡他們，認為他們較有能力、能幫上忙[38]。為了盡可能贏得獎勵，我們應該確認資訊的社交切身性，也就是資訊對其他人多有價值，以便知道該傳遞什麼。有時候這表示要辨識某則資訊與特定個體相關，如果你知道朋友是樂高（Lego）迷，若能了解她會關心樂高展覽的資訊就很好。要計算這種狹義的社交切身性，依靠的是對特定個體的偏好和信念的了解。

在其他情況下，我們更感興趣的是了解一則資訊是否會對許多人都有切身性。為了計算這種廣泛的社交切身性，會用自己的想法做為指南：恰好與我們切身相關的資訊，會被視為對其他人也有切身性（無論是否有任何實際後果）。這不是簡單的過程。當非人類動物遇到觸發許多推論的資訊時，像是獵物的蹤跡、掠食者的痕跡等，牠們不會想著「該死，這很有趣！」只是會進行必要的行動，採取適當的行為。相較之下，人類就能呈現遇到刺激的切身性，當我們聽到新聞中令人震驚的消息時，不會只是調整自己的信念，還會注意這則資訊的廣泛切身性，好讓之後可以分享。同理可證，笑話、故事、技巧和傳聞也都是如此。當傳聞進入與威脅或陰謀相關許多認知機制的實際領域時，我們會意識到這則傳聞可能具有廣泛的社交切身性。

具有廣泛社交切身性的資訊具有特殊屬性，本身的切身性讓它變得更有價值。

通常當你向人提供與他們切身的資訊時，你的社交分數會增加。你告訴朋友樂高展覽的資訊，她會覺得你很貼心又消息靈通，因為這些資訊對她很有用。但是如果這些資訊不僅對她有用，對她認識的其他人也有用呢？她也可以透過傳播這項資訊，增加自己的社交分數。向人提供具有廣泛社交切身性的資訊時，我們的得分會加倍，因為他們覺得該資訊有切身性，所以我們得分；又因為他們可以利用這項資訊讓自己加分，所以會對此表示感謝。

我們透過大眾媒體獲得的新聞通常具有廣泛的社交切身性，但是由於媒體的影響範圍很廣，因此很難在社交上充分利用。相較之下，傳聞是讓自己表現很有意思的完美材料，因為傳聞通常在每個步驟中只會傳播給一個或幾個人，因此為我們提供很多增加社交分數的機會，不僅因為與我們對話的人發現這則傳聞是切身的，還因為它可以有助於加分。

最小的合理性

傳聞涉及許多認知機制的實際領域，使它們有潛力具備高度切身性，但要真正切身，它們也必須看似合理。如果它沒有一絲可能性，就完全沒意思。我們之所以會喜歡傳聞，部分是因為能透過傳播它們為自己增加社交分數，所以應該小心不要傳播難以置信的傳聞，更準確地說是應該留意不要散播別人難以置信的傳聞。如果我們這樣做，不僅不能獲得任何好處，還可能因此承受損失，如果提供的資訊被視為不合理，以後大家就不會信任我們。

正如在第三章到第七章中主張的，在評估其他人告知的內容時，開放警覺性機制主要是在尋找應該接受該資訊的線索，如果沒有這樣的線索，我們預設的態度是拒絕該資訊。溝通具有風險，因為接受錯誤的資訊可能會危及生命，所以這是安全又明智的操作方式。

相較之下，在猜測其他人會接受或拒絕一項資訊時，潛在成本較低。在絕大多數的情況下，說錯話的風險只是會被認為你沒有那麼聰明、勤奮。只有當人懷疑你蓄意欺騙與涉及很大的風險時，成本才可能會高到無法承受，但大多數傳聞都不是這種情況。雖然這些社交成本不該忽視，但也遠低於被他人誤導的潛在成本。因此在嘗試估計其他人如何評價我們的訊息時，可以使用與自己評估對方訊息時相反的策略，就是尋找該訊息可能會被拒絕，而不是會被接受的線索。在沒有任何跡象表明與我們對話的人傾向拒絕一則訊息時，就預設他們會接受這個訊息。

奧爾良綁架女性傳聞就是透過間接使用這種開放警覺性機制來傳播，居民對於四處散播這則傳聞似乎毫無疑慮，只有當他們認為某人有充分的立場拒絕這種傳聞時，才會選擇不與對方分享。例如不會有人直接與鎮上較年長、較融入的猶太人分享這則傳聞，因為這些人可能認識被懷疑的店主本人，同樣地，唯一會報警的人就是那些真正懷疑傳聞是否屬實的人。

不符合直覺的是，當涉及傳聞時，開放警覺性機制其實有發揮作用。首先，會評估這則傳聞，判斷是否應該接受，結論是不盡然。此時開放警覺性機制對這則傳聞的接受就會只停留在反思層面，避免代價高昂的行為後果。其次，我們還會以迂迴的方式使用這套機制，衡量其他人拒絕該傳聞的機率，幫助避免因為與可能認為這項傳聞過於荒謬的人分享而付出社交成本，導致他們對我們做出負面評價。

逃避現實

傳聞採用不同的形式，在不同的生態系統中流傳。某種極端的狀況是，我們發現傳聞對一些相關人士具有實質切身性，例如這些人將被解僱或被升遷、被送往前線或返國。這種實際切身性促使人們散播這些資訊，因為這樣能讓他們增加社交分數，但這也讓他們意識到提供的資訊會被有知識的人加以檢視，如果被發現這些資訊根本沒用，就會傷害分享該資訊者的聲譽。以這種方式流傳的傳聞絕大多數都是準確的。

在另一個極端，則發現有些傳聞根本沒有什麼實質後果，但人們卻認為它們具有廣泛的社交切身性。這些八卦傳聞引起我們對名人、威脅、陰謀等相關資訊產生興趣，就像給腦袋吃的零食，而且會造成一些後果。這不僅代表我們對這些傳聞感興趣，還希望其他人感興趣，甚至希望交談的對象也感興趣，因為他們交談的對象會對此感興趣。透過傳播精彩的傳聞，讓人有機會進一步對外散播，讓我們獲得一些聲譽。

有幾個因素造成這些傳聞難以被更正。缺乏實際後果代表信念無法與現實世界有適當的互動，你在自己的世界裡認為別人會感興趣的東西，其實偏離現實[39]。隨著傳聞與現實交會，那些相信錯誤傳聞的人很快就會醒悟。當威爾希以彗星乒乓的傳聞為基礎而採取行動，很快便承受行動的後果，如果當初有更多的人這麼做，這項傳聞根本沒有機會傳開。此外，分享這些傳聞的好處和代價都與社交有關。為了避免這些代價，我們會拒絕那些很可能被懷疑的傳聞，進一步降低我們獲得負面回饋意見的機會。奧爾良綁架女性傳聞之所以會如此成功，原因之一是居民故意避免將傳聞透露給警察或可能更了解的人，進一步減少傳聞與現實互動的機會。

陰謀論在阻礙正確意見回饋方面更進一步，因為最可能知道是否存在陰謀的人，就是那些被指控在進行陰謀的人，但如果這項陰謀是真的，預謀者顯然不會承認，因此任何否認都很可疑。同樣地，**奧爾良鎮綁架女性傳聞**提供一例，說明傳聞有多容易變成陰謀指控，甚至連抵抗傳聞也會變成陰謀。一開始這則傳聞並非標準的陰謀論，因為假定的罪魁禍首，也就是被指控綁架女孩的店主，根本沒有什麼勢力，但是隨著傳聞越演越烈，矛盾就出現了，如果這些犯罪行為廣為人知，為什麼警察會袖手旁觀？他們一定被收買了，試圖揭穿傳聞的政治人物一定也會湊一腳。直到那時，這則傳聞才將因為無法自圓其說而瓦解，因為有太多人認識當地警察或政治人物，因此至少對大多數居民來說，這則傳聞已經不再可信。

傳聞之所以會傳播得這麼好，不是因為人們太認真地看待，而是因為不夠認真。因此為了增加真實與錯誤傳聞的比例，我們應該努力拉近社交切身性和實際切身性之間的差距。當我們發現一則傳聞具有吸引力時，應該在和朋友閒聊或轉發等進一步傳播前，先停下來想想：如果必須根據這則傳聞做出實際的決定，我們會怎麼做？我們是否會採取維持正義的行動，制止對兒童的性虐待？從實際角度考慮傳聞，應該會讓我們有動機進一步加以查證。

然而有些資訊幾乎不會產生任何實際的後續行動，例如在自然災害後出現的誇大故事，就幾乎無法付諸實踐。在這些情況下，我們至少可以想像與一個有足夠知識或立場的人，或可能會受到該資訊影響的人（通常兩者是相同的）共享資訊。許多原本要成為九一一陰謀論者的人，一想到要與親身經歷九一一事件的人分享懷疑時就會卻步；樂於分享杜成德因為不幸遭遇獲得一億四千萬美元賠償資訊的人，可能會擔心在經驗豐富的人身傷害律師面前顯得愚蠢。

想像以傳聞為基礎採取行動需要付出的個人成本，是打擊錯誤傳聞的第一步[40]。若要解決，我們應該努力要求那些散布錯誤傳聞的人付出代價，至少也要拒絕讓他們得到任何好處。我們不該遲疑是否要提出問題、質疑故事真實性或來源可靠性（將在下一章中探討這個重要性），這通常伴隨著社交代價。畢竟人們都喜歡精彩的傳聞，因為可藉此增加自己的社交分數。我們不會感謝破壞這種樂趣的懷疑論者。為了降低這種代價，並提高我們質疑的有效性，應該盡可能有禮貌、限制自己對散布可疑傳聞的人施加惡意的意圖，並且注意不要誇大自己的主張，我們真的確定那則傳聞是錯誤的嗎？

我們應該將這些個人成本視為對公共利益的貢獻。如果流傳的虛假傳聞少一些，所有人就會過得更好。但是為了達到這種平衡，許多人將不得不剝奪自己的潛在利益，拒絕散布精彩的傳聞，並承擔被視為掃興懷疑論者的代價。

第十一章 從循環報導到超自然信念

——如何判別消息來源的品質？

正確和不正確傳聞的最主要差異之一是消息來源的品質，這是尚未提到的。我所謂的消息來源，是指向談話對象描述我們如何獲得某項資訊。

在有利於散播正確傳聞的環境裡，人們會說「總部的比爾．史密斯說約翰將被送回國」之類的事[1]，說話者在此指出資訊的相關來源，讓談話對象能更容易評估內容的正確性。因此不僅說話者要接受這則資訊帶來的功勞（如果資訊真實無誤）或責難（如果事實並非如此），史密斯也要算一份，這使得網絡中的成員在開始散播一項傳聞時必須更謹慎，因為虛假傳聞不僅會損害與他們分享傳聞者的聲譽，還會損害後續散播傳聞者的名聲。

相反地，不正確傳聞伴隨著模糊的來源（「聽說……」），或更糟的是，不正確的來源卻增加傳聞的可信度。奧爾良綁架女性傳聞的消息來源讓內容變得更合理：「朋友的父親是警察，他正在調查一起綁架案……」或「我堂哥的妻子是護士，她治療綁架未遂的受害者……[2]」，這些來源的明顯問題是根本是假的，沒有這樣的警察或護士存在。另一個不太明顯的問題則是，在整個傳聞傳播鏈中，消息來源都一樣。

理論上來說，隨著傳聞從「朋友的父親」到「朋友的朋友的父親」、「朋友的朋友的朋友的父親」這樣流傳下去，關於這個（虛構的）可靠來源的資訊，應該會越來越被稀釋，但研究人員觀察到的卻不是這樣，這條傳播鏈的長度從來沒有被承認，大多數人反而會說這項傳聞是由「朋友的父親」（或一樣，堂哥的妻子之類）證實的。正如領導團隊研究奧爾良綁架女性傳聞的社會學家埃德加·莫林（Edgard Morin）所說：「（傳聞的）每個新發送者都會壓制新連接環節，並只用兩、三個連接環節重建一條傳播鏈[3]。」

消息來源可以大幅幫助或阻礙開放警覺性機制的運作，為什麼在某些情況下效果很好，而在另一些情況下效果卻很差呢？為了更清楚了解這件事，必須先了解來源的無所不在。

無處不在的消息來源

密切注意消息來源似乎是專業人員的職責所在，從《伯羅奔尼撒戰爭史》（*History of the Peloponnesian War*）的編年史家修昔底德開始，歷史學家就一直在思考他們的研究應該以什麼資訊來源為本，在編寫史料時區分第一手和第二手資訊，爭論這些資料來源的可靠性與獨立性。在近代，記者也已經學會要對消息來源有批判性，不依靠單一來源，找到獨立方式評估消息來源的可信度，並再三查證每件事。顯然在某些領域裡，人們必須格外謹慎地尋找、記錄、評估和交叉檢視消息來源。如果學者或記者沒有這種透過學習而來的反思性實踐，提供的資訊就不可靠。

然而不是只有專業人員需要獲取資訊，所有人也一直都在這麼做，但通常是以直覺而不是反思的方式進行。例如假設你問友人艾露娜對於某部考慮要觀看電影的看法，而她的回答是下述的其中一個：

一、很好看。

二、我上禮拜看了，很好看。

三、我聽說很好看。

四、奧索古跟我說很好看。

五、《芝加哥太陽報》（*Chicago Sun-Times*）說那部電影很好看。

儘管意見保持不變（「很好看」），但根據表達方式的不同，你對該意見的重視程度也會有所不同。最沒有說服力的可能是三，因為它提供最少可用來評估意見的資訊。會如何衡量其他意見，則取決於你對艾露娜、奧索古和《芝加哥太陽報》影評的評價。即使一沒有明確提供任何資訊來源，你也可能得出一些推論：如果艾露娜的回答是一，她看過電影的可能性會比只是根據預告片或影評這麼說來得高。提供相關來源的資訊，為開放警覺性機制提供更多糧食。

明確指出我們主張的消息來源非常重要，因此許多語言的文法強制要求說明這個部分。在英語中，你必須指出動詞的時態才能構成文法正確的句子。在祕魯南部使用的允卡魁楚亞語（Wanka Quechua）中，你必須說明自己是如何獲得某項資訊：

一、Chay-chruu-**mi** achka wamla-pis walashr-pis：「許多女孩和男孩在游泳」（**我看到了**）

二、Daañu pawa-shra-si ka-ya-n-**chr**-ari：「它（田地）可能被完全摧毀了」（**我推論**）

三、Ancha-p-**shi** wa'a-chi-nki wamla-a-ta:「你讓我的女兒一直哭」（**他們告訴我**）[4]

粗體字的部分就是驗證詞，用於判斷說話者的信念究竟是歸因於直接的感知、推論或傳聞。允卡魁楚亞語不是獨一無二的，世界上至少有四分之一的語言擁有某種驗證詞[5]。有些語言具有相對簡單的系統，只有兩個驗證詞，如契洛基語（Cherokee），只區分是第一手或非第一手資訊[6]。其他語言，如在巴布亞紐幾內亞使用的卡盧利語（Kaluli），則有複雜的系統，還有各種驗證詞可供選擇。

無論是透過驗證詞來表達、明確提及（「彼得告訴我」），還是保持不明確（「這部電影很好看」暗示直接的經驗），消息來源在語言中無處不在，這是為什麼？

對開放警覺性機制而言，消息來源的明顯功用是：透過明確指出來源是直接的感知或可靠的個人，使一項主張更具說服力。但是為什麼有消息來源會使一項主張更具說服力？畢竟如果你對說話者的信任度本來不足以接受他們的主張（「寶拉懷孕了」），我們很難立即明白，為什麼當對方提供消息來源時，你就應該信任他們（「我見過寶拉」）。當說話者被認為不誠實時，就算有消息來源也無濟於事，即使玩撲克牌的牌友告訴你：「我手上有同花順，你應該蓋牌。」也不會比他們直接說「你應該蓋牌」更具說服力。

所幸在大多數互動中，都不會懷疑談話對象這麼不誠實，但這並不表示我們完全信任他們，差得遠了。在許多情況下，我們不認為他們有足夠的能力或盡責查證的態度，所以不會光憑他們的意見就改變主意。正是在這些情況下，提供消息來源才讓他們的主張更具說服力。例如我非常信任妻子，信任她和我們的孩子，我一輩子都會信任她，但是如果一起購物時，我認為冰箱裡還有雞蛋，她卻說沒有，我並不會相信她，顯然我不是懷疑她在撒謊，而是沒有理由相信她會比我更清楚雞蛋的狀況。如果她告訴我：「我出門前看過冰箱，沒有雞蛋了。」我就會被說服要再買雞蛋。

我們通常會預設一項主張歸因於說話者的推理能力，這也成為評估一個人能力的主要途徑，如果認為某人（在相關領域）較善於推理，就會比較相信他。透過提供消息來源，我們把自己的能力外包給其他認知機制，主要是感知或其他人。這些其他來源成為評估能力的源頭，而且當談話對象認為我們的感官或某些第三方比我們的推理能力更可靠時，就能用來說服對方。

然而人們並不一定會提供關於自己信念來源的資訊來說服談話對象，有時來源資訊會有反作用。和簡單說「寶拉懷孕了」相比，如果比爾說「有人告訴我寶拉懷孕了」，你可能較不願意相信他。為什麼比爾會讓你有理由不相信他？

我們利用對談話對象的了解（他們的能力與盡責查證的程度），來評估他們的資訊，但也會利用對訊息本身的知識來評估談話對象。如果我們確定或後來發現寶拉沒有懷孕，對比爾的能力和查證資訊來源的評價就會降低，但是如果他幫自己的主張買了保險（「有人告訴我寶拉懷孕了」），之後比爾的評價就不會像他承擔全部責任（「寶拉懷孕了」）時那麼低[7]。

相反地，比爾可能想透過掩蓋實際消息來源，獲得比他應得的更多功勞[8]。如果他告訴你：

「我覺得寶拉懷孕了。」而你知道寶拉三個月前尚未懷孕，可能會把這歸功於比爾能根據細微線索與一些更一般的社交技巧辨識出早期懷孕的能力。但是如果比爾告訴你：「寶拉告訴我她懷孕了。」他就不會獲得太多稱讚，因為他只要聽寶拉說了什麼就好[9]。

提供消息來源的雙重作用

提供相關來源的資訊有兩個主要功能：說服我們的談話對象，並進行聲譽管理（也就是獲得比應有更多的可信度，或是控管我們聲譽受到影響的風險）。這些目標之間的相互作用，有助於解釋不準確的消息來源及其造成的影響。

以經常和奧爾良綁架女性傳聞一同出現的消息來源（「朋友的父親是警察……」等）為例，說話者為什麼要提供這種來源？為什麼他們談話的對象會接受？

對提供這些消息的人來說，這些消息來源有雙重作用：增加可信度，並在談話對象質疑傳聞的有效性時，控管自己聲譽受影響的程度。然而第二個目標似乎與上一章中捍衛的論點牴觸，也就是人之所以會散布傳聞，主要是因為這讓他們能增加社交分數：他們要如何在事情出錯時維護自己的聲譽（當傳聞被拒絕），同時在一切順利時（傳聞被接受）獲得信譽？那些散布傳聞的人之所以能實現這種看似不可能的把戲，是因為這些傳聞的價值並不在於內容的實際意涵，而在於它是人們想聽到的東西——一種心理蜜糖。因此傳播傳聞的人既可以保持與內容的距離（沒有說自己親眼目睹），又可以因為向談話對象贈送這份禮物而獲得稱讚，因為對方可以用這些禮物反過來獲得社交分數。

從發言者的角度來看，來自外部、某種程度上可信的消息來源能吸引關注，因為它增加自己的可信度，又減少風險，還能提高藉由散布傳聞獲得的整體信譽。

我們在不同類型的假資訊傳播方面都看到相同的模式。一九八〇年代，美國人開始擔心虐殺電影（描述實際謀殺、酷刑或強姦的電影）會成為固定拍攝，並廣泛流傳的電影類型，幾乎所有散布這些指控的人，都離真正的證人至少有一步之遙，他們從未看過任何虐殺電影，但有認識的人看過[10]。

同樣地，陰謀論提倡者也很少依賴第一手知識。很少有人聲稱親眼目睹史丹利・庫柏力克（Stanley Kubrick）拍攝登陸月球的假影片，或是實際認識殺死約翰・甘迺迪（John Kennedy）總統的凶手，就連聲稱自己是帶著某種使命被派到地球上治癒者的大衛・艾克（David Icke）都沒說過親眼看到控制地球的人形爬蟲動物，反而聲稱自己「開始遇到那些告訴（他）的人，他們已經看到對方變成非人類形態[11]。」

隱藏的相依性

在二〇〇三年發動第二次伊拉克戰爭前，小布希政府進行大規模的合理化計畫。小布希及前後任國務卿康朵麗莎・萊斯（Condoleezza Rice）與科林・鮑爾（Colin Powell）等高級官員的主要論點之一是，伊拉克人試圖「從非洲購買大量的鈾[12]」。至少有兩個國家（美、英）表示，擁有的文件證明海珊試圖從尼日購買數百噸加工後可用於製造核武的氧化鈾。美國中央情報局（Central Intelligence Agency, CIA）、國防情報局（Defense Intelligence Agency, DIA）和英國情報部門等可靠消息來源匯集在一起，讓這些指控得以在開戰的正當性方面發揮核心作用。

事實上，所有證據都來自一名前義大利間諜，他同時向多個情報機構兜售相同的文件，所以這些機構都做出一樣的評估，不過就是因為都用了同一批文件，而且這些文件都是偽造的。海珊不僅沒有試著從任何地方購買鈾，而且早在一九九一年就放棄核武計畫。

這些偽造文件導致如此嚴重的浩劫，部分原因是白宮渴望為這場戰爭辯護，以及所有情報機構都沒有透露消息來源，其中英國機構扮演特別重要的角色，因為提供的證據被認為比美國各機構更獨立，但卻從未向美國同行透露他們提出這項指控的依據，造成失去確定所有證據都來自同一批文件的能力。正如《洛杉磯時報》（*Los Angeles Times*）援引美國情報官員所說的：「這成為循環報導（Circular Reporting）的經典案例。我們彷彿從很多地方聽到這個消息，但沒有人意識到是同樣的不良資訊進入不同的門[13]。」

讓我們暫時忘記文件是偽造的，因為這並非在此要討論的面向。如果這些文件是真實的，對每個機構而言，公開來源會讓事情更有說服力。但是既然所有機構都依賴相同的消息來源，因此在不揭露消息來源，並認為它們的觀點都相互獨立的情況下，立論反而更有說服力。如第五章所述，只有在各自意見是獨立形成的條件下，意見的匯集才是有效性的可靠指標；如果都依靠相同的來源，頂多就只和單一來源一樣[14]。在這種情況下，如果這些機構都揭露消息來源，綜合它們的說法實際上就沒有那麼令人信服了，儘管這樣似乎會讓個別說法更有說服力。

當這些機構未能透露消息來源，彼此的意見之間便存在隱藏的相依性。對開放警覺性機制而言，這種隱藏的相依性是特別棘手的問題；對每個資訊提供者來說（在這裡的例子是情報機構，但其他情況也一樣），由於沒有消息來源，他們的主張便較不令人信服。結果開放警覺性機制沒有理由保持警覺，它尋找的是改變我們想法的意圖，而不是**不**改變想法的意圖。當某人沒有提及會讓主張更具說服力的消息來源時，我們就不會特別警覺。如果許多人做同樣的事，我們可能最終會接受所有的陳述，而未能意識到它們都有相同的來源，最後導致我們更信服。沒有識別出隱藏的相依性是開放警覺性機制罕見的失敗之一，會導致我們接受，而不是拒絕太多消息。其他更平淡的情況也導致隱藏的相依性，在這些情況下，許多發言者似乎彼此獨立地達成協議，但實際上他們的意見在很大程度上有相同來源。

為什麼信徒會相信？

我們生活在美好的時代，第十四世達賴喇嘛會使用推特，他的訊息是關於和平與寬容，包括對其他宗教也是，「因為我們思維方式有巨大差異，我們不可避免地擁有不同的宗教和信仰[15]。」這是一個吸引人的觀點：每個人都找到最適合自己需求和心態的宗教。然而不管這種說法多麼鼓舞人心，顯然都是錯的。對絕大多數的現代人及我們幾乎所有的祖先而言，他們採信的宗教並不是由於自己的思維，而是取決於恰好出生在哪裡。在與世隔絕的亞馬遜部落中出生的人，很少會自然地相信聖餐變體（Transubstantiation，指聖餐中的麵包和葡萄酒在彌撒中變成耶穌的身體與血液）；在賓夕法尼亞州農村出生的人也不會抱持著輪迴的信念長大。

顯然專屬於各宗教的特別信念，如聖餐變體，是透過社會傳播的。歷史上大多數的時間裡，幾乎每個人確實都採信與長輩信仰非常相似的宗教版本。（注意：在此使用的是非常廣泛的宗教信仰定義，包括超自然信仰、創世神話等。）

人們為什麼會接受與繼續接受這些信仰？人們出於許多原因接受宗教信仰，其中之一是：一旦社群中的每個人都接受某種信念，發表分歧意見獲得的價值往往比不上可能惹來的麻煩。但可能還有一個更積極的理由：因為每個人不僅相信各種宗教實體，而且似乎彼此獨立地接受這些信念，隱藏觀點之間的依存關係，讓他們在過程中更具說服力。

在巴布亞紐幾內亞總數只有幾千人的杜納族（Duna），相信傳統人類文化中經常看到的那種實體：在杜納人居住的熱帶森林裡作祟的鬼魂和幽靈。杜納人與許多傳統社會有相似的部族起源故事。和世界上其他類似的社會信仰相比，杜納族的信仰可說是相當典型，不過他們的語言倒是特別有趣，因為其中包含豐富的驗證詞。當說起鬼魂和幽靈、敘述起源神話或提供超自然的解釋時，必須指明他們信念的資訊來源。正如語言學家莉拉・珊・霍克（Lila San Roque）記錄的，他們提供的資訊來源揭露很多訊息[16]。

在談論鬼魂時，杜納族經常使用驗證詞表示感知，也就是他們實際上已經看見或聽到鬼魂。杜納族有一種驗證詞形式是代表他們比視覺感知更有信心，這個驗證詞會用來報告參與的事。當你說：「我今天早上吃過早餐。」你不會有太多質疑的空間。整體來說，一如預期的，杜納族在日常生活中使用這種驗證詞形式描述過去的行為，但在討論部族的起源故事時，也會採用相同的驗證詞形式，這簡直太神奇了，因此他們說「我今天早上吃過早餐」時使用的語言標記，會與「我們部族祖先是怪物的後代」時相同。

使用這種強烈的驗證詞令人更感到驚訝的另一個原因是，杜納族其實有代表「有人說」的驗證詞，當杜納族人在講虛構故事時，如歌唱娛樂的史詩傳說或值得質疑的傳聞，就會用這個驗證詞[17]。然而在準確性方面，這種驗證詞標記其實比實際上使用的驗證詞更符合關於鬼魂與怪物的信念。

人們為什麼傾向忽略宗教信仰的社會根源？可能是因為獲得宗教信仰涉及相當複雜的過程。信念可能是你與一群擁有相同價值觀的人不斷接觸後衍生而來；相較之下，如果唯一的信念來源是阿瑪杜（Amadou）告訴你某件事，準確傳達資訊來源就會容易許多。另一個因素是，一旦某個信念在社群中廣泛被接受，將它描述為你完全確定的信念就沒有風險。可能更重要的是，一旦信念被整個社會接納，宗教信仰就會產生（有限的）認知、實踐或社會後果。

杜納族吟唱的史詩故事中使用「有人說」的驗證詞，這是一種娛樂，甚至是鼓舞人心的，但這些內容在其他方面基本上是靜態的。相較之下，部族的基礎神話能用來證明某些事的狀態，如某個部族聲稱擁有某片土地。同樣地，鬼魂是用於解釋不幸和死亡，並讓可能的報復行為合理化[18]。一旦信仰履行認知或社會作用，就很容易忘記其社會根源。在談論微生物或 Wi-Fi 信號時也會發生類似的現象，我們從未親眼見過兩者，都是從別人那裡了解，但它們卻深植於我們的行動中，像是要洗手、選擇Wi-Fi訊號強的咖啡廳等。這些信念也是我們採取這些行動的理由，但因為它們太深入內心，以至於我們很容易忘記這些信念其實有社會的源頭（儘管最終還是科學的），我們更可能會告訴孩子：「要洗手，因為你手上都是細菌。」而不是跟他們說：「科學家發現微生物會讓人生病，所以我相信微生物存在。」

當人最終接受宗教信仰，彷彿自己實際見證或做過得那樣談論時，不該忘記並非所有信仰在認知上都是相同的。宗教信仰在很大程度上仍是反思而不是直覺[19]。記得前面說過，反思信念只會與有限的一系列推論或行動導向的機制進行互動，在很大程度上封存在我們的思想中，無法像直覺一樣自由漫遊。如果不是這樣，反思信念就會造成很多混亂。例如關於杜納族的奇幻起源故事，與杜納族用來理解土地所有權主張的機制會相互作用，但和其他認知機制則不會如此。杜納人可能認為祖先是怪物，卻不會為兒子最終可能變成怪物做準備。

無論人們出於何種原因，聲稱自己選擇某種宗教信仰，這些宗教信仰的表達方式都會影響它們的傳播。如果你在一群能力很強、什麼都做得到的人周圍長大，他們大多是仁慈的，而且自信地表示是自行形成宗教信仰，所有線索都應該讓你接受這些信仰。個別的證詞無法令人信服（假設你不會相信每一交談過的宗教人士信仰的每個神），但累積起來就很有說服力。

培養面對資訊出處的判斷力

卡盧利語是巴布亞紐幾內亞的另一種語言，具有複雜的驗證詞系統，十幾種驗證詞標記，有些可用來區分第一手、第二手、第三手、第四手資訊。這套系統非常精確，因此難以應付傳教士帶來的新型資訊來源，如書籍學習。語言學家巴比・席費林（Bambi Schieffelin）建立特別驗證詞來記述卡盧利語為適應這些新資訊來源所做的努力，其中一種特別驗證詞格外適合**從書本中學到的內容**[20]。

卡盧利語的問題說明在現代追蹤資訊來源的複雜性，當我們閱讀百科全書條目時，實際來源是什麼？百科全書有作者、編輯，更重要的是還有作者撰寫文章時依賴的無數學者，以及這些學者依賴的其他學者等。而且問題只會越來越嚴重——無論卡盧利語現在怎麼樣了，我希望他們針對在維基百科和在臉書上蒐集到的資訊有不同驗證詞[21]。

我們要如何處理這種複雜性？哲學家葛羅莉雅・歐里吉（Gloria Origgi）建議，身為「數位時代成熟公民」的我們應努力培養自己的「能力，重建有疑問資訊的聲譽路徑，評估傳播資訊者的意圖，並且弄清楚讓資訊可信的權威人士之目的。」應該像專業人士一樣對來源採取反省的態度，面對新資訊時要自問：「它來自何方？它的來源是否有良好聲譽？有哪些權威相信？

我要聽從這些權威的原因是什麼[22]？」進行這項工作將協助發現隱藏的依存關係，當我們追蹤不同意見的出處時，如果它們出自單一源頭，就會更容易發現這件事。

除了進行這項偵查工作外，還應透過提供準確的消息來源來幫助他人。試圖讓我們的意見盡可能有用是很誘人的，當我們擁有一項切身資訊，可能是政治新聞、科學事實、中肯的統計數據等，甚至在表達對複雜問題的看法時，都應盡可能準確提供消息來源，這通常表示盡量縮小我們在整個流程中扮演的角色[23]。

對我們如何形成自己的信念抱持更開放態度，不僅能幫助其他人決定是否該相信我們，還有助於讓他們更清楚哪些來源是可靠的。我想如果我們能更準確地提供消息來源，維基百科、「主流媒體」及有時受到嘲笑的其他消息來源，將會獲得比現在更高的可信度，而每個人獲得的好處會少一些，但本來就該這樣。反過來說，即使公開資訊來源的人獲得較少加分（因為這些想法並非出自他們本人），也應該對他們表達感謝，因為對方改善了資訊環境。

第十二章

虛假的自白

——掩飾罪行、宣誓效忠或其他社交目的

一九八九年十一月十七日，十五歲的安潔拉．柯蕾亞（Angela Correa）陳屍在紐約州北部皮克斯基爾（Peekskill）的一座公園裡，她遭到強暴、毆打後被勒死。十七歲的同學傑弗瑞．德科維奇（Jeffrey Deskovic）對柯蕾亞的死非常激動，引起調查人員注意，在接受訊問後，最終坦承犯案。

一年多後，德科維奇的審判即將結束，大量證據顯示他不是凶手，尤其是他的DNA與受害者體內發現的精液並不符合，但是因為他早已認罪，對認為他有罪的陪審團而言已經足夠，他被判處無期徒刑，十五年不得假釋[1]。

即使德科維奇撤回供詞，地方檢察官（現任福斯新聞（Fox News）主持人珍妮．皮羅（Jeanine

Pirro）」仍拒絕授權做更多DNA檢測，排除找出另一罪魁禍首，讓德科維奇可能無罪釋放。直到二〇〇六年新地方檢察官上任時，才做了進一步的DNA檢測，結果發現已因謀殺被判入獄的史蒂芬・康寧漢（Steven Cunningham）強暴並殺死柯蕾亞。康寧漢被判有罪，德科維奇無罪釋放，但他已入監十六年。

估計虛偽自白的比例很困難，除非被翻案，否則很難說認罪是真是假[2]。有些估計指出，輕罪的虛偽自白數量很少，只有百分之幾[3]；但其他估計則認為嚴重罪行的虛偽自白比例較高，目前被監禁的囚犯裡有超過一〇%的比例是冤獄[4]。可以肯定的是，在後來被無罪釋放的人中，虛偽自白的普遍性令人沮喪，介於一五%至二五%之間，對如殺人罪等最嚴重的罪行，這個比例甚至更高[5]。

無論真假認罪供述都有驚人的說服力，甚至比目擊證詞這種最具影響力的證據更具說服力[6]。自白非常有力，即使被撤回，被告也極可能會被定罪[7]。正如法律學者查爾斯・麥考密克（Charles McCormick）在著作《證據定律手冊》（*Handbook of the Law of Evidence*）中表示：「引入認罪使法庭審判的其他方面變得多餘[8]。」

最切身的問題仍是：為什麼開放警覺性機制彷彿對虛偽自白的可能性視而不見？但在此必須先解決另一個似乎令人更困惑的問題：為什麼人們會承認自己沒有犯下的罪行？

虛偽自白出現的原因有很多，許多自願的虛偽自白都是出於替他人掩飾[9]，有些動機較奇怪，從讓伴侶留下深刻印象，到隱瞞婚外情都有[10]。但是大多數的虛偽自白並非完全出於自願，而是遭受各種威脅、利誘，從老套的刑求，到提高從寬處理的期望，甚至承諾獲得即時的小報酬：「被允許睡覺、吃飯、打電話、回家[11]」。在某些司法管轄區（如美國某些州），審訊者還可以對嫌疑人撒謊，告知警方握有對他們不利的壓倒性證據。透過巧妙地強調短期利益，同時降低長期成本，調查人員可以讓嫌犯認為即使沒有做錯任何事，認罪依舊是最佳選擇。根據德科維奇的說法，在他認罪時調查人員已經大吼大叫好幾個小時，並威脅要將他判處死刑，還告訴他如果認罪就會停止這些虐待，他也會被送往精神病院[12]，這足以讓情緒脆弱的少年崩潰（事實上，虛偽自白絕大多數都來自年輕人或心智障礙人士）[13]。

無論出於何種原因，虛偽自白總是會出現，人們也普遍相信這些供詞。對開放警覺性機制而言，自白符合所有可靠訊息的條件。首先，說話者應該具備足夠能力，因為只需要報告自己所做的事。我們可以理解某人不記得自己實際上已經做過的事，但若是他記得沒有做過的事（通常是可怕的），則是難以想像的情況。其次，說話者應該是誠實的。我們對說話者的誘因相當敏感，代表那些對自我有利的主張，如否認不當行為，肯定會被大打折扣，但是自我認罪的陳述卻很容易被接受。

更糟的是，如果以被告的舉止為基礎，根本無法區分真假自白，就和無法區分真相與謊言一樣嚴重（原因如第六章所述）。警察和非專業人士在這方面的表現一樣差，唯一不同的是，儘管這種信心毫無根據，但專業審訊人員對自己的能力卻更有信心[14]。

在預設情況下相信認罪供述是合理的，但為什麼在壓力下做出的認罪供述不會被大打折扣呢？事實上，當壓力強大且顯而易見時，這些認罪供述會被大打折扣。心理學家索爾．卡辛（Saul Kassin）和勞倫斯．懷萊特斯曼（Lawrence Wrightsman）給受試者看一份審判的筆錄，其中的指控主要是以被告自白為基礎[15]，當自白是因為受到威脅而取得，也就是如果被告不認罪將會受到惡劣對待，並判處最嚴重刑期時，受試者基本上會忽略該項指控。

不幸的是，最終不得不判斷自白說服力的人，通常無法獲得所有相關資訊[16]。過去審訊者在法官或陪審員不知情的情況下向嫌犯施壓是相對容易的，而且許多司法管轄區到現在依然如此。法官和陪審員也很難充分了解犯罪嫌疑人的情緒狀態、數小時密集審訊造成的壓力，或是他們對較輕刑度的嚮往。法官和陪審員對嫌犯承受的壓力資訊相對有限，因此能輕鬆回復預設立場，也就是接受自證其罪。

然而即使獲得這些供詞的審訊者都知道有這些足以使嫌犯擺脫嫌疑的要素，就算不是全都知道，也不能阻止他們接受。通常當審問者想獲得嫌犯的認罪供述時，先前的詢問已經讓他們相信犯罪嫌疑人有罪。在這個階段裡，審訊者會認為自己的目標較不是確定有罪，而是建立令人信服的案件，因此很可能會使用開放警覺性機制來評估認罪供述被法官和陪審團接受的機率，而不是進行批判性評估。既然法官和陪審團可能不會意識到會使自白說服力降低的許多因素，所以審問者認為這些認罪供述可接受也很合理。此外，就算陪審團知道有較不明顯的壓力存在，如提高嫌犯對從寬處理的期望，也不會加以考慮，因為單憑這些壓力似乎不足以解釋為什麼某人會坦承自己犯下令人髮指的行為，以及承擔入獄多年的風險[17]。只要沒有嚴重侵犯嫌犯權利的行為紀錄，審訊者很容易就能提出令人信服的認罪供述。

如果說在美國，自白（不論真假）在確保刑事定罪方面已扮演重要的角色，在審訊標準寬鬆或社會壓力更大的國家中，認罪供述便能支撐整個刑法體系。日本每年送交審判的案件有九九%以上會被定罪，其中約九〇%是以嫌犯的自白為基礎[18]。儘管無法確定其中有多少是假認罪，但有一些特別嚴重的案件眾所周知。一九七〇年代後期，日本警方針對三十六名未成年人進行調查，他們被指控領導暴走族，審訊結束時有三十一人自承是三個幫派頭目之一[19]。然而就算日本嫌犯有時會承認根本沒做的違法行為，但至少他們違反的是人類法律，而不是物理法則，女巫通常會承認她們違反物理定律。

不尋常的自白與女巫的瘋狂

與亞瑟．米勒（Arthur Miller）名劇《熔爐》（*The Crucible*）有關的塞勒姆審巫案（The Salem witch trials），是從提圖芭（Tituba）身上開始的，她是在一六八〇年從巴貝多被帶到塞勒姆的女奴，被指控對兩個年輕女孩施巫術。提圖芭幾乎不否認，她的自白很快如魔咒般湧出，說她曾「騎在棍子上[20]」；她的同夥薩娜．奧斯本（Sarah Osborne）擁有一種「有著翅膀、兩條腿和一個像女人頭顱」的生物，還有像是狼人的同伴（「全身都是毛，整張臉也有很多毛，有長鼻子……會像人一樣站立」）[21]。提圖芭最終牽連數百人，引發美國歷史上最有名的獵巫迫害。

由於我們可以有把握地假定提圖芭做出虛偽自白，因此能提出與之前相同的問題：她為什麼要認罪？做出的認罪供述為什麼會被相信？然而有鑑於這些指控的特殊性質，必須先思考她為什麼會遭到指控。

儘管各種文化中的巫術信仰各不相同，但有些人能透過超自然方式傷害其他人的核心概念，在許多社會裡都非常普遍。人類學家艾德華．伊凡．伊凡斯—普里查（Edward Evan Evans-Pritchard）針對中部非洲的阿贊德人（Azande）的巫術信仰研究具有里程碑的意義，正如他指出的，巫術信仰並未取代更常識性的因果關係理解。他舉出一個經典的例子，阿贊德人知道小屋倒塌是因為時間和白蟻蝕蛀柱子，還知道小屋在某個時間倒塌，傷害恰好坐在裡面的某人，是因為女巫的關係（在此用**女巫**通稱男女，因為這是人類學文獻的用法）[22]。

為什麼要在其他直覺已經能好好說明的隨機事件中，添加這層意向性（Intentionality）呢？對我們的思想來說，以有意圖的措詞過度詮釋不幸是很合理的。在沒有不正當行為的情況下尋找罪魁禍首，總比毫不起疑地讓某人傷害我們來得好，畢竟有些人確實對我們懷有惡意，我們通常也知道。因此當我們身上發生壞事，甚至遭受一連串不幸時，尋找可能造成這些麻煩的起因似乎很恰當，而我們的敵人就是頭號嫌疑犯。

假設你在辦公室工作，和同事亞歷山大有著嚴重的嫌隙，你們之間已經發生一些小衝突，也互相惡作劇。有一天，你找不到釘書機、放入冰箱的飲料味道很怪，而且電腦不斷當機，難道不會浮現這些都是你的辦公室剋星在搞鬼的想法嗎？儘管如此，雖然有點被害妄想，但這種合理的懷疑和懷疑某人被帶著狼人同伴的騎掃把巫婆下毒之間還是有著天壤之別，自白可能有助於彌合這個差距。

試想你已經相當肯定亞歷山大是自己在辦公室這些麻煩的幕後黑手，如果他毫不關心你對他的看法，他會否認（假設這是實話）與這些事有關。但是如果某天他想談和，可能最好買新的釘書機和飲料給你，幫你修理電腦，無論他是否明確承認自己的不當行為，這些動作都被視為他承認自己有罪[23]，只有這麼做，你才會開始原諒他，並展開新關係。

現在因為你有一些基本醫學知識，如果屋漏偏逢連夜雨，又得到流感，你不會因此怪罪亞歷山大；但是如果你沒有這類知識，可能已經將這個額外的不幸與其他倒楣事混為一談。如果亞歷山大也承認他讓你生病，你很容易形成一種信念，就是有些人可以隨意使其他人生病。

這個簡單故事說明相信巫術的信念，如何從懷疑、修補關係的需求，以及虛偽自白形成的循環中浮現[24]。儘管如此，承認偷拿同事的釘書機是一回事，但女巫通常被指控較嚴重的犯罪，甚至是謀殺的罪魁禍首。如果刑罰是死刑的話，怎麼會有人認罪呢？雖然這種可怕的懲罰在近代歐洲確實很普遍，不過在許多社會裡，招供的女巫受到的處罰其實相當寬鬆。

在阿贊德族，如果家門口被放了家禽的翅膀，住戶就會意識到自己被指控為女巫，然後大家會預期女巫帶著翅膀到受害人的家，在上面噴灑一些水，承認自己施下巫術，然後道歉[25]；加納的阿散蒂人（Ashanti）則要求女巫公開認罪，並支付罰款[26]；喀麥隆的班陽人（Banyang）如果被懷疑是女巫，就必須以特定的節奏跳舞[27]；紐幾內亞的坦古（Tangu）人則要求女巫必須賠償受害者[28]。

維持對女巫輕罰的原因有很多，因為嚴厲的懲罰難以實施，並可能導致被指控的女巫與同伴進行報復。認罪不僅成本低廉，還可以提供一些好處。透過認罪，女巫可以「贏得憐憫和寬恕[29]」。如人類學家羅伊・威利斯（Roy Willis）主張，即使沒有受到監禁的脅迫，許多被指控的女巫也會承認，「認罪至關重要」因為關係到巫術信仰的繁盛[30]。

一旦巫術信仰在文化中根深柢固，就可能在即使沒有認罪的情況下，也會懲罰嫌疑女巫，使得認罪更值得，畢竟認罪的重點在於，既然其他人相信我們有罪，就讓別人對我們好一些[31]。

一名美國原住民祖尼族（Zuni）男孩被指控對年輕女孩施巫術，因為那個女孩被他觸摸手後癲癇發作。祖尼族男孩知道承認會讓他被判處死刑[32]，就像提圖芭一樣，但他最初的否認根本沒有說服力，因為本來就會說自己是無辜的，不是嗎？於是祖尼族男孩反而捏造一個故事，說他學過巫術，當時他試圖治療對方。隨著審判緩慢進行，祖尼族男孩編造的故事越來越荒唐，說人會變成動物，向他人吐出仙人掌針來殺死對方，他的自白最後以哀悼最近失去所有力量做結。不管是被逗樂、害怕，還是對祖尼族男孩的坦白留下深刻印象，最後法官釋放了他。

回到提圖芭的故事，她在監獄待了幾個月，最終被釋放，甚至沒有遭到起訴，在塞勒姆被絞死的十九個人中，確實沒有一個是坦白招供的婦女。即使在英格蘭狩獵女巫的高峰期，女巫的選擇通常只有兩種：一是「在教會法庭認罪，並承諾會改善生活；另一則是被逐出社區，在巡迴審判庭遭到監禁或處死[33]。」

以女巫被指控犯下的罪行來考量，受到懲罰的最特別部分就是從寬處理，不過前提是女巫認罪並做出賠償。儘管女巫坦承的罪行包括使人生病、死亡、毒害作物和牲畜、與惡魔共謀，甚至吃掉自己的小孩，但卻經常在認罪、進行奇怪儀式或罰款後就被釋放[34]。在阿贊德族之類的某些文化裡，女巫認罪後確實就能重返社會，彷彿什麼事都不曾發生[35]。應該很少有人會以這種方式，對待親眼看到對食物下毒或吃掉小孩的人。

就這方面而言，巫術信仰就像第十章中討論的荒唐傳聞，如果人是直覺相信這些指控，就會得到不一樣的結論，因此在這裡得到的結論其實是基於感知。巫術信仰仍維持思考性，沒有和其他認知完全融合。當女巫被處決時，巫術不是唯一，甚至不是主因，反而較像是扮演事後讓處決合理化的角色。相反地，通常是自利動機在背後作祟，例如在坦尚尼亞的乾旱或洪水氾濫時期，殺害女巫的情況便會增多，對象主要是被視為替家庭帶來沉重負擔的老年婦女[36]。

如何成為值得信賴的馬屁精？

即使是最不尋常的認罪供述也都具有說服力，因為它們是自白。自白陳述的內在可信度，也以較迂迴的方式解釋人們聲稱相信一些最愚蠢觀點的原因，從對金正日的荒唐阿諛，到現在還聲稱地球是平的都是例子。

據說現任北韓領導人金正恩的父親金正日，在六個月大時已經可以走路和說話[37]；他在大學就寫了一千多本書與文章；他擁有完美的記憶力，能記住「各國男女老幼的所有功績、大小政治事件，以及人類的重大創造與詳細特徵，（還有）他遇到所有人的名字、年齡和生日。」他了解所有複雜的主題，「勝過那些專家[38]。」金正日還有瞬間移動能力，可以控制天氣，並建立全球流行趨勢[39]。

在誇張的阿諛諂媚方面，金正日並非唯一的例子，根據各國最有創意的馬屁精說法，哈菲茲．阿薩德（Hafez al-Assad，巴沙爾．阿薩德〔Bashar al-Assad〕的父親）是敘利亞的「首席藥師」；羅馬尼亞獨裁者希奧塞古是喀爾巴阡山脈的巨人，是光之源、是天體；毛澤東能輕鬆打破游泳世界紀錄；海珊則是新一代的尼布甲尼撒（Nebuchadnezzar）[40]。

人民真的會被洗腦，相信這種胡說八道嗎？顯然不會，即使在北韓，「很少有人相信這項宣傳，因為金正日上台以來，經濟狀況每下愈況[41]」；一直在讚美希奧塞古的羅馬尼亞人都巴不得有機會私下處死這個「光之源」；利比亞國民也許會在牆壁、大廳、攤位上張貼穆安瑪爾．格達費（Muammar Gaddafi）的肖像，但當政權崩潰時，他們還是把他當成野獸一樣鞭打。奉承這些親愛的領袖不是「表達內心深處情感的方式」，而是想在殘酷的政權中生存，「一種必須掌握的準則[42]」。

領導者不會因為期望人民相信這種諂媚而鼓勵這種奉承，事實上他們根本不相信這些讚美，正如毛澤東向胡志明建議的：「他們越讚美你，你就越不能信任他們[43]。」但在某些情況下是例外，表現支持和誇張的奉承能被視為可靠的承諾信號，當奉承、讚美超過極限時，有助於說話者破釜沉舟地和其他群體切斷關係，繼而向剩下的群體宣示效忠。

極端奉承背後的宣示

加入團體，如參加業餘足球隊或在工作上形成黨派等，會使你獲得支持和受到其他成員保護、進行單打獨鬥不可能完成的活動等好處。但這些好處是有代價的，成員必須努力支持其他成員，並對聯合行動做出貢獻。足球隊員被預期會參加訓練，在比賽中發揮最大的作用等[44]。因為成為優秀團隊的一員有很多好處，所以成員必須謹慎招募新人，以確保對方願意付出代價，而不只打算得到好處[45]，足球隊不想要看心情參加比賽的人。

當某人想加入一個團體時，誠實表達願意付出與成員身分相關的成本可能很困難，他們可以說：「我會成為優秀的團隊合作者！」但這可能不太有說服力。只有當說話者的承諾被認真看待時，這樣的聲明才可信。相反地，是否尊重說話者的承諾，取決於我們是否希望他們成為團隊中的好成員；換句話說，如果認為說話者會是好的小組成員，當他們這麼說時，我們就會相信；但是如果認定他們不是，我們就不會相信，因此這樣的主張是沒用的。

新成員可以透過許多方式，表明真的願意成為好的團隊成員，例如他們可以在代價高於好處的初期階段忍耐，像是參加訓練，但比賽中一直坐冷板凳；另一個解決方案則是透過破釜沉舟的行為，表示他們對其他替代方案不感興趣。如果你是才華洋溢的業餘足球運動員，有許多足球隊供你挑選，任何一支球隊的成員都可能會懷疑你的忠誠度，因為你隨時能改變主意加入另一支球隊，但是如果你真的有加入某支球隊的動力，就能透過公開貶低其他球隊來證明自己的忠誠。

此時你對那些團隊表達出「我真的不想加入你的隊伍」的說法就變得非常可信，這是另一種自白，如果這不是真心話，為什麼會有人這樣說呢？侮辱性的言詞讓這些說法很容易變得更可信，如果有人當面對他們說：「我討厭你的團體和它代表的一切。」毫不意外地，這個團隊的成員不可能會接受。如同認知科學家帕斯卡爾．博耶（Pascal Boyer）所說的，透過破釜沉舟地和盡可能多的競爭團體切斷關係，讓你變得不容易攀關係，並向剩下的那些團體發出可靠信號，表明你會忠於它們，因為別無選擇[46]。

某些極端的奉承可能就是來自這種破釜沉舟的策略，當一位作家提出金正日有瞬間移動能力時，並不希望讀者（尤其不是金正日）把內容當真，重點其實是要表現得卑躬屈膝，自我貶低到連其他北韓人都覺得太過頭了。他是在向其他北韓人示意，自己願意做出比一般認為的可笑稱讚更誇張的諂媚，藉此告訴旁觀者，他寧願得到金正日的認可，而不是獲得較有理智者的廣泛支持，後者只說金正日會影響天氣，但沒有瞬間移動能力，結果便是這位作家可靠地表明自己對金正日的忠誠。

誇張的奉承絕對不是讓自己變得不容易攀關係的唯一方法，還有其他說法能讓你在每個人的眼中都是廢物，只有特定團體會覺得你有用。一位卡地夫大學（Cardiff University）哲學學者最近宣稱演化生物學和遺傳學與神造論一樣（不）科學[47]；美國斯克利普斯學院（Scripps College）的一位學者反對「生物學的生命概念……基礎的人類／非人類二元論」，並主張流行病的罪魁禍首並非一般認為的那些（如「不衛生」），而是「全球工業資源開採」的結果[48]。

這些觀點遭各領域相關專家嚴厲駁斥，事實上受到大多數學者反對，因此提出這些主張對大多數的學術部門都不具吸引力。然而透過在學術界接受的規範外採取這些立場，這些知識分子可能試圖提高在後現代學者網絡中的地位；後現代學者傾向對真理採取相反的觀點，經常遭到科學界其他學者反對。換一種說法是，一個現代社會的人如果自信滿滿地宣稱地球是平的，肯定會受到大多數人嘲笑，卻會在人數少少的（但正在成長！）地平論社群裡被視為忠實成員。

說出讓大多數人覺得反感的聲明也是破釜沉舟的好方法，許多人被極端自由主義者的觀點冒犯，如表示稅收是奴隸制；或是像經濟學家莫瑞．羅斯巴德（Murray Rothbard）一樣主張法律不應該懲罰餓死小孩的父母[49]；其他人則為猶太人大屠殺否認者的言論感到震驚[50]。伊斯蘭國（ISIS）新兵的威脅讓廣大觀眾感到憤慨，如一名投效伊斯蘭國的英國人說：「當我們走在倫敦、巴黎和華盛頓的街頭時，情況會更殘酷，因為我們不僅會讓你們流血，還會拆除你們的雕像、抹除你的歷史，最令你們痛苦的是，我們會讓你們的孩子改變想法，從此捍衛我們的名字，詛咒他們的祖先[51]。」

我們怎麼知道這些極端的立場，從表示地球是平的，到否認猶太人大屠殺是破釜沉舟的方式？難道這些說法不是出於個人推論（人看到地平線是平的、無法想像大屠殺這樣的事會發生），或是他人的說服（觀看YouTube捍衛地平論的影片、閱讀猶太人大屠殺否認者的著作）？

支持破釜沉舟說法的第一個論點是，被捍衛的觀點非常極端。我們面對的是大多數人認為明顯愚蠢或無可救藥的邪惡立場，不過人們可能也是用同樣的方式在理解一些科學論點，如大多數人直覺認為人類是魚類後代是可笑的想法。但破釜沉舟策略更是雪上加霜，進一步侮辱那些反對破釜沉舟信念者的智商或道德立場。極端的後現代思想家不僅在大多數人眼中有些瘋狂，還暗示那些不同意他們觀點的人是愚蠢傻瓜。猶太人大屠殺否認者提出令人反感的主張，但也將那些不同意的人描繪成憤怒的猶太復國主義者，或容易被擺布的白痴。抱持這樣的立場絕對能讓自己不容易被攀關係，同時維持捍衛與類似觀點小團體的密切連結。

儘管如此，即使是破釜沉舟的說法也看不出所有團體一開始會覺得這些觀點很迷人的原因。為了使信念在破釜沉舟的情況下發揮作用，它們非極端不可，這能為新進成員，甚至是希望改善自己在小組中地位的成員提供誘因，進一步擴大團體已經接受的極限。剛才提到的那些立場會如此極端，是因為它們來自於必須捍衛越來越離奇的觀點，於是逐漸失控的過程。當金正日剛開始鞏固權力時，一個聲稱他有瞬間移動能力的人被視為瘋子，直到許多奉承膨脹（Flattery Inflation），導致一群人都同意金正日能控制天氣後，聲稱他有瞬間移動能力才具有某種意義（我將**奉承膨脹**這個詞彙歸功於馬奎茲）[52]。其他立場也是這樣發展的，沒有人會從「我們可能想重新考慮某些法律約束的合法性」，直接跳到「如法律為什麼要懲罰餓死小孩的父母？」或從「科學的進步比典型的輝格（Whiggish）史觀允許的複雜許多」跳到「所以一切都是相對的，沒有真理存在」。在每個情況下，要達到這些荒謬的程度都要經過很多步驟，每一步都讓越來越極端觀點變得可以接受[53]。

很難相信人們會公開和自信地坦承一些荒謬或令人厭惡的觀點，但是公開而自信地表達我們的觀點恰好是變得難以攀關係所需要的。我們想要切斷關係的團體必須知道自己抱持不受歡迎或令人反感的觀點，而對於想加入的團體就必須知道其他團體知道這件事。躲在深櫃裡的地平論者無法獲得進入地平論鄉村俱樂部的鑰匙，如果透過個人推論或說服等其他方式主張這些極端觀點，他們反而會意識到公開這些立場可能對自己產生不良影響，因而更加謹慎。

最後，就像在前兩章討論的大多數信念一樣，破釜沉舟信念也是反思的。說金正日有瞬間移動能力的人，如果真的看到金正日被《星艦迷航記》裡的光束往上傳送時，一定也會非常驚訝。相信所有真理都是相對的後現代思想家，到車站前仍要看火車時刻表。抱持這樣的信念的人非常勇於表達，而且顯得很有自信，並非因為這些是憑直覺擁有的信念，也就是可以自由引導自己的推理和決策的信念，而因為那是你破釜沉舟的方式。

捍衛極端信念是破釜沉舟的方式，這並不是開放警覺性機制的失敗，彷彿捍衛這些信念的人是被說服、直覺接受這些信念，而是反映開放警覺性機制的不當使用。我們可以使用開放警覺性機制來預測哪些訊息是其他人可能會接受的，通常如果預計會遭到拒絕，在說出口前就會三思；但在想要破釜沉舟時，卻會做出相反的事，除了想加入的團體外，期望其他人更強烈地拒絕自己，我們表達意見的可能性就會越大。這種開放警覺性機制的不當使用不一定是有意識的，事實上我認為在大多數情況下並非如此，但儘管如此，似乎還是很有效。

辨識對方做出虛假自白的處境

自白陳述在本質上是可信的，因為是指自己的信念或行為，所以應該知道自己在說什麼，因為它們會讓我們看起來不好，所以沒有理由說謊。

如果相信自白陳述整體而言是很好的捷思法，還會導致一連串問題，最明顯的是嚴重影響司法體制的虛偽自白。這裡的答案主要是制度上的，法律應盡可能減少對嫌犯的壓力，並盡可能讓所有壓力一目了然，提供法官和陪審員列入考慮。例如英國警察對犯罪嫌疑人撒謊是違法的，而且審訊過程都必須完整錄音，可疑的供詞在進入陪審團前可能會被撤銷[54]。

更廣義地說，我們應該記住，即使一個人沒有做錯任何事，也可能會利用認罪以重獲認可。在那些情況下，我們應該相信的是社交目標（他們願意與我們和平共處），而不是內容（他們確實做了承認的事）。到了最後，最重要的還是這些目標。

相同邏輯適用於以破釜沉舟為目的之自白陳述，我們不該假設人們是直覺相信那些自稱顯然錯亂或邪惡的觀點，不過應該認真看待他們的社交目標，也就是他們拒絕社會中主流團體，支持邊緣聯盟。這樣一來，如果我們希望他們放棄愚蠢或冒犯性的意見，用邏輯、實證或道德上的錯誤說服是不太可能成功的，面對這些認為要融入社會上被大多數人拒絕的群體，才能讓自己獲得最大成功機會的人，反而要思考該怎麼跟他們打交道。

人們並不愚蠢，通常會避免毫無理由地自白，這些自白陳述的目的是為了挽救自己的處境，或是反而要盡可能對抗很多人。透過考慮自白的功能，我們可以做出更適當的反應。

第十三章

徒勞無功的假新聞

——驗證而非說服他們本來就相信的事

從治療受傷的鬥劍者，到為羅馬皇帝服務，蓋倫（Galen）無疑是出色的醫師和熟練的外科醫生，他的解剖（與活體解剖）增進我們對解剖學的理解，他的思想已經影響阿拉伯和西方醫學思想一千多年。但蓋倫也是疾病體液學說的堅定支持者[1]，認為精神與身體疾病是由於體內的血液、黃膽汁、黑膽汁及痰四種體液不平衡導致。因為血液被認為包含其他三個體液元素，因此被視為恢復體液平衡與健康的最佳手段[2]。由於輸血在當時並不可行，因此通常會用切斷靜脈讓血液流出的放血法消除多餘的體液。蓋倫的放血處方與體液論一樣萬用，他建議將這種療法用於痛風、關節炎、胸膜炎（肺周圍組織發炎）、癲癇、中風、呼吸困難、語言喪失、腦炎（大腦發炎）、嗜睡、震顫、憂鬱、咳血和頭痛；甚至還推薦用放血治療出血[3]。蓋倫對體液學說的擁護廣受歡迎，從十一世紀他的著作進入新興的歐洲大學開始，便成為西醫主流，直到十九世紀，這個理論才破功。

回顧一九六九年春天在奧爾良針對猶太店主綁架的盛行指控，我們很容易取笑那些相信如此荒誕故事的人，當地店主把年輕女孩送到遙遠的國家賣淫？拜託！不過畢竟這則傳聞並沒有真正傷害任何人。然而在一九〇三年的復活節前，基希涅夫（Kishinev，現為基希訥烏〔Chișinău〕，摩爾多瓦首都）流傳對當地猶太居民的指控，傳聞有猶太人殺害小孩，舉行宗教儀式讓他的血液流乾[4]。也許血祭傳聞和奧爾良綁架女性傳聞一樣荒唐可笑，但前者的後果其實更嚴重。基希涅夫居民除了流傳關於嫌犯的八卦，不時盯著對方外，還進行凶猛襲擊，以最殘暴的方式殺死數十人、強暴數十名婦女，並且掠奪數百家商店和住家。在世界各地，諸如血祭傳聞等暴行流言都是種族攻擊的序曲[5]。

二〇一七年《柯林斯字典》（*Collins Dictionary*）選出的年度字詞是**假新聞**（fake news），也就是沒有事實依據的資訊，卻以事實的形式呈現[6]。這項選擇回應的是二〇一六年發生的兩起假新聞濫用事件：川普當選美國總統，以及英國透過全民公投決定退出歐盟（脫歐）。在這兩個國家，絕大多數的菁英與傳統媒體都對人民的選擇感到驚訝和沮喪，因此想尋求解釋，而假新聞是常見的答案。英國《獨立報》（*Independent*）有一篇文章標題為「假新聞將公投交到脫歐者手中」。跨越大西洋的《華盛頓郵報》則刊登一篇文章，聲稱：「假新聞可能讓川普贏得二〇一六年大選[7]」。即使與政治無關，假新聞也令人恐懼：《自然》（*Nature*）雜誌（世界上最重要的科學出版品之一）認為，「最大的大流行風險」是「病毒式散布的錯誤訊息[8]」。

一些用「英國脫歐公車」等老派方式傳播的假消息，聲稱英國每週向布魯塞爾提供三億五千萬英鎊，但這筆錢其實可轉而用於醫療服務（實際金額根本遠遠不及這個數字，而且大部分最後還是會回到英國手上）[9]。但是假新聞本來就一直以某種形式存在，只是社群媒體大幅擴展它們的影響範圍，因此現在會覺得假新聞的威脅性特別大[10]。在川普參選前三個月，與選舉相關的二十則最受歡迎假新聞在臉書上獲得超過八百萬次分享、留言和按讚[11]。最受歡迎的假新聞是，關於川普的對手希拉蕊向伊斯蘭國恐怖分子出售武器，或教宗支持川普的內容。透過分享假新聞和更一般性的政黨新聞，社群媒體被指責創造同溫層，放大偏見，並讓人民偏向兩極化，產生極端的政治觀點[12]。

疾病體液學說、獻血傳聞和教宗方濟各（Pope Francis）支持川普，這些說法有何共同之處？顯然它們是不正確資訊，也與各種後果有關，從明顯可怕的（種族攻擊、對患者的全身虐待），到可以說次佳的（川普當選、英國脫歐）都有。認為這些錯誤信念直接導致上述後果是很自然的，醫生因為接受疾病體液學說而進行放血；少數民族由於被指控犯下暴行而遭屠殺；人們因為受到假新聞誤導，所以投票選出「錯誤」之道。

如果真是這樣，我們將要面對開放警覺性機制的嚴重失敗，導致人會被說服，接受有影響力的醫生、造謠者和假新聞提供者的誤導性想法。與前幾章描述的某些信念不同，這些誤導性觀念不僅會對其他人，也會對抱持這些想法的人產生嚴重後果，要求放血的醫生、受傷的種族暴力肇事者，以及最終投票給和自己利益相悖的人。

在本章中，我主張這種說法其實搞錯因果關係。整體而言，人們不是因為抱持錯誤信念而被誤導或做出邪惡的決定，而是試圖為做出被誤導或邪惡的決定開脫，才會抱持錯誤信念。大家經常引用伏爾泰（Voltaire）的話說：「讓你相信謬論的人，也可以讓你犯下暴行。」但事實上很少真的如此[13]，通常是因為你想要犯下暴行，才會相信謬論。

放血治療的偽科學

閱讀大衛・伍頓（David Wootton）的《壞醫學》（*Bad Medicine*）一書令人大開眼界，它揭露其實直到一個世紀前，醫生不僅根本沒有用處，還會造成絕對的危害。這本書也引起我對放血的興趣[14]，為什麼會有這麼長的時間接受這種做法？我最初的反應是追溯當初為這種方法辯護的偉大醫師，從十九世紀美國的班傑明・魯希（Benjamin Rush）到古希臘的希波克拉底學派作家，這一脈相傳的傳統有一項令人著迷的特定關聯性：從十一世紀開始，只因為幾張蓋倫的體液學說手稿流傳幾個世紀後進入歐洲最早的醫學院，就有成千上萬人被放血治療。

但是當我開始研究人類學文獻，很快就擺脫以西方為中心的觀點。在世界上從未聽過魯希、蓋倫或希波克拉底學派作家的其他地方都會實行放血，這絕對不是歷史上的異常，在巴拿馬和哥倫比亞的庫納族（Guna）會用迷你弓箭，把迷你箭頭射進頭痛者的太陽穴；當有人抱怨頭痛、長了膿瘡或胸痛時，烏干達的巴吉蘇族（Bagisu）會用中空的角從患病地方吸一點血；當某人因背部疼痛而難受時，馬來西亞的伊班族（Iban）會在背部劃開一個小切口；婆羅洲的達雅族（Dayak）會用加熱過的竹子從任何患病的身體部位抽血；古代印度和中醫等主要的非西方文明也會進行放血[15]。

總而言之，世界上至少有四分之一的文化可能在歷史上某個時候進行某種形式的放血，其中一些國家（古希臘、中國古代），這種做法伴隨著複雜的理論解釋，但在大多數情況下，只是「排出壞東西」的粗略說法就讓人感到滿意[16]。疾病體液學說無法解釋為什麼九九%從未聽聞的文化中會採取放血療法，也沒辦法說明在擁抱體液學說文化中傳播的原因。蓋倫發展複雜的理論合理化人們不管怎麼樣都想做的事：在生病或痛苦時，流一點血排放體內假設性的汙染物。

如果放血在世界各地都會進行，不僅限於西方的體液學說；相反地，暴行傳聞似乎是種族暴動的標準成分，暗示這些傳聞扮演重要的因果角色[17]。可是實際上，因果關係的箭不太可能指向這個方向，因為傳聞和暴力之間幾乎沒有任何相符之處。我們發現無數傳聞沒有引發任何暴力事件的例子，但是一旦發生暴力，本質通常與傳聞內容的形式或程度無關。

當基希涅夫的猶太人被指控殺死一個小男孩時，這個謊言就成立了，因為人們普遍認為這種儀式是「猶太人習俗的一部分[18]」。其實每年復活節前都會傳出令人憂心的傳聞，但是並不會伴隨著大屠殺發生[19]。難道我們不該覺得奇怪嗎？是誰窩藏涉嫌定期綁架兒童，讓他們流血致死的人？既然同樣的信念在大多數時候並不會導致暴力，就顯示信念本身並不能解釋暴行爆發的原因。如果基希涅夫當地基督徒真的相信血祭，可能預期他們會進行可怕的報復，可能是謀殺猶太兒童或認為有罪的成年人。他們的報復行動確實很可怕，但卻與指控內容無關，掠奪酒類專賣店怎麼會是在為死去的小孩報仇？猶太人在其他時間和地點遭到屠殺，婦女被猥褻，財富更以褻瀆主人之類的莫須有藉口遭到掠奪。就算在基希涅夫，從殺害小孩到不誠實的商業行為等各項指控，都不成比例地堆疊，「那些可怕的猶太人讓我們的孩子流血致死，欺騙我們說有改變！」整體而言，傳聞和種族暴動的學者一致認為：「在人群中的參與者為他們從事的行動尋找正當理由；傳聞經常為他們本來就想做的制裁提供『事實』[20]。」

那麼假新聞呢？它會影響重大的政治決策嗎？在這裡會把重點放在川普的選舉，因為這起事件可以提供最多的數據。在個人的層級，瀏覽一面倒支持川普的假新聞網站與成為川普支持者之間存在相關性[21]；在州的層級，造訪假新聞網站的人越多，該州投票支持川普的可能性就越大[22]。這是否代表看假新聞會讓人投票支持川普？不一定，大多數造訪假新聞網站的人不是一般的共和黨人，而是「強烈的忠黨人士」、「接收最保守網路資訊的一〇％[23]」。這些人本來就極不可能從川普陣營轉向希拉蕊，他們反而會在網路上巡邏，不只是看假新聞網站，還包括傳統媒體，想辨法合理化即將投票支持川普的決定，或表達他們的支持[24]。

布倫丹・奈恩（Brendan Nyhan）與同僚進行的一項研究支持這種詮釋[25]，他們向川普支持者提供正確的資訊，糾正川普的某些錯誤說法（不是假新聞，但是原理相同），大多數人接受更正，卻沒有動搖對川普的支持，顯示最初接受這些錯誤說法並未導致他們支持川普，會接受這些說法反而是因為他們支持川普。

政治學家金正宇（Jin Woo Kim，音譯）和金恩智（Eunji Kim，音譯）在研究有關歐巴馬是穆斯林的傳聞時，也觀察到類似的模式，該傳聞是在二〇〇八年總統大選前，歐巴馬與約翰・馬侃（John McCain）成為競選對手時開始流傳[26]。金正宇和金恩智比較兩波政治調查的答案：一波是在傳聞開始傳播前進行；另一波則是在傳聞達到顛峰後進行的。研究人員發現，傳聞確實產生影響，讓人們更可能說歐巴馬是穆斯林，但這只適用本來就不喜歡歐巴馬的人，因此傳聞並未影響一般人對歐巴馬的態度，也沒有改變投票支持他的可能性，接受這項傳聞沒有讓人不喜歡歐巴馬，而是不喜歡歐巴馬的心態讓人接受這項傳聞。

自我辯護的工具

既然人們無論如何都要做自己想做的任何事，從放血到攻擊鄰居，為什麼還要這麼麻煩地弄出各種荒唐和愚鈍的信念呢？人類是超級社會性的物種，會不斷地相互評估，找出誰是最佳合作夥伴，誰有能力、誰是善良的、誰是可靠的，因此渴望自己看起來是最好的模樣，至少在那些重視他們看法的人眼中必須如此。但不幸的是，我們必定會做出一些看來愚蠢或道德上可疑的事。一旦發生這種情況，就會試著為自己的行為辯護，解釋為什麼它們實際上並不愚蠢或在道德上不令人起疑。這讓我們能修正負面評斷，幫助觀察者更了解我們的動機，從而更正確地評價自己。

我們不僅會在行為被質疑時自發地自我辯護，也學會在真的必須為自己辯護前，預測何時可能需要這麼做[27]。這為自我辯護創造市場，但是只有當我們預計某些決定可能被視為有問題時，才會出現這樣的市場。

如前所述，實行放血的小規模社會通常不會闡述複雜的理論，證明這種做法的正當性，因為這只被視為是在某人患有某種疾病時顯而易見的選擇。相較之下，在較大或更多元化的社會中，替代療法必定會彼此競爭，醫生和患者都有動機為自己的決定辯護。在古希臘，這樣的競爭與隨之而來的辯論無疑很重要，因此希波克拉底學派作家發展疾病體液學說[28]。蓋倫開始執業時，羅馬也存在相同的競爭，在他的治療受到當地人質疑後，蓋倫才根據希波克拉底學派的前輩說法，發展出長達整本書的放血理論[29]。在一個小規模的社會裡，你進行放血也不會面對任何質疑，但在較複雜的文化中，要讓病人流血就會需要理論支持。

至於假新聞，也可以在需要時以辯解的形式蓬勃發展[30]。二〇一六年美國總統大選年，臉書上十大最常被分享的假新聞中有六則關於政治，範圍涵蓋教宗支持川普到伊斯蘭國領導人支持希拉蕊[31]。相較之下，二〇一七年的十大假新聞裡，只有兩則關於政治（包括一則相當有趣的「女議員公開『男性射精法案』，禁止處置未使用的精液[32]」）。此外，與二〇一六年大選有關的假新聞中，有八〇%以上是親川普的，而且保守派人士更可能在社群媒體上分享假新聞[33]。親川普的大量假新聞可以用傳統媒體上缺乏親川普的內容解釋，沒有任何主要報紙認可他的候選人資格（儘管也有很多批評希拉蕊的報導）。此時我應該強調，假新聞的分享程度通常都被誇大了，在二〇一六年大選期間，只有不到十分之一的臉書用戶分享假新聞，有〇・一%的推特用戶分享該平台八〇%的假新聞[34]。

一些政治假新聞，例如「維基解密：希拉蕊賄賂六名共和黨人『摧毀川普』」，聽起來似乎很有可能，至少對於那些對政治知識不多的人來說確實如此，也就是大多數選民；但也有很多故事是幾乎每個人都會覺得很荒謬的（如「福音派領袖葛福臨（Franklin Graham）表示基督徒必須支持川普，否則會面對死亡集中營」）。在這方面，政治假新聞和其他假新聞很相似。二〇一七年最轟動的假新聞是「保姆將嬰兒插入陰道後被送往醫院」；二〇一六年的假新聞亞軍是「婦女贏得樂透後因在老闆桌上大便被捕[35]」。正如文化演化研究學者阿爾貝托·阿塞比（Alberto Acerbi）指出的，最令人難以置信的假新聞故事，無論是否具有政治意義，之所以會廣為流傳，在很大程度上是因為娛樂性，而不是因為它們提供任何合理化理由[36]。最荒謬的政治假新聞之所以有吸引力，可能也是出於離譜的本質，讓它們成為破釜沉舟的好素材（參見第十二章）。

兩極化從何而來？

當一則資訊被視為合理化的理由時，我們只能從表面上進行評估，因為就事後分析而言，它對我們的信念或行為幾乎沒有影響。然而在這種情況下，我們應該不會觀察到任何變化，甚至不會強化觀點，畢竟強化與削弱觀點都是一種改變，並且應該需要有力的證據。不過卻經常觀察到，合理化理由累積後會強化我們的觀點，並加劇兩極化情況。在一項實驗中，受試者必須說出自己有多喜歡剛剛聽他說話兩分鐘的某人[37]，這位盟友被刻意設計為表現得令人愉快或不愉快。有些受試者聽完對方說話後立刻要評分；相較之下，必須等幾分鐘才進行評分的受試者則提出更極端評價。在額外的幾分鐘裡，受試者想出合理化說明立即反應的理由，導致評價更加極端[38]。

在討論小組中也觀察到類似的兩極化趨勢，有一項研究是先詢問美國學生對外交政策的立場[39]，接著將反對軍事干預的鴿派分在同一個小組，要求他們討論外交政策。小組交流後，再次衡量他們的態度時，發現他們在反對軍事干預方面變得更極端。觀察有志一同的小組討論內容的實驗顯示，同樣立場的論點累積，是導致人們走向兩極化的主因[40]。

從前面的內容已經很清楚地看到，我們合理化已經抱持信念的行為，並非總是一成不變。無論它們是自我產生，或是由認同的人提供，都會將我們推向相同信念的更極端版本，這又是為什麼？

當評估自己的觀點，或同意觀點的正當性時，我們的標準很低，畢竟早就已經同意這個結論。但是這並不代表這些理由一定很糟糕，在尋求正當性時，或接觸到認同我們的人提出的合理化理由時，也可能碰到很好的說法，此時我們也應該加以承認。即使尋找的過程存在偏見，因為主要是在尋求支持我們已經相信事物的理由，但好理由就是好理由，因此改變想法也很合理。例如倘若一位數學家確信一個猜想是正確的，也可能要花費數年尋找證明，當她找到一個證明時，即使搜尋過程存在偏見（因為她想證明自己的猜想，而不是加以反駁），也應該會增強自己對這個猜想的信心。

在數學家的情況下，兩極化不可能出現，只會增加自信，證明恰好支持這個猜想，而不是更強版本的猜想。相較之下，日常爭論就沒有那麼精確，它們指向一個大方向，而不是一個確切的結論。例如大多數反對死刑的論點，不認為死刑應在某種情況下合法，而是普遍反對死刑，如果這是國家准許的謀殺，就有理由全面廢除。這樣的論點累積不僅會導致信心增強，還會造成兩極化，以這裡的例子來說就是更堅定地反對死刑。

兩極化的發展，不是因為人們願意接受關於自己已經抱持觀點的不當理由，而是因為接觸到太多說這些觀點夠好的正當理由，導致他們發展出更強或更有自信的觀點。但是如果人們可以取得有偏見的資訊樣本，結果可能會很可怕。

許多評論者將（至少在美國）政治兩極化的成長與社群媒體的興起聯繫在一起，在這種盛行的敘述中，社群媒體提供與我們一致的新聞和觀點組合，這是因為我們傾向追蹤與自己有相同政治傾向的人，或是因為決定我們看到新聞的演算法已經適應自己的喜好，造成所謂的「同溫層效應[41]」。法學家凱斯・桑斯坦（Cass Sunstein）甚至為此撰寫一本書：《#共和：社群媒體時代分裂的民主》（*#Republic: Divided Democracy in the Age of Social Media*）[42]。

會不會是這種急於為自己觀點辯護的心態，加上社群媒體為我們提供無窮的資源，強化我們的合理化理由，造成現在常被認為是當今美國政治中最嚴重的問題之一呢[43]？《連線》（*Wired*）雜誌上的一篇文章說：「你的過濾氣泡（同溫層）正在摧毀民主[44]。」這樣看來，假新聞和更廣義的黨派新聞，可能並非我描繪的無害、只是在事後提供理由的東西，而是會對政治制度造成嚴重威脅？

我們有多兩極化？

兩極化的程度經常被誇大（本節主要討論研究最多的是美國案例）。正如政治學家莫里斯・菲奧里納（Morris Fiorina）與同僚指出的，數十年來獨立人士（不是共和黨人，也不是民主黨人）的比例一直沒有減少；如果真有變化，事實上也是在最近幾年有所增加，在二〇一七年已成長到人口的四二%[45]。同樣地，大多數美國人都認為自己是穩健派，而非保守派或自由派，過去四十年中，這個比例大致維持不變[46]。此外，絕大多數的美國人認為共和黨與民主黨應該和解，連多數貫徹自由主義或保守派觀點的人都這麼認為[47]。最後在大多數議題上，只有少數受訪者抱持極端觀點，例如接受調查的美國人中，只有不到一〇%的人表示槍枝擁有權不應受到任何限制，或認為只有執法人員才應該擁有槍枝（這在美國是極端的看法）[48]。

甚至在絕大多數的社群媒體用戶行為裡，都能觀察到兩極化其實並不普遍[49]；在推特上，只有一%最活躍的用戶行為是根據極端敘述來進行，大量分享支持政治立場的內容；相反地，其他九九%的人都傾向消除資訊環境的兩極化，平均而言，他們分享內容的政治立場會比接收到的內容更溫和。兩極化加劇的印象，並非來自於大家提出更多極端的觀點，而是因為面對一系列的問題，大家更容易把自己分類為民主黨人或共和黨人[50]。這種分類顯著的部分原因是，我們已經更清楚民主與共和兩黨對關鍵議題的立場[51]。在二〇〇〇年，幾乎不到一半的美國人了解總統候選人高爾在一系列議題上（如政府支出多少）其實比競選對手小布希更左傾；二〇一六年，有四分之三的人說得出來在這些相同問題上，希拉蕊比川普左傾[52]。唯一可靠增加的兩極化，是情感上的兩極化，由於美國人更能可靠地將自己歸類為民主黨或共和黨，都變得更不喜歡對方[53]。

但是如果社群媒體將人困在同溫層中，為什麼我們沒有觀察到更多的意識形態兩極化？因為與兩極化加劇的觀點相比，我們被困在同溫層裡的想法更是一種迷思[54]。事實上，社群媒體促進人們對不同觀點的了解，畢竟臉書用戶接觸到的「朋友」，比在現實生活中還多，因此使用者可以看到幾乎不會交談者的意見。經濟學家馬修．詹茨克（Matthew Gentzkow）和傑西．夏皮洛（Jesse Shapiro）進行的一項早期研究發現，「以絕對性而言，網路新聞消費的意識形態隔離度（Ideological Segregation）很低」，而且「顯著低於面對面互動的隔離度[55]」。另一項研究也發現，「沒有證據支持網路群眾比現實群眾更零散[56]」。另一項觀察也發現，「整個政治光譜裡，大多數人看的都是中間派的（網路）媒體組合[57]。」

在其他國家進行的研究也得到相同結論。在德國和西班牙，「大多數社群媒體用戶都深植於意識形態多樣化的網絡中」，而在英國，「僅約八%的網路成年人……有困於同溫層的風險[58]。」整體而言，社群媒體上的人大多看的是傳統、中間路線的新聞媒體，而當他們暴露於極端觀點時，這些觀點往往來自政治光譜的兩端。

經濟學家亨特．奧爾科特（Hunt Allcott）與同僚最近進行一項大規模實驗，測試臉書對政治傾向兩極化的影響[59]。有數千名臉書用戶接受補助，停用帳戶一個月，並與繼續使用臉書的對照組進行比較。繼續使用臉書的人並未形成兩極化態度，也沒有更支持最喜歡政黨的候選人，但是在許多意識形態測量上，卻更可能始終如一地將自己歸類為共和黨或民主黨人。另一方面，停止使用臉書的人對新聞了解較少，也不太可能看到「讓他們更了解另一個政黨觀點」的新聞。

另一項研究則發現，臉書使用量的增加與去兩極化有關，當人們暴露在與自己不同的觀點時，態度會放軟[60]。這些結果與以下的觀察結果相吻合，無論美國正在發生什麼樣的兩極化，年長者都比年輕人更明顯，而前者使用社群媒體的可能性較小[61]。

因此謎團應該一定是：我們為什麼沒有觀察到更多的同溫層和兩極化現象呢？畢竟不可否認的是，網路提供簡便的方法，讓我們能隨心所欲地找到許多支持自己觀點的正當理由，不管這些觀點有多瘋狂都沒問題（看看你在網路上能找到多少支持地平論的論點）。然而證明我們觀點的正當性只是眾多動機之一，通常絕對不是最重要的目標，我們反而有興趣蒐集關於世界的資訊，那些大多數交談對象會覺得有趣又可信的資訊。即使是在尋找正當理由時，大多數人也會從經驗中學到，過於簡化的強辯無法說服那些不同意我們觀點的人[62]。

駁斥假新聞的作用

本章的主旨似乎是一個好消息，從疾病體液學說到假新聞，許多被誤導或邪惡信念導致的後果都比想像得輕微，通常這些信念並不是我們的行為準則，而只是為了合理化自己無論如何都要進行的行動。這方面確實是好消息，因為這代表人們其實不容易被別人說服，做出愚蠢或可怕的事；但另一方面也是壞消息，因為這代表人們其實不容易被別人說服，**不去**做愚蠢或可怕的事。如果一個信念一開始只扮演微不足道的角色，糾正這個信念也不太可能發揮很大的作用。

全世界的人都沒聽過體液學說，但都會進行放血；這項事實也暗示，即使西方在早期就合理駁斥體液學說，也不能阻止人們想要進行放血，直到有證據表明放血實際上不具功效後，醫生才停止主張放血。就算抱持懷疑態度的人質疑當地猶太人的傳聞，只要有人一心想要暴動，就會出現更多的傳聞，讓這些人利用醜陋的故事來犧牲猶太鄰居。當局的駁斥可能會管用，但不是因為更有說服力，而是因為表明不願意容忍暴力。群眾很會算計，在基希涅夫，他們注意到警方細微的訊號，表明不會干涉[63]。

同樣地，駁斥假新聞或其他政治謬誤可能沒有我們希望得有用。正如本章前述提到的一項研究顯示，即使是那些承認自己有某些觀點是錯誤的人（這裡的例子是他們接受川普的某些不實陳述），也不會改變內在偏好（投票給川普）。只要有對合理化的需求，就會有東西來滿足。在網際網路讓所有人都可以看到假新聞並嘲笑其荒謬前，某些專門報紙早有這種報導，十八世紀的法國便有以指稱謠言的俚語「鴨子」（canards）為名的八卦小報，模式與現在觀察到的完全相同。大多數時候，這些新聞純粹只是聳動，某份謠言小報宣稱在智利發現一種生物，有著「憤怒女神的頭、蝙蝠的翅膀、覆蓋鱗片的巨大身體，和類似龍的尾巴[64]。」但是當人們想表達偏見時，謠言也會樂於配合，例如為了迎合法國大革命的群眾，憤怒女神的頭就被瑪麗．安東尼（Marie Antoinette）的頭取代。如果報紙做不到這件事，口耳相傳就會取而代之。每則假新聞無疑都會以這種方式傳達給少數的受眾，但是接著會創造更多的假新聞，好比在法國大革命爆發後，關於目睹貴族限制糧食供應的傳聞便在無數村莊中出現[65]。

就算揭穿被當作事後解釋而廣為流傳的信念，似乎是徒勞無功的做法，但其實並不完全是浪費心力。人們確實會在乎有正當理由支持自己的觀點，就算他們對這些理由的品質不是那麼高標準。當他們的決定或意見越來越難自圓其說時，有些人確實會改變想法，即使不是那些最堅定的信徒，至少能從那些觀點沒有這麼強硬的人開始，總比什麼都沒有好。

第十四章

膚淺的大師

——粗糙的線索與晦澀的言語堆疊的科學

基督信仰中的神是無所不知、無所不能、無所不在的，愛萬事萬物，不論其過失。其他基督信仰會根據所屬的特定教會而有所不同，三位一體論者相信上帝是一，也是聖父、聖子和聖靈三位一體；天主教徒相信聖餐禮的麵包和酒，會成為基督的身體與鮮血（聖餐變體）；相較之下，路德教會聲稱聖餐禮的麵包和酒具有雙重本質，在保持物質特性的同時，也成為基督的身體與鮮血〔聖體共在論（Consubstantiation）〕。從喀爾文教派到衛理公會的其他基督教形式，採納的又是這些觀點的其他變體。

科學家通常會捍衛一些別人也一樣會覺得奇怪的觀念。你目前似乎是靜止不動的（或假設你在低速行駛的火車上），但實際上卻是以每小時六百英里以上的速度（地球自轉），再加上每小時六萬七千英里的速度（地球繞太陽公轉），以及每小時五十一萬四千英里（太陽系繞銀河系中心公轉），加上每小時一百三十萬英里（銀河在太空中的運動）的速度在移動；你和地球上的其他生命一樣，都是單細胞生物的後代；板塊構造論則是我們站在重達十的二十一次方公斤大岩石上，而且它們不斷在移動；搭乘飛機時，時間因速度而變慢，但因高度而加速。從量子疊加到大爆炸，這個清單永遠列不完，但重點很簡單，在這些觀點建立前，許多或是大多數的科學理論，對除了建立理論的人以外的每個人來說都很瘋狂[1]。

二十世紀一些最具影響力的知識分子都是寫作能力極差的作家，直到一九九八年為止，不良寫作大賽（Bad Writing Contest）每年都會根據這些人所寫文章的艱澀難懂程度選出一名年度學者[2]。最後一位獲獎者是哲學家茱蒂絲・巴特勒（Judith Butler），但她只是雅克・德希達（Jacques Derridas）、茱莉亞・克莉斯蒂娃（Julia Kristevas）、尚・布希亞（Jean Baudrillards）等其他以晦澀文章而聞名（以前）的時髦知識分子之一而已。我個人最喜歡的是法國心理學家雅各・拉岡（Jacques Lacan），他讓最難懂的後現代學者看起來都像是條理清晰的模範。下文算是隨機摘錄他最新發表的研討會內容：

簡而言之，天性的特殊性在於非單一性，因此解構天性的邏輯亦然。在定義天性的過程中，你排除掉你對某事物抱持興趣的這個事實，該事物本身已與其名稱區別開來，於是天性本身除了將自己等同於超出天性範圍的大雜燴以外，根本毫無所損[3]。

反直覺的程度

從三位一體、板塊構造論到拉岡的妙想，這些極為多元的想法之間有什麼共同點？首先，它們已被證明至少具有一定的影響力，也是在文化上最成功的。全世界大約有二十四億人接受基督教信仰，而有五六％的美國人接受《聖經》裡的一神信仰（截至二〇一八年的數字）[4]；富裕國家中的大多數人在很大程度上信任科學，並接受科學家贊成的大多數理論（有奇怪但令人擔憂的例外）[5]；顯然拉岡永遠不可能擁有同樣的影響力，但是他的權威深厚，並炫耀許多傑出知識分子都是他的擁護者。至少在法國，就算拉岡去世二十年後，他的主張仍然具有影響力，當我開始攻讀心理學學士學位時就該知道要忍受這樣的痛苦。更普遍地說，後現代思想家在二十世紀大部分的時間裡，一直處於西方知識界的中心地位，時至今日也一直發揮影響力。布魯諾・拉圖（Bruno Latour）曾是其中的一員，現在卻深切哀悼，認為「整個博士學位課程仍在運作，以確保優秀的美國孩子千辛萬苦地學習到：事實是被捏造出來的，根本沒有所謂自然、不受調解、無偏見的真理，而且我們一直是語言的囚徒[6]。」

除了普及外，這些觀點都有另一個特色，就是它們不符合我們的直覺，它們不是挑戰直覺，就是完全無視直覺。

概念或多或少是直覺的[7]，以「人」這個概念為例。一旦將一個能動者歸類為人，就能做出各式各樣的推論：這個能動者會感知事物、形成信念、有慾望並會克服障礙去實現、對某些人有偏好、需要飲食、擁有物質性的身體、有同為人類的祖先、有一天一定會死亡等。因為這些推論是自然而然的，所以「人」的概念是直覺的。

但是有些思想觀念卻無法使用任何的直覺概念，它們本質上是難以理解的。「某事物將自身與被命名的事物區分開來」，這樣的句子不會觸發任何我已掌握的概念，也無法讓我進行任何推論。

還有其他違反直覺的概念[8]，例如因為我們沒有關於超自然實體的充分概念，因此儘管超自然生物在定義上違反許多直覺，我們還是必須依靠關於人的概念來理解。鬼魂是可以穿過牆壁的人；宙斯是不會死、能射出閃電的人；基督信仰的神是無所不在、無所不能、無所不知、愛萬事萬物的人，這些概念在某些方面都是反直覺的。

宗教觀念常常是反直覺的，但程度不一。博耶主張，世界各地關於超自然力量的概念，絕大多數其實都與直覺相符[9]。例如宙斯雖然違反我們對人類力量的某些假設，好比祂是不死之身，但仍符合大多數的先入之見，祂會透過自己的感官感知事物、形成信念，祂有慾望並克服實現的障礙，特別偏愛某些人（或神）勝過某些人（或神）。同樣地，鬼魂雖然是非物質的，但仍透過自己的感官感知事物，以此類推。

相較之下，基督信仰中的神有著完整的神學外衣，幾乎違反我們對類人特質的所有假設，祂不僅是不死之身、是非物質的，而且不會透過感官或形式的信念來感知事物（祂已知道一切）、祂不需要克服障礙（能做想做的一切），並且沒有偏愛某些人（祂愛每個人）。

就像神學上正確基督信仰的神一樣，許多科學概念也是完全違反直覺的，我們正在以驚人速度穿越太空的想法，違反關於移動的概念，包括我們正在移動的感覺、空氣的流動等。我們天真的生物學常識告訴自己，龍生龍，鳳生鳳，微生物結構絕對生不出人類，我們對物理學天真的理解也暗示巨大的岩石不會無故漂移。

要接受無法利用我們的直覺概念，或與之背道而馳的觀念時，開放警覺性機制便會成為嚴重障礙。我們沒有理由接受不了解的想法，但有理由拒絕反直覺的想法。當我們進行可信度查證時，不僅傾向拒絕與先前觀點直接牴觸的想法，也會拒絕更一般不符合直覺的想法。例如你可能從未想過木星上有沒有企鵝。但是如果我告訴你最近在那裡發現一些動物，你將抱持懷疑態度，因為你直覺認為在那裡找不到任何動物，尤其是沒有陸生動物。開放警覺性還包含克服可信度查證，並接受與先前的觀點或直覺相互衝突的信念機制：論證與信任。

若要廣泛傳播難以理解或反直覺的觀念，論證不太可能發揮重要作用。論證之所以有效，是因為我們發現一些論點在直覺上令人信服。這代表前提和結論必須透過一些直覺的推理過程加以聯繫，例如倘若有人說：「喬一直以來對很多人都非常粗魯，所以他是混蛋。」每個人都可以理解，因為總是舉止無禮代表他是混蛋。但是如果一個命題本身就無法理解，也無法適當地加以論證。這可能就是為什麼拉岡主張，而不是論證「自然的特殊性在於不是一體的」原因[10]。論證在反直覺的宗教和科學概念傳播中扮演關鍵角色，但只有在能充分理解論證、加以使用並建構的神學家與科學家小團體中管用。在這種小團體外，很少有人有足夠的能力和動力，正確評估辯護基督教的神之全能或相對論的專門用語，例如大多數接受天擇演化論的美國大學生都無法正確理解演化原理[11]。

珍貴的膚淺

如果論證不能解釋那些無法理解或反直覺的信念為何會被廣泛接受，原因必定就是信任。信任有兩種主要形式：信任某人更了解（第五章），以及信任他們最關心我們的利益（第六章）。要真正改變我們對某事的想法，前者特別關鍵：我們必須相信某人比自己了解得更多，並聽從對方較卓越的知識。

前面的例子表明，大家常常對個人（拉岡）、書籍（《聖經》）或專門團體（牧師、科學家）如此恭敬，以至於能接受難以理解或反直覺的想法。從開放警覺性的角度來看，後者特別有問題。接受反直覺、可能會對認知系統造成嚴重破壞的概念似乎非常危險，因為這涉及讓其他人操弄我們的思維方式。例如認為一種力量可以具有基督信仰中神的屬性，可能會危及我們對人類進行推論的一般能力，畢竟我們對人類的假設已經滿穩定了，如果出差錯會很可惜。

然而實驗顯示，反直覺的概念事實上對直覺思維方式影響不大。在宗教領域，心理學家賈斯汀．巴瑞特（Justin Barrett）證明，許多基督徒遵守某種「神學上的正確性」，但是在神學上正確的信仰其實並未影響對上帝的實際看法[12]。接受巴瑞特訪談的基督徒能描述神在教義中的特徵——祂無所不知、無處不在等[13]，但在祈禱時，他們看到的神「像是老人，你知道的，有白髮」，儘管他們「知道那不是真的[14]」。此外，在被要求重新敘述關於神出手拯救溺水孩童的故事時，許多人描述神的行為是有順序的：首先，祂回應祈禱，然後將注意力和力量轉向這個孩童[15]，但全知全能的存在不該會很忙或分心[16]。

這並不代表基督徒不能從神學正確觀點中做出推論，如果問他們，神是否無所不在，然後問神是否同時在這個房間和隔壁房間，他們都會回答「是」。儘管如此，巴瑞特的觀察顯示，人對於反直覺想法的接受仍然很膚淺，我們可以同意它們，甚至在被推一把時，也可以從它們之中得出推論，但它們不會影響我們的直覺思維方式；相反地，直覺思維傾向滲入我們看待反直覺概念的方式，就像巴瑞特的受試者暗自認為神的注意力範圍有限。

同樣的邏輯也適用於科學概念，心理學家邁克．麥克洛斯基（Michael McCloskey）與同僚是最早一批系統性研究學生的物理直覺人士，學生如何不使用課堂上獲得的明確物理知識，直覺地回答簡單的物理問題[17]。其中一項實驗涉及美國菁英大學的學生，大多數人都上過一些物理課，麥克洛斯基和同僚向學生提出一系列問題，如圖四所示。

只有不到一半的學生能說出正確答案，也就是球會沿著直線前進，多數人表示球將繼續走曲線。這代表只有不到一半的學生能運用在學校學到的慣性知識：在沒有施加外力的情況下，物體以恆定速度沿直線運動，而這種慣性概念是反直覺的。例如經驗告訴我們，在沒有施加外

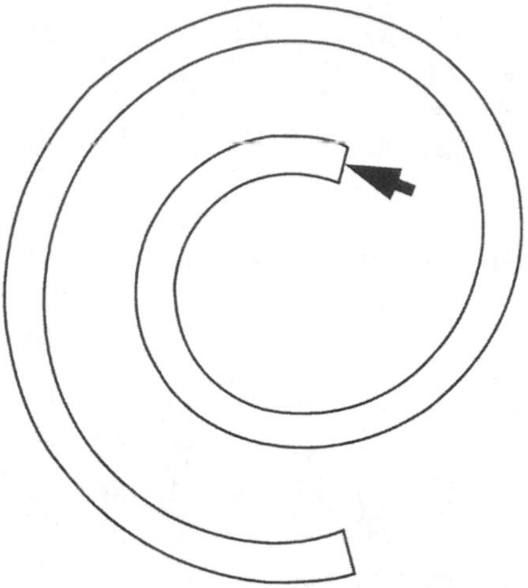

圖四　若球從箭頭處出發，通過管子射出後會遵循什麼路徑移動？

資料來源：根據 McCloskey, Caramazza & Green, 1980, p. 1139 重繪。

力的情況下，物體似乎會停止自行運動（即使沒有撞到牆，球最終也會停止滾動）。正確慣性觀念的反直覺性，代表它很容易被學生對物體運動的直覺取代。這或許看起來很糟，但幸好反直覺的科學概念對認知影響有限，如果大腦真正在處理的觀念是：我們正在太空裡以驚人速度沿著複雜的曲線軌跡急速飛行，就會一直覺得頭暈目眩[18]。

這些觀察顯示，就算大家理直氣壯地相信這些反直覺的觀念，但這些觀念對於根本不相信它們的直覺系統運作其實沒有影響，或影響非常有限。在某種程度上，我們處理反直覺的觀念就和處理無法理解的觀念一樣，儘管理論上它們應該不斷與直覺相互衝突，但實際上只是繞開我們的直覺，好比在前面章節探討的許多錯誤觀念依舊停留在反思層面，脫離我們其餘部分的認知。

魅力無窮的權威？

反直覺觀念的認知膚淺程度減緩它們對開放警覺性機制的挑戰，因為接受這些觀念的風險，遠比讓它們影響直覺認知機制的風險來得低。但是這種膚淺的現象並不能解釋為什麼人們會接受一堆奇怪信念，有些根本與直覺相互衝突：人們似乎仍然常常過度順從某些權威，認為某些權威比實際上更知識淵博（科學家除外，他們的知識最有可能被低估）。

針對這種不適當的順從，常見的解釋是有些人特別有魅力，態度、聲音、非口語的言語使他們獨具魅力，甚至令人信服。人類學家克勞德·李維史陀（Claude Lévi-Strauss）不是拉岡迷，但他描述「那種力量、對聽眾的控制力，既來自於拉岡本身，也來自他的言詞、他的一舉一動[19]」，將拉岡捧上天的法文版維基百科，甚至宣稱他的「論述風格」對法語造成「無法逆轉的影響[20]」。

但提到廣泛的宗教或科學信仰時，魅力不可能是主要的解釋。當代的基督徒都沒有遇過耶穌，而我在沒有遇到伽利略·伽利萊（Galileo Galilei）的情況下就設法接受慣性的概念，因此認為個人魅力並不能完全解釋為什麼有些人比其他人更可信，而是勾勒出三種機制，導致某些人被認為比他們實際了解的知識更多，讓聽眾過度順從他們。我認為，難以理解和反直覺的信念之所以能傳播，很大程度上來自於這三種機制的混合。

聲譽分數

要理解為什麼我們有時會認為某些人擁有比實際上更多的知識，就必須回頭檢視是用哪些線索判斷某人知識的多寡。我們依賴的主要線索之一是對方過去的表現，總是能修好電腦的人會被認為在這方面有充分能力，當他們提供如何修理當機電腦的建議時，我們更可能會相信。過去的表現不僅由行動組成，還包括語言，向我們提供有價值資訊的人被認為更具能力。下一個問題就是，我們如何決定哪些資訊是有價值的。

在很多情況下，我們可以根據下列事實判斷一則資訊是否有價值：朋友的建議是否幫助我們修好電腦？在其他情況下，在確定該資訊確實有價值前，我們會認為一則資訊可能有價值，並認為其來源有足夠的能力。我們會給出聲譽分數。如果資訊要被視為有價值，必須既合理又有用[21]。舉例來說，有關威脅的資訊可能會非常有用，因為可以幫助我們避免付出高昂的代價。博耶和心理學家諾拉・帕倫（Nora Parren）在一系列實驗中指出，與其他類型的資訊相比，傳播威脅資訊的人會被認為更有能力[22]。

在我們確定一則消息是否真正有用前，根據能力給予分數在整體上是有效的，但還是存在一些漏洞。例如即使我們幾乎沒有機會暴露在實際威脅中，也可能高估威脅資訊的有用性，並認為它是切身的。在博耶和帕倫的實驗裡，受試者聽到的故事之一是，在亞馬遜徒步旅行時遇到水蛭的風險，但很少有受試者會真的遇到這種情況。這不僅代表這則資訊不是那麼有用，而且受試者永遠也不會知道它是否正確。這確實是威脅資訊的普遍問題，因為如果我們認真看待威脅，就應該避免，因此也永遠不會知道它是否為真正的威脅，就像我從來不知道「高壓危險」的標示是否正確。正如在第十章提到的，認為傳播威脅者是有能力的想法，就是散布虛假傳聞的主因之一，因為許多這類傳聞都提到某種威脅。

除了威脅外，還有其他類型的資訊也可以被認為是有用、無須經過認真測試的，例如合理化理由。能為人們無論如何都想採取的行動提供合理化理由的人，會被視為更有能力而得到回報。然而如果永遠不認真質疑這些行動，也不驗證這些合理化理由，聲譽分數可能就會無限延伸。

在大多數情況下，我們認為某人具備能力的方式雖然有漏洞，但也不是很重要。如果有朋友警告某種異國食物的危險性，也許我們會認為他的能力比實際上強，但還有其他方法可以更準確估計朋友的能力。真正的問題是隨著專家崛起而浮上檯面，我們並不認識他們本人，是透過特定領域的溝通交流而認識。

現在有某些新聞來源專門提供威脅性資訊，一個典型例子是陰謀論者瓊斯的媒體網絡：資訊戰（InfoWars）網站、廣播節目、YouTube 頻道等。資訊戰的頭版故事大多數與威脅有關，其中一些是概括性威脅：在中國致命的豬瘟病毒可能侵襲人類、執行自殺式攻擊任務的飛行員[23]；也有很多故事具有針對性：來自伊斯蘭國家的移民應該要對芬蘭的大多數性犯罪負責、土耳其「宣布啟動全球聖戰」、歐洲接受穆斯林移民是自殺行為等[24]。即使在喬治・索羅斯（George Soros）和匈牙利政府鬥爭這種與威脅沒有直接關係的文章，也伴隨著影片警告像是歐巴馬（！）、維珍集團（Virgin Group）董事長理查・布蘭森（Richard Branson）（？！），以及亞馬遜（Amazon）創辦人傑夫・貝佐斯（Jeff Bezos）（？？！！）這些強大共產主義者的危險性[25]。

想必瓊斯的聽眾中，很少有人住在芬蘭或靠近中國的病豬，因此不太可能知道威脅是否存在，瓊斯也能保留所有這些警告為他贏得的聲譽，然後透過各種方式利用聽眾對他能力的認知，像是販售價格昂貴卻毫無用處的保健品，而且刻意利用保健品名稱提醒聽眾這些持續的威脅：「生存防禦 X 二初生碘」（Survival Shield X-2 Nascent Iodine），或是各種的「防災」產品，從緊急求生食品（供應一年！）到輻射過濾器都有[26]。

至於正當化理由，已經在蓋倫的例子觀察到類似發展。這位羅馬醫師為相對直覺性的放血做法提供一套複雜的理論工具，這麼做讓他顯得更有能力（其實還有其他更好理由能說明蓋倫的能力）。因此即使理論已經偏離最直覺的放血形式，醫生也可能會聽從蓋倫的建議，例如他宣導放血可用於比平常更廣泛的各類疾病[27]，他對於應該切開哪些血管也有相當特殊的觀點，好比切開左手的拇指來治療脾臟，但大多數文化則認為放血位置應接近衰弱的身體部分（如頭痛時的放血位置應為太陽穴）[28]。不過蓋倫影響力似乎特別大的一點，就是排出的血量。根據我閱讀的人類學和歷史文獻，在大多數時間與地區，放血只會流出極少量的血液。相較之下，蓋倫誇耀他有時會從患者身上抽出兩公升的血液，直到他們昏厥為止[29]。蓋倫的建議或多或少直接導致無數的死亡，包括喬治・華盛頓（George Washington）在死前就流了二・五公升的血[30]。

以更大規模來看，宗教信條可能也受到類似的動態影響，為了追求合理化理由，導致各種怪異信仰出現。認知科學家尼可拉斯・鮑瑪德（Nicolas Baumard）與同僚認為，至少對於處在正確環境中的人而言，許多偉大的世界宗教教義在直覺上都具有吸引力[31]。在他們的模型裡，隨著物質環境不再是持續不斷的直接威脅，人們開始嚮往不同的道德準則，強調的是「適度、自律；拋棄過度貪婪和野心[32]」。於是出現宣揚這些新準則宗教合理性的領袖，根據這些新準則，神關心人類的道德，這個世界也充滿宇宙正義，與以前的宗教世界觀有顯著的不同，例如宙斯和祂的同類並沒有表現出更高的道德感。能表達出符合這些變化的道德直覺宗教信條的領袖，會獲得敬重與眾人的順從。這種順從造成的影響之一，可以說是傳播其他觀點，那些由宗教專家為建立在智性上一致系統而努力產生的那些觀點；它們不必特別直覺，也不必被人群用來當作合理化理由。例如很少有基督徒深切關心在耶穌出現前，那些無法獲得聖餐拯救（無知者）的靈魂會怎麼樣，然而神學家卻必須思考這個問題，並將這部分列入正式教義，在天主教裡，這些無知者會困在「先祖的靈薄獄」，直到耶穌再臨才能離開[33]。更重要的是，在神學上正確版本的基督信仰之神，也就是萬能的那個版本，其實是許多學者經過長期努力，調和各種學說的結果[34]。

這樣的描述區分世界宗教信條中兩種廣泛的信仰：第一種是由許多人直覺上認為令人信服的信念組成，例如來世對善惡行為的獎賞和懲罰；第二種則是由只與神學家試圖達成教義連貫性有關的信念組成。除了基督信仰外，我們在世界其他宗教也都發現這兩種類別。關鍵是世界上每種宗教裡的第一種信念都非常相似，而第二種差異卻很大。舉例來說，功德的概念在佛教扮演核心角色，因此做善事的人在下輩子會有福報，但是也發現佛教中的反直覺觀念並未扮演任何合理化角色，在基督信仰中也找不到能相互比擬的概念，如佛陀在人與神之間的確切地位，或輪迴轉世的循環等。

依賴粗糙線索評估科學價值

因為某人對我們永遠不會面臨的威脅提出警告，或提供永遠不會被考驗的合理化理由，而願意姑且相信對方，並給予他們良好的信用聲譽，無法解釋反直覺科學理論為何會被廣泛接受。首先，科學理論幾乎都是反直覺的，所以科學家無法搭著一些容易接受理論的熱潮，讓大眾接納其餘的理論。

坦白說，我不太確定為什麼這麼多人接受反直覺的科學理論，我並不是說他們不該接受，只是指出即使反直覺想法是正確的，它們的普及看起來還是頗令人困惑。人們確實只是在反思層面接受科學信念，因此這些信念和其他認知機制的互動很少。但是到底為什麼要接受這些信念呢？很少有人能正確評估科學家的主張，尤其是在涉及新發現時。只有一小部分專家了解新結果的內容，可以根據文獻進行解釋，並認識產生這些結果的團隊，其他人則必然依賴相對粗糙的線索。我們離相關專家小組越遠，這些線索就越粗糙。

人們會使用大量線索來確定事物「科學性」的程度，其中一種是數學化：如果使用數學，結果就更可能被認為是好的科學。心理學家金莫・埃里克森（Kimmo Eriksson）進行的一項實驗中，所有受試者都有碩士學位，必須評估一些社會科學的研究成果。一半受試者閱讀的是內容包括數學符號的句子摘要[35]，這些數學式本身沒有任何意義，卻強化對這份摘要的正面評價。另一種粗糙線索則是與自然科學的接近程度，心理學家蒂娜・韋斯伯格（Deena Weisberg）與同僚要求受試者評估已建立心理現象的解釋[36]，某些解釋刻意在繞圈子，但其中一些拙劣的解釋，還附上相關涉及大腦區域的無用資訊。增加無關的神經科學數據，會減少受試者對無用解釋的批評。令人放心的是，真正的專家並未被花俏的數學或神經解剖學的囈語迷惑。

更粗糙的一種線索是大學聲望。一名記者報導分別在哈佛大學（Harvard University）與俾斯麥州立學院（Bismarck State College）進行的兩項研究，記者很可能會強調研究與前者的聯繫勝過後者[37]。大學聲望的影響甚至可從對科學最戲劇化的服從表現中看出來，就是米爾格倫從眾實驗。

關於這些實驗的標準敘事是，米爾格倫的實驗顯示有三分之二美國受試者在接受命令的情況下，願意讓人休克到幾乎死亡的程度[38]。這些結果已被用來支持漢娜・鄂蘭（Hannah Arendt）的論點：基於第二次世界大戰中許多德國人的行為，「在某些情況下，最平庸正派的人可以成為罪犯。」暗示人們會服從任何處於權威地位者的命令[39]，然而這種敘述應該從兩個方面進行實質修改。

首先，三分之二的數字被誇大了，只有一個變異的實驗版本獲得這個比例，其他稍微修改的實驗版本，如更換新實驗者，得到的順從率都較低[40]。更重要的是，許多受試者（其中近一半）對整個場景設定的真實性表示懷疑[41]。那些並未表示懷疑的受試者疑似真的以為自己會讓某人休克，從眾的可能性也大幅降低：其中只有四分之一會一路攀升到最高電壓[42]。

其次，米爾格倫的實驗只顯示人會遵從科學，而不是對他們鬼吼鬼叫下命令的人。受試者大多背景普通，被邀請到著名的耶魯大學（Yale University），受到穿著實驗服的科學家歡迎，並獲得關於實驗的詳盡科學根據。受試者只有在相信實驗的科學目標時，才會服從實驗者的要求[43]。相較之下，諸如「你別無選擇，必須繼續」之類的直截了當命令，往往會產生相反的效果，促使受試者反抗並堅決反對，拒絕進一步參與實驗[44]。刪除一些讓實驗看起來在科學上更受人尊敬的線索，如在一般城鎮而不是在耶魯大學進行實驗，也會降低順從率[45]。

米爾格倫實驗說明過度依賴粗糙線索來評估科學價值的危險，其他例子比比皆是，從神造論者到順勢療法者這些偽科學家，都會透過承認不同信念而獲得博士學位和大學認證，然後利用這些證書吹噓[46]。但整體而言，粗糙線索仍扮演積極的角色，畢竟它們確實反映合理的趨勢：數學化讓科學有大幅的進展；自然科學比社會科學進步許多；與非專業人士相比，擁有博士學位和大學評鑑的人在專業知識方面可能更具知識。

大師效應

拉岡依靠這些粗糙暗示來提高自己的道德高度：他擁有適當的資格，大量使用數學符號[47]。即便知道這些，我仍然懷疑應該很少有人能真的鑽研他的研討會，做得到的人與其說是讚賞拉岡的深度，更可能因為他的深奧難懂而目瞪口呆，如此晦澀的文章怎麼會如此受到尊重？

越晦澀的陳述就需要越多努力才能理解，結果就是在其他所有條件都相同的情況下，晦澀難懂的語句會較不具切身性[48]。就像下述的例子，與其讀到「若發生碰撞導致安全氣囊展開，安全氣囊的充氣機部分可能會以此方式著火，產生過大的內部壓力，導致金屬充氣機外殼可能破裂，金屬碎片被推進，穿透安全氣囊進入車輛」，人們寧可只知道：「你的安全氣囊可能會爆裂，碎片可能致死。」（沒錯，這是一個真實的例子[49]。）通常難以理解的內容會散播開來，不是因為它晦澀難懂，而是儘管晦澀難懂，卻沒有更容易的方法可以傳達。

然而拉岡和同類知識分子的成功卻顯示，晦澀難懂有時反而有所幫助，甚至讓人們最終花費大量精力來解讀無意義的言論。斯波伯提出，在不尋常的情況下，晦澀難懂可以透過「大師效應」（Guru Effect）強化[50]。

試想一九三二年的拉岡，他就讀最好的學校，曾接受最好的精神科醫生指導，著名的博士論文反映對精神病學、精神分析學和哲學文獻的廣泛掌握。他提倡的觀念是，精神疾病不一定是缺陷，只是不同的思維方式，應該以它們自己的方式來理解[51]。拉岡在巴黎知識界會出名，出於非常廣泛的正當理由——被視為心智相關事物的專家。

為了保持自己的地位，拉岡應該繼續發展新穎有趣的心智理論，但這是相當困難的（相信我）。所幸他有另一條出路，可以依靠越來越模糊的概念，一些已經是時代精神一部分的概念。下述文字是拉岡在一九三八年演講的摘錄：「第一個個案（患者）顯示，症狀如何在闡明戀母情結後獲得解決，這得益於近純粹的回憶召喚[52]。」需要花一點力氣、對精神分析術語有一些熟悉程度才能理解這句話，但這句話也可以淺顯地說：「當患者能想起對母親有性慾時，他的症狀便消退了。」（一個很可能是錯誤的結論，但這是另一個問題。）

拉岡的作品證實他能掌握最複雜的精神分析理論，並顯示解碼他大量的文章是值得的，因為他們認為拉岡是專家，所以追隨者會投入越來越多的精力和想像力來理解大師的話。在這個階段，概念的模糊性成為一股力量，使得拉岡的追隨者有餘裕以多種方式解釋他的思想，比以往任何時候都更深入解析這些概念。正如拉岡的兩個批評者指出的：「隨著時間的流逝，拉岡的著作透過用不完整的語法組合單字……變得越來越像密碼，成為他的門徒虔誠詮釋的基礎[53]。」

儘管如此，如果追隨拉岡的是孤立個體，沒有任何外部跡象表明他們越來越努力會得到回報的情況下，大多數人很可能在拉岡晚年達到顛峰前就放棄了。但是因為這些拉岡迷形成一個團體，彼此在他人的努力中看到對自己花費力氣詮釋的肯定。正如李維史陀在參加一場拉岡研討會時指出的：「我發現自己處於一群彷彿能理解的聽眾之間[54]。」

一旦人們普遍認為大師的布告能毫不掩飾地揭露深層的真相，抱持任何相反意見都會被視為智力上的失敗，蠢到無法揣摩「清楚易懂」的文章，或更糟的是被視為背叛，必定會遭到流放或排斥。這位大師甚至還提高困難度，宣稱他的論述相當透明，他這麼說：「簡單來說，這只代表在論述的世界中，沒有什麼能包含一切[55]。」如果真的這麼簡單，那些不能理解的人一定是笨蛋，因此拉岡的追隨者認為：「拉岡正如他本人所說的那樣，是一位清楚明瞭的作家[56]。」小圈子裡的成員不能承認國王是赤裸的，因此維持拉岡的晦澀難懂背後藏著深刻啟示的幻覺。

雪上加霜的是，這些學生獲得資格證書，形成下一代的公共知識分子和大學教授。這大幅擴展大師的影響力，因為局外人一定想知道這麼聰明的一群人怎麼會被誤導，晦澀再度對拉岡有利。如果他的理論是可以理解的，局外人就可以形成自己的觀點，但是這些理論的模糊性讓拉岡的著作免受評論家的窺探，評論家也必須屈服在那些似乎有足夠知識理解一切的人，或是冒著他們似乎不懂得欣賞知識分子豐富知識的風險，完全拒絕他們。

尋找大師的三種機制與其限制

整體而言，人們非常擅長找出最通曉知識的人，但是也有例外。我在本章中描述三種機制，透過這些機制，人可能會過度順從他人，導致他們思考難以理解的信念、認可反直覺的觀念，並偶爾對不幸的受害者加諸（他們認為）嚴重的電擊。我現在將建議一些可能的補救措施。

第一種機制依賴的是給予某人可信的聲譽，當某人說出看起來有用的東西，卻永遠無法正確查證內容（如瓊斯的可怕警告）時，這種機制會認為他們是有能力的。至少從理論上來說，解決方案相對簡單：停止給予對方這麼高的可靠聲譽。以威脅為例，我們仍然可以關注那些警告各種威脅的人，並將他們說的話列入考慮，但是除非我們獲得更多關於威脅的實際資訊，否則就應該停止以順從回報他們。合理化理由也一樣，也許我們喜歡所謂的權威人士，部分原因是他們總是為自己的現有觀點提供清晰理由。如果這些合理化理由經過適當評估，像是運用在與不同意我們的朋友爭論中，一切都很好，但是如果這些理由沒有受到檢驗，我們很可能不僅接受可疑的資訊，還對特定的所謂權威人士形成誇張見解。

過度順從的第二種情況是，依靠粗糙的線索來估計一則資訊的科學性，並冒著認為該資訊比實際上更科學的風險。如前所述，這不是什麼神奇的事，因為通常只有一些專家能深入評估新的科學成果，其他人或多或少都必須依賴粗糙的線索。儘管如此，我們都能努力利用更細緻的線索。哲學家艾爾文・高德曼（Alvin Goldman）提出一連串線索，讓人可以用來評估科學主張，從這項主張在專家之間達到共識的程度，到那些為這個主張辯護的科學家是否存在利益衝突等[57]。我們尤其應該對浮誇的新發現保持警覺，選擇依靠以許多獨立研究為基礎的工作。在醫學領域，非營利實證醫學研究機構考科藍（Cochrane）提供系統性評價，提供比關於咖啡／葡萄酒／藍莓／康普茶導致或保護我們免受癌症的最新標題來得可靠的結論。無論如何，我們都不該對這些粗糙的線索嗤之以鼻，雖然它們可能有助於傳播一些靠不住的東西，但仍比全面抗拒科學更好，看來這似乎是唯一可行的選擇。

最後，如何擺脫依靠晦澀言語來掩飾空虛思想的大師？畢竟即使拉岡與二十世紀中葉那一大批難以理解的後現代思想家已經逝世了，現在仍有許多大師在我們身邊。心理學家喬丹・彼得森（Jordan Peterson）之所以受歡迎，部分原因是他對保守思想的直覺辯護，但他的其他作品卻有些巴洛克風格，如同以下摘自他的著作《意義的地圖》（*Maps of Meaning*）裡的段落：

> 不斷超越未來有助於摧毀所有以往歷史上確切制度的絕對充分性，確保革命英雄所定義的道路，仍是通往救贖唯一不變的路線[58]。

雖然我們當然尚未達到終極的拉岡主義，但我仍然很難搞懂這段話代表什麼（即使看了上下文也一樣）。同樣受歡迎的狄巴克・喬布拉（Deepak Chopra）也以神祕的推特發文而聞名，如「表現的機制：意圖、超脫、以允許可能性並置的展現為中心」或「做為光的存在，我們是本地和非本地的，受時間束縛且不受時間影響的現實性與可能性[59]」。還好要找出大師滿容易的，他們在科學界沒有地位，至少在他們使用大師地位的那部分工作中沒有。除了嚴重依賴數學的科學外（有些人甚至可能會爭論這不該是例外），幾乎任何想法都應該以足夠清晰的方式進行交流，讓受過教育又專心的讀者可以理解，如果這樣東西看起來像是拼湊一堆複雜的字詞，即使考慮上下文，並經過一點努力也看不出所以然，可能就是了。

做好這項工作特別重要，因為這麼多人喜歡大師最合理的原因之一，就是讓他們看起來更有能力和知識，就像在法國的拉岡小圈子成員那樣。儘管這可能並非始終是有意識的過程，但追隨者往往大力聲援大師的知識能力和智慧深度，顯示這並不是純粹的個人啟蒙過程。透過質疑這種本領與智慧，我們剝奪追隨者擁有大師的優勢，也剝奪大師擁有某些追隨者。

第十五章
憤怒的權威人士和熟練的詐欺犯
——奈及利亞騙局多難騙

經濟學家保羅．夏布萊特（Paul Seabright）在二〇〇四年的著作《陌生人的公司》（*The Company of Strangers*）中，指出人們非常怪異的一點：會依賴那些與他們不相關、從來沒有親自見過的陌生人，而且依賴程度越來越高。直到相對來說近期的人類歷史上，大部分合作對象都是我們熟悉的人，可以透過長期互動來衡量這個人做為合作夥伴的價值[1]。但是如今情況已經改變，我們從記者那裡知道新聞，從科學家那裡了解世界運作的方式，從宗教或哲學領袖那裡接受道德指導，但卻往往根本沒有親自見過這些人，還讓只見過一次的外科醫生動手術，讓幾乎不認識的老師教育我們的孩子，讓從未見過的機長載著我們飛越海洋，在這些新穎的情況下，要如何決定要信任誰？

本章會探討兩種最終會信任錯誤人士的方式：第一種是某人在爭執時站在我們這一邊，即使這麼做不需要他們付出任何代價，但對方仍藉此表達對我們或我們團體的忠誠；第二種是使用粗糙的線索，從某人的職業到他們的種族來找出值得信任的人。這兩種機制都會讓我們過度信任某人，我不應該相信那個騙走二十歐元的假醫生。儘管如此，整體而言，我們更可能會因為在該信任時不信任，而不是在不該信任時信任而犯錯。

利用選邊站尋找盟友

即使如何信任完全陌生的人這個現在經常遇到的問題在演化上是新奇的，我們仍然依靠不斷發展的認知機制，幫助在非常不同的環境中尋找盟友。一個關鍵因素是，盟友應該支持我們：當我們和其他人發生衝突時，他們站在哪一邊？我們將這些時刻視為定義關係的時刻。員工只會在與顧客發生糾紛時，才知道管理階層是否真正支持他們；透過觀察另一半在我們和對方友人發生衝突時的表現，我們能了解對方對關係投入的程度；當工作上的派系間爆發爭鬥時，我們就能清楚看到同事的忠誠度。

這些時刻之所以能揭曉真相，是因為選邊站的代價很高，我們不贊成的那些人會將自己的行為視為他們被摒棄的明確訊號，進而將我們視為較不理想的合作夥伴。這與破釜沉舟的邏輯大致相似，不同之處在於它只與一個特定的個人或群體對抗，而不是激怒盡可能多的人。在這兩種情況下，我們想與特定的個人或團體建立聯盟的訊號，都會因為失去與他人建立聯盟的機會成本而變得可信。

在每個人都彼此認識的小社群中，這個訊號確實是可信的，我們反對的人是本來可以合作的人，因此付出的代價是真實的。確實成本越高，訊號就越可信。在校園裡，如果你和一個不受歡迎的懦弱小子打架，站在你這邊要付出的代價並不是太高；但是那些支持你對抗學校惡霸的人就是在冒險，因此他們的投入會更有意義。

可是在現代的環境中，無須付出任何代價就很容易能選邊站。想像一下，我和朋友在酒吧喝酒，他和鄰桌的人發生口角。站在朋友這邊基本上是沒有代價的，因為我不太可能再見到和他吵架的人，因此這並不是能用來衡量這段友誼對我有多重要的有力指標。社群媒體人物、所謂的權威人士，甚至整個新聞管道都採用看似站在大眾這邊的策略，但是需要付出的代價卻非常低。

美國有線電視新聞網就是很好的例子，可能是為了避免使部分受眾反感，多年來，美國新聞網大致上是無黨派的，幾乎沒有立場。在福斯新聞頻道和MSNBC創立時，都略有傾斜（分別是傾右派與傾左派），但大致上還是堅持相同的策略。然而這種策略在多年後產生變化，因為越來越依賴市場的分裂來獲得市占率[2]。福斯新聞頻道放棄試圖取悅所有人，而是以保守的共和黨人為收視目標，MSNBC則是以自由的民主黨為目標觀眾，兩個頻道的傾向都更明顯，因此站在哪一邊也變得非常一目了然。儘管這些頻道和主持人為選邊站付出代價，不過這樣的代價與獲得的好處相比卻相形見絀，雖然失去一邊的觀眾，但是另一邊觀眾給予的讚賞與歡呼卻遠遠彌補了損失。就這方面來說，這兩個有線電視新聞網（及許多依賴同一策略的媒體）都挾持我們的認知機制，在我們認知與政治光譜另一邊的人進行的文化鬥爭裡，它們是站在我們這一邊的，但兩大有線電視新聞網其實只付出失去少部分觀眾的很小代價，因此立場並未顯示出任何真誠的承諾。

更糟的是，透過選邊站而贏得觀眾的策略，助長關於（假設的）敵人力量或他們是否存在的不實陳述傳播。如前所述，選邊站表明的承諾程度，取決於當事者付出的代價，也因此特別取決於對手的力量。希望透過站在我們這一邊來贏得信任的當事者，能從對另一方強大能力的描述中受益，福斯新聞說自由主義者控制媒體、政治論述、各大學；MSNBC則聲稱保守派控制大多數政治機構、大企業、財政捐款。雖然這些描述中有一些算是較準確的，但卻低估各種抵銷、制衡與平衡的勢力，這些力量都會阻撓雙方獨大，甚至是兩邊最強大團體的野心也會受到限制。儘管如此，這些描述必然會吸引狂熱的觀眾，因為有關其他團體力量的資訊被認為具有高度切身性。同時由於我們的認知機制是透過與較簡單的聯盟打交道而演化成形，因此很容易忽略當前經濟和政治環境的複雜性。

採取對立策略甚至更根本的前提是，一開始要有對立的雙方存在。儘管我們全都捲入與家人、鄰居、同事等各種群體間的爭端，但是這些爭端太局部，任何有線新聞頻道都不會關注，衝突反而必須涉及盡可能多的人才有可能，我們這邊人多，才能讓頻道獲得更多的觀眾；另一邊人多，則會讓敵人看起來更強大。如有線電視新聞網的主持人等中間人，如果將世界描述為分裂和兩極化，就能靠著選邊站策略來吸引觀眾。

新聞媒體加劇兩極化政治傾向？

正如在第十三章看到的，美國公民在意識形態上並不完全是兩極化的，然而卻被認為如此，一些研究發現，「人們嚴重誤解大眾在黨派路線上比實際情況更分裂[3]。」例如民主黨人與共和黨人對自由貿易的態度非常相似，距離中間路線很近，只是共和黨人略為樂觀一些，但民主黨卻被認為是反自由貿易的（平均來說並不是），而共和黨則被認為強烈支持自由貿易（平均來說也並非如此）。這些錯誤的觀念是由新聞消費所導致[4]，在某些國家裡就代表電視。但這種**感知**上加劇的兩極化，最確實的驅動力是網路媒體的大量消費。這是有道理的，電視頻道可以試圖將另一邊描述成由瘋狂的極端分子組成，但在社群媒體上，所有人都能看見這些瘋狂的極端分子，而且很容易忘記他們只代表人口的一小部分。社群媒體並未讓我們更加兩極化，卻使我們認為自己是對的；更準確地說，社群媒體不會導致用戶發展更強烈的觀點，但是透過我們心目中兩極化的加劇，可能會導致情感上更趨向兩極化，因為雙方會越來越不喜歡彼此[5]。

當具有廣大受眾的中間人選邊站時，受眾會受到激勵，產生對聯盟利害關係的扭曲看法，使另一方顯得更強大，無故產生衝突。如果這項策略成功，可能導致進一步的知識扭曲（Epistemic Distortion）。

在與強大敵人的衝突中，被認為支持我們的中間人贏得信任，相信他們把我們的最大利益放在心上。此外，由於他們提供支持我們觀點的資訊，所以也被視為有能力的（如上一章所述）。這種策略至少在某些情況下行得通，例如保守派的共和黨人認為福斯新聞比美國有線電視新聞網（CNN）更可信，但CNN在歷史上是中立媒體（雖然川普任職期間正在發生變化）[6]。

這種增加的信任度允許至少在邊緣處傳輸一些假資訊，具有政治傾向的有線新聞網比中立電視網傳播更多假資訊[7]，這顯然不代表所有假資訊都會被相信，但新聞網的這種意圖叛離它們不會受到質疑的假設。更重要的是，信任不對稱——我們信任被認為站在自己這一邊的人，勝過信任我們覺得站在對立面的人，會阻礙正確資訊的傳輸。我們信任的人不會質疑自己，我們也不會信任質疑自己的人，這可能扭曲我們的所知。

有一系列聰明的研究，調查福斯新聞頻道的可得性對政治觀點和政治知識的影響。這些研究的基礎是，福斯新聞頻道進入美國各城鎮的方式不算經過特別規劃，而是根據與各地有線電視公司簽訂的交易而定。因此研究人員能研究福斯新聞的可得性對一系列結果的影響，並將結果直接視為進行大型隨機實驗後的資料。資料顯示，福斯新聞頻道確實對政治觀點產生影響，使得可接觸該新聞頻道的城鎮稍微更傾向共和黨[8]。關於政治知識呢？福斯新聞讓人更選擇性地了解情況[9]。有福斯新聞頻道的地方，人們往往對福斯報導很詳盡的議題有更多了解（這並不奇怪），但對報導不足的議題卻了解更少。福斯大部分報導的是共和黨及其基本選民廣泛同意的議題，結果觀看福斯新聞會強化共和黨平台與觀眾意見相符的印象，從而加強對該政黨的支持[10]。即使在這種情況下，提供的資訊可能並不完全公正與平衡，但這個例子依舊支持格爾曼和金的論點，就是媒體可以影響政治結果，不過主要是「透過傳達候選人（或各黨派）在重要問題上的立場[11]。」

儘管挾持我們的同盟思維有潛在危險，可能會將媒體界變成各黨黨工間越來越激烈的攻防戰場，但別忘了世界上有反制、抵銷力量存在。我們可以認定，看起來站在自己這一邊的媒體人物通常沒有多大用處，充其量只是提供可以證明我們觀點的資訊，但這些資訊必須夠紮實才是真正相關，我們只有在與對手辯論中使用這些資訊時才能確知這一點。當我們試圖以太容易被擊倒的論證來證明自己的觀點正確時，就要付出社交成本。因此除了只迎合極端黨派的媒體外，多數媒體都有動力堅持大致上正確的資訊，即使可能以多種方式出現偏差[12]。此外，我們對質疑的反應並不一定是負面的，在與伴侶爭執時，可能會對支持伴侶而不是自己的朋友感到生氣，但是如果他們能指正我們的錯誤，我們將更尊重對方，因為可以幫助我們領悟（儘管這可能需要一些時間）。我們天生會用同盟的角度來思考，但是也有可以形成和重視正確信念的內建能力，避免自己看起來像傻瓜。

相信陌生人

說到社群媒體名人或新聞頻道，至少我們有時間評估他們身為資訊提供者的價值，因為每天都能在電視上看到他們。我們剛認識的人呢？要如何知道他們是否關心我們的利益？有鑑於我們缺乏關於這些陌生人過去行為的資訊，就必須依靠粗略線索來了解對方的性格、所屬的群體及當前的狀況。這些線索從非常籠統（此人看起來值得信賴嗎？）到非常明確（此人現在對我有好感嗎？）。

說到籠統的特徵，宗教信仰就是一例，宗教人士在某些文化中被認為特別值得信賴[13]，因此在這些文化中，即使沒有宗教信仰的人也會認為佩戴宗教信仰徽章的人更值得信賴[14]。相較之下，其他線索則只會在特定關係的背景下才暗示值得信賴。在一系列實驗中，學生被要求說出相信誰會對他們較慷慨，是來自同校的另一名學生，或來自另一所大學的一名學生。受試者會較信任同校的學生，但前提是他們知道對方也明瞭受試者屬於同一所大學。受試者並不認為同學平常較慷慨大方，只是較可能被證明會對同屬機構的人大方[15]。

從展現宗教虔誠到大學校友關係，人們依靠各種線索來決定可以信任誰。但是這些線索如何保持可靠？畢竟如果表現出宗教虔誠或同屬當地大學讓人更可能受到信任，為什麼不是每個人都會在派得上用場時展現這些線索呢？這些線索實際上是訊號，涉及發送者的某些承諾，因此在很大程度上保持可靠性，並讓我們能記錄誰承諾什麼。與做出相同行為卻不展現宗教標誌的人相比，穿著宗教服裝但行為不像宗教人士的人會受到更嚴厲批判。有一個極端使用宗教徽章的例子，想跑路的巴西幫派成員可以立刻加入教會，在社群媒體上發布受洗的影片做為證據，但這不是一個廉價的訊號，雖然其他幫派成員會避免報復這些新信徒，卻會密切注意他們，當一個年輕人及時發布受洗影片以免被殺時，敵對的幫派成員會「監視他幾個月，查證他是否上教堂，或與他的前（幫派）領導者保持聯繫[16]。」

更普遍地說，我們會看不起裝模作樣，假冒身分的人。如果我穿著手術服，掛著「梅西耶醫生」

的名牌在醫院裡走來走去，結果透露我的博士學位其實是認知科學時，大家會覺得生氣也很合理，即使衣著打扮像富商的建築工人，也會面臨和其他工人或富商格格不入的窘境。

不過有些人至少在某些方面可以成功假裝自己是別人，詐欺犯就是很好的例子[17]。在電影《刺激》（*The Sting*）中，勞勃・瑞福（Robert Redford）和保羅・紐曼（Paul Newman）飾演的角色將所處世界描述為詐欺犯的世界，而不是公民的世界，一個他們無法也不想屬於的世界。大騙局需要時間，因為詐欺犯必須逐漸贏得目標信任，才能「為他上演騙局」（就像《刺激》中的主角）[18]，包括讓目標先認識詐欺犯，允許目標賺一點錢，並建立精緻的故事，讓人難以相信一切都是虛構的。《刺激》劇情中的不朽騙局是受到現實生活啟發，從租下一個房間偽裝成賭場開始，再僱用數十名演員扮演其他賭徒；神奇的是，有更多人沒有落入這種騙局。相較之下，較小的騙局則需要使詐欺犯和目標之間的接觸降到最低，第一個被稱為詐欺犯的人是山繆・湯普森（Samuel Thompson），於一八五〇年左右在紐約和費城活動[19]，他會主動與人接觸，假裝自己是對方過去的熟人，談論人們如何不再彼此信任。為了證明所說的話是對的，他會打賭目標不會信任自己看管他們的手錶，有些人為了證明他是錯的，同時避免冒犯一個他們似乎忘記的人，就會把手錶交給湯普森，然後再也不會見到湯普森或他們的手錶。

湯普森依靠「紳士外表」（確實是一個粗糙的線索）向受害者施壓，這些人可能並不完全信任他，但卻擔心如果公然不信任某人，就會危及自己的社交立場[20]，這就是在前言裡提到的假醫生成功讓我給他二十歐元的原因。一旦你接受某人的身分正如他們所說的這個前提，就會按照邏輯採取許多行動：如果那個人是真正的醫生，我應該能信任他，借他這筆錢；若是拒絕這個前提，在某人面前說我們認為對方在詐騙，在社交上是很尷尬的情況。

社交工程也使用相同的技術：與其侵入電腦系統，從人類那裡通常更容易獲得所需的資訊。在《欺騙的藝術》（*The Art of Deception*）一書中，駭客暨社交工程師凱文．米特尼克（Kevin Mitnick）描述如何從員工那裡獲得有價值的資訊。一個例子是社交工程師打電話給一名員工，假裝自己是旅行社的人，捏造該員工預定一趟假旅行[21]，為了解錯誤可能是如何發生的，社交工程師要求對方提供員工編號，之後便藉此冒用對方的身分。員工再次依賴粗糙的線索，電話那頭的人聽起來像是真正的旅行社。

詐欺犯和社交工程師的例子顯示，依靠粗糙線索來信任陌生人是愚蠢的舉動，很容易被濫用。可是事實上騙人比想像中困難。一方面，我們通常聽到的都是成功的騙局，一共有六個人向湯普森提出關於盜竊的正式告訴，一開始不算是很多的數量，也不知道他向多少人碰運氣後失敗了[22]，實際上根據所有的說法，他是「笨拙的小偷和生疏的騙子[23]。」

諷刺的是，最惡名昭彰的四一九騙局或奈及利亞騙局，反而說明真正的詐騙有多麼困難[24]。

幾年前，我們遭到大量電子郵件轟炸，提醒一個絕佳機會：這些信件通常來自奈及利亞的某人，說他們手上有一大筆錢，只要匯給他們一點手續費，讓他們能領出這一大筆錢，我們就能分一杯羹，這筆小投資將獲得一百倍的回報。看到這種可笑的訊息，以為人們非常容易受騙也是很自然的：怎麼會有人相信如此離譜的事，有時還損失成千上萬美元呢[25]？電腦科學家柯麥克・賀利（Cormac Herley）在一項感知分析中扭轉這個邏輯，這個訊息本身的荒謬可笑，恰恰顯示多數人實際上都不容易被騙[26]。

賀利首先想知道，為什麼這些訊息大多數都提到奈及利亞。這個**騙局**已迅速與該國建立連結，以至於如果在電腦中輸入**奈及利亞**，該騙局會是最常出現的自動搜尋選項之一。為什麼繼續使用同一國家？除了這個國家外，這個訊息顯然沒有任何想建立可信度的意圖，發信人是一位王子，願意分一大筆錢給你，這並不常見。為什麼要讓這則訊息這麼明顯地有問題？賀利指出，儘管發送數百萬則訊息實際上是免費的，但回覆這些訊息也會浪費騙子的時間和精力。畢竟沒有人會立即匯款，反而必須慢慢讓目標上鉤。只有在足夠的目標最終上鉤後，他們付出的努力才值得，任何會Google搜尋，尋求建議或閱讀銀行警告提示的人，都不值得他們花費精力。騙子淘汰這些人的方法就是刻意讓這些資訊顯得荒謬，這樣一來，詐騙者就能確保只會在最可能成功的目標身上花費力氣，也就是那些資訊最不足的目標。諷刺的是這些騙局的規劃如此可笑，並不是因為人們容易受騙，反而是因為人們整體而言並不容易受騙。因為如果人容易受騙，詐騙者就會使用更合理的訊息，張開更大的網，好騙到更多人。

有效的非理性信任

受騙不僅是相對罕見的事件，依靠粗糙線索來信任陌生人還有巨大的好處：讓我們可以完全信任對方。經濟學家和政治學家設計各種所謂的經濟遊戲，測試人在簡單、程式化互動中是否會有理性的行為。其中一個例子是信任遊戲，玩家之一（投資者）先獲得一筆錢，然後可以選擇向第二個受試者（受託人）投資多少。投資金額接著會加成（通常是乘以三），而且受託人可以選擇還給投資者任意金額。若要以公平的方式使總體收益最大化，投資者應將所有資金交給受託人，而受託人隨後歸還一半。但是一旦投資者轉移資金，受託人也可以選擇保留全部資產，不歸還一毛給投資人。知道這一點後，投資者根本不應該出錢。因此理論上，任何金額的轉移都不是理性的結果。此外，受託人給投資者的訊息應該沒有效果，因為只是典型的空口說白話，投資者可以承諾退還一半的錢，但其實沒有任何外在力量可以迫使他們信守承諾。然而多次的實驗發現，投資者通常會轉出獲得金額中很大的一部分，而受託人往往會分享部分收益[27]。此外，承諾是有用的。當受託人有機會向投資者發送訊息時，通常會承諾將錢退還給投資者。投資者於是更可能轉錢給受託人，受託人也會分享這筆錢[28]。光是有人做出承諾就足以增加信任度，繼而產生更好的（即使就某方面來說不那麼理性）的結果。在這個例子裡，最粗糙的線索——受託人大致上是與投資者相似的人，就足以產生一定程度的信任，使承諾可信。但這並不完全代表人們會盲目信任，因為當涉及的利益增加時，這種廉價的承諾會失去一些力量[29]。

社會科學家山岸俊男強調，即使短期理性指出我們不應該信任他人，信任其實也能帶來另一項好處。他指出，在獲得資訊方面，信任與不信任之間存在根本的不對稱[30]。如果你選擇信任某人，就較有機會判斷你是否所託非人。如果有一個新同學想借你的筆記，並承諾第二天會歸還，你只有把筆記借給他，才能知道對方是否會信守諾言。相較之下，如果你不信任某人，可能永遠不會知道對方實際上是否值得信任。如果朋友想幫你介紹對象，你只有去約會，才能弄清楚這個對象到底適不適合你。

不可否認地，在某些情況下，我們無須先信任別人就可以評估某人話語的價值，例如你不需要真的購買某支股票，只要透過追蹤該股票，就能確認某人的投資建議是否有效。不過一般來說，我們是透過信任而非不信任來學習更多，信任就像是會熟能生巧的技巧。

由於信任和不信任之間有著這種不對稱，我們越信任，獲得的資訊就會越多。我們不僅能更清楚了解哪些人值得信賴，還可以利用這些經驗來確定在哪種情況下應該信任哪一類的人。山岸俊男與同僚在一系列實驗中發現，最願意信任他人的受試者，就是更可能認為其他人可被信任的受試者，也是在類似信任遊戲的遊戲裡最知道該信任誰的人[31]；同樣地，最不信任他人的人也最不善於區分網路釣魚和合法介面[32]。祖父母是我能想到最適合說明山岸俊男論點的例證，從表面上來看，他們看起來像是容易的獵物，他們已經不年輕了（撰寫本書時已九十歲出頭），而且為人超好，在朋友或鄰居（或其實是我和妻子）需要時總會提供協助。沒有人比我的祖母更像祖母，她會給孩子糖果和溫暖的擁抱。然而我的祖父母有著非常精明的判斷力，巧妙地運用選擇性信任，我從未見過他們落入任何銷售花招，而且他們的所有朋友完全值得信賴。在最初的互動中為人留餘地幾乎沒有風險，他們也藉此累積豐富知識，知道可以信任誰，並認識夠多的人，讓他們足以從中選擇最可靠的人當朋友。

儘管在有疑問時，信任可以帶來資訊上的收穫，但開放警覺性機制的一般邏輯顯示，整體而言，我們犯下的遺漏錯誤（應該信任而不信任）比委託錯誤（在不該信任時信任）來得更多。這可能看起來反直覺，但要注意取樣偏誤：我們更容易意識到先前不該信任某人（按照朋友的建議，最後度過可怕的約會），而不是意識到早該信任某人卻沒有（不聽從朋友的勸告而錯過我們的靈魂伴侶）。使用粗糙線索的主要問題不在於我們信任不該信任的人（信任騙子，因為他打扮得像受人尊敬的商人），而是我們不信任該信任的人（由於膚色、衣服、口音等而對某人不信任，但實際上他們絕對值得信賴）。

經濟遊戲的實驗支持這個預測，經濟學家伊姆・費希特曼（Chaim Fershtman）和尤里・葛尼奇（Uri Gneezy）要求以色列的猶太人受試者參加信任遊戲[33]，其中一些是阿什肯納茲猶太人（Ashkenazi，主要來自歐洲和美國），另一些則是東方猶太人（主要來自非洲和亞洲）。整體而言，前者的地位較高，會被預期更值得信賴，而費希特曼與葛尼奇也確實觀察到這個現象。在信託遊戲中，男性投資者向阿什肯納茲受託人轉移的資金比對東方受託人來得多。但是對東方猶太人的相對不信任根本毫無根據，因為阿什肯納茲和東方受託人都歸還類似的金額。南非經濟學家賈絲汀・伯恩斯（Justine Burns）也觀察到相同的模式[34]，在她的實驗中，即使黑人受託人隨後歸還一樣多的錢，投資者向黑人受託人轉移的資金也少於向其他受託人轉移的資金[35]。至少在這些實驗裡，受試者都最好重新校正粗糙線索，對這些種族增加信任度。

廣泛信任能帶來好處

要如何更精準校正信任的對象？在這裡探討兩種非常不同的信任校正機制都需要進行不同調

整。面對選邊站的策略，我們應該意識到那些聲稱支持自己，但實際上沒有為承諾付出任何代價的人可能會濫用這種策略。我們應該小心不要與大部分被捏造出來的假敵人，進行主要是被捏造的假爭議。如果我們以新聞或更糟的以社群媒體上呈現的另一方為基礎進行表述，可能就會大錯特錯，好比誤認普通共和黨人都是瘋狂的陰謀理論家，或是典型民主黨人都是憤怒社會正義魔人。我們必須提醒自己，「另一邊」的成員與自己可能沒有什麼不同，而且和他們接觸是值得的。

當我們不得不依靠粗糙的線索時，像是第一次見到某人，應該盡量不要擔心對方如何批判自己的疑心。通常騙子和社交工程師靠的就是我們不願意質疑他人，因為害怕不信任對方而顯得無禮，畢竟如果真的遇到久違的熟人，你卻暗示他們試圖欺騙，對方確實會很生氣。不希望自己被當成傻瓜，也促使我們錯誤地不信任他人。

在這兩種情況下，我們都該努力抗拒這些社會壓力。長期失聯的舊識不該讓我們陷入這種兩難，要求我們必須立即以高價的物品（如昂貴的手錶）證明自己信任他們，如果他們這樣做才是破壞社會規範的人，而不是拒絕在壓力下信任對方的我們。至於擔心看起來容易被騙，就應該努力記住透過信任別人能獲得的資訊，即使我們的信任沒有帶來極大好處時也一樣。長遠來看，廣泛信任他人應該會獲得好處，偶爾的失敗只是日常代價。為了彌補我們太信任他人時的損失，就應該考慮不信任的代價，如果信任更多人就可能建立無數有益的關係。

第十六章 我們沒有那麼容易被影響

——如何維護脆弱的信任鏈

本書中長篇大論反對「人類是易受騙的」這個觀點；反對他們「天生不追求真理」並「過度順從權威」，也不同意人類會「在共識前屈服[1]」。就算易受騙性似乎有些優勢，讓我們可以更輕鬆地向長輩和同儕學習，成本也太高了。溝通演化論判定，要讓溝通成立，發送者和接收者都必須從中獲益。如果接收者過於容易受騙，訊息發送者就會無情地濫用他們的信任，直到接收者完全停止關注任何被告知的資訊為止。

我們並非容易受騙，而是擁有一套認知機制能評估聽見或讀到的內容，這些機制讓我們能夠開放，會聽取被認為有價值的資訊，並保持警覺，因而拒絕多數有害的資訊。隨著這些開放警覺性機制變得越來越複雜，我們注意到更多線索，告訴我們其他人是對的，自己是錯的。從祖先相當有限的溝通能力，發展到能讓我們表達無限複雜、強大觀念的人類語言，讓自己越來越會受到他人影響。

這種演化反映在我們心智的組織中，透過洗腦、下意識的影響或只是分心，都能剝奪人們最複雜成熟的資訊評估手段，以致於無法處理那些告知要接受新的、具有挑戰性資訊的線索，於是他們回到保守的核心，拒絕任何不同意的事物，因而更難而不是更容易受影響。

開放警覺性機制是我們共同認知天賦的一部分，在幼兒，甚至嬰兒身上就能看到根源。十二個月大的嬰兒會將聽到的內容與先前的觀點相互結合，所以當意見較薄弱時最容易受到影響，否則他們也非常頑固，任何與一歲大孩子互動的人都很痛苦地了解這一點[2]，這個階段的嬰幼兒也會追蹤成年人的行為，較容易受到那些行為合宜的人影響[3]；兩歲半的孩子較會聽從說話合理的人，而不是接受不斷鬼打牆的論點[4]；到了三歲，幼兒會較信任說出他們看到什麼，而不是猜測內容的人，而且已經知道誰是在食物或玩具等某個他們熟悉領域的專家[5]；四歲的學齡前兒童已經可以掌握怎麼遵守多數的意見，而且會根據單純傳聞不完全相信同意的內容[6]。

我們的開放警覺性機制用於學習，弄清楚要相信什麼、要信任誰，這樣的機制不會在四歲就停止作用，它永遠不會停止，隨著知識和經驗的累積，會不斷強化開放警覺性機制。身為成人的你，想想在評估最平凡的交流時能毫不費力地權衡多少要素。如果同事小包說：「你應該轉換到新作業系統，他們已經修復一個重大的安全漏洞。」你的反應將取決於以下幾點：你對新作業系統的了解（你是否聽過它嚴重降低電腦的運作速度？）；你認為電腦受到攻擊的脆弱性（這個安全漏洞真的很重要嗎？）；與你相比，小包在這個領域的能力程度為何（她是資訊科技專家？）；還有你是否認為小包可能有別有居心（她可能希望你安裝新作業系統，看看效果如何？）。這些盤算都不必是有意識的，但是只要我們聽見或讀到某些內容就會開始進行。

在日常生活中與認識的人互動時，告訴我們要改變主意的線索非常多：我們有時間確定善意、認識專業知識，並交換論點。相較之下，說服群眾的情境通常沒有這些線索，政府機構如何建立信任？政治人物要怎麼向不關心政治的人展現他們的能力？廣告活動如何說服你值得購買某種產品？說服群眾應該是非常困難的。從政治宣傳到政治運動、從宗教布道到廣告，絕大多數大規模說服群眾的努力確實都以失敗告終。我們的開放警覺性機制運作，也充分說明說服群眾的（少數）成功。克肖關於納粹宣傳的結論可以更廣泛地應用，說服群眾的有效性「在很大程度上取決於以既有共識為基礎，確認既有價值，支持既有偏見的能力[7]」。這反映一直在運作的可信度查證作用，使得就算是最成功的群眾說服努力也變得有些遲緩，人們可能會接受這些訊息，但並不會實質影響先前的計畫或信念。在某些情況下，當建立一定的信任後，大規模的群眾說服會改變一些想法，但是只會在對個人意義不大的議題上產生變化，像是人們會在某些幾乎沒有興趣，甚至較少知識的議題上盲從政治領導人。

如何在不容易受騙的情況下犯錯？

如果群眾說服的成功多半只是常見的幻想，傳播經驗上可疑的信念就不是了。每個人在生活中的某個時刻，都曾認可某種錯誤觀念，相信關於政客的誇張傳聞、疫苗接種的危險、陰謀論或地平論之類的，然而這些錯誤觀念的成功傳播並不一定是易受騙的徵兆。

大多數錯誤觀念的蔓延，是因為它們的內容在直覺上吸引人，而不是因為提出這些觀念的人特別有技巧。對疫苗猶豫不決，是基於疫苗接種反直覺的特性；陰謀論是因為我們對強大敵人形成聯盟的合理恐懼；地平論者甚至主張，當你注視地平線而看不到任何彎曲時，只需遵循直覺即可。

儘管許多錯誤觀念有直覺的層面，但大部分仍與我們的認知隔絕，它們是反思信念，對其他想法不會造成什麼後果，對行動的影響也有限。九一一陰謀論者可能會相信中央情報局有足夠的實力摧毀世貿中心，但並不擔心它能輕易讓一個多嘴的部落客安靜；那些指責希拉蕊助長戀童癖的人，大多數只是對被認為虐待兒童的餐廳留下一顆星的評價就滿足了。即使是堅定的宗教或科學信仰，從上帝的全知到相對論，也不會對我們的思維方式產生深刻影響：基督徒仍覺得上帝一次只能注意一件事；而物理學家幾乎無法憑直覺理解愛因斯坦理論決定的時間與速度關係。

即使有一些反思信念反直覺，像是無所不知的上帝、速度對時間的影響等，但我也在前面主張，其他反思信念大多具有直覺層面，如對疫苗的猶豫、陰謀論或地平論。信念如何同時保有反思（與我們大多數認知分開）與直覺性（可以利用我們的許多認知機制）？以地平論為例，假設你對天文學一無所知，然後有人告訴你，你現在站在上面的這個東西、看到的這個東西叫做「地球」，目前為止都很好。現在他們可能會告知地球是平的，這符合你的感知；或是他們告知地球是球狀，而這不符合你的感知。第一個選項在直覺上更具吸引力，儘管如此，即使你現在已經接受地球是平的，但這種信念仍在很大程度上是反思的，因為你不確定要如何處理「地球」的概念。除非你打算進行很長的旅行，或是必須進行一些天文計算，否則你對地球形狀的想法，不會造成任何認知或實際上的影響。

在某些情況下，信念和行動，甚至是代價高昂的行動，都是相伴而生的，關於地方上的少數族群實施暴行的傳聞與對少數族群的攻擊；假的醫學理論和有害的醫療做法；過度奉承統治者並完全服從。然後信念大致上會跟著行為出現，而不是反過來，想要實施暴行的人會尋求道德制高點；醫生希望療法得到理論支持；服從獨裁者才是明智之舉的政治條件也鼓勵諂媚。

許多在文化上成功的錯誤觀點，都符合抱持這些想法者的利益。透過散布有關誇大威脅的傳聞，會讓人顯得更有能力；透過把自己的行為合理化，看起來就沒有那麼不理性或不道德；透過表達與所有人為敵的荒謬或可憎觀點，可靠傳達他們想要屬於特定群體的渴望。公開承認錯誤信念不需要是非理性的，一點也不。

容易受到易受騙性欺騙？

如果人不容易受騙，為什麼從柏拉圖到馬克思等歷代以來的學者和外行人都這麼聲稱？經常有人向我指出，聲稱人們不容易受騙和說他們會誤信其他人容易受騙之間似乎存在矛盾，這種誤解的傳播不正是象徵容易受騙嗎？事實上，人們容易受騙的觀點之所以會成功，就和其他錯誤觀點會流行的原因相同。

正如大多數成功的傳聞，關於易受騙性故事往往是假的，但在直覺上卻令人信服。傳播這類故事的人聲譽會獲得加分，因為這些故事通常與威脅有關：在電影院銀幕上快速閃過的字詞可以控制我們的行為、有魅力的領導者可以讓溫馴的羊群變成嗜血的人群。

想想十九世紀末法國的罷工群眾，在數百次示威中，罷工者只造成一名人員傷亡，但作家埃米爾．左拉（Émile Zola）卻在小說《萌芽》（*Germinal*）裡，戲劇化地將這起事件改寫成憤怒的女性群眾將不幸受害者去勢的可怕場面。左拉實際上站在工人這一邊，但他的選擇更能說明我的論點，儘管他很同情罷工群眾，但還是決定以最煽情的方式來描繪發狂的暴民，因為這比和平示威者更能讓故事顯得精彩。諷刺的是左拉的作品後來影響群眾心理學家，以為《萌芽》忠實描述群眾的行為，藉此譴責罷工群眾[8]。

由於我們對關注內容有著直覺上的偏見，因此即使關於易受騙性的報導根本不具代表性，也很容易獲得文化上的成功。在報紙上撰寫一篇關於某人因奈及利亞騙局而失去畢生積蓄的報導，比報導數百萬個嘲笑那些電子郵件的人來得容易。關於政治人物、名人、重大事件的全球傳聞常常是錯的，而與我們工作地點的相關傳聞往往是準確的。從邏輯上來講，新聞媒體只對前者感興趣（即使只是為了加以斥責）。

大多數的錯誤觀念也是如此，廣泛流傳的「人類容易受騙」信念，在很大程度上是反思的。即使是最憤世嫉俗的觀察家，就算他們抱怨（他們相信是）易受騙的人民投票反對自己的利益，或是易受騙的消費者購買並不想要的產品，也不會基於這些信念而試圖隨機說服陌生人給他們錢。與易受騙性相關的特定恐懼也是如此。一九五〇年代對下意識影響的恐慌並未阻止人們看電影；新宗教運動會洗腦的傳言，也沒有引起等比例的法律或民眾的強烈反對。

與許多其他錯誤觀念一樣，人容易受騙的觀念為有其他動機的行動或觀念提供事後合理化理由。直到啟蒙運動前，易受騙性總是會被用來合理化不公的現狀，令人意外的是，主要是受益於這種現狀的人或是那些巴結前者的人會這麼做。這些學者聲稱，不該信任群眾，不能賦予他們政治權力，因為他們很快會被打定主意破壞社會秩序的狡猾煽動者操縱。

如前所述，當時煽動者被認為帶來的危險是「政治哲學對民主抱持懷疑態度的中心原因[9]」，這種假設性的普遍易受騙性，至今仍被用來做為反對民主力量的論點，布倫南的《反民主》（*Against Democracy*）一書就是例子[10]。

諷刺的是在政治光譜另一端，捍衛人民政治發言權的學者也聲稱普遍易受騙性的存在，不是因為他們擔心人民會反抗，而是因為必須解釋為什麼人民還沒有反抗（或更籠統地說，為什麼會做出「錯誤的」政治選擇）。鄙視天主教會的啟蒙作家必須解釋，民眾為什麼會溫和地承受束縛達數個世紀之久（或是他們以為這樣）。尚—雅克．盧梭（Jean-Jacques Rousseau）試圖讓人民擺脫汙點，寧願將群眾視為易受騙而不是邪惡的，「人民永遠不會腐敗，儘管經常受到欺騙，但也只有到了那時，他們似乎才會渴望邪惡[11]。」

普遍易受騙性的信念之所以會被證明如此成功，一個可能的解釋是：試圖逆向說明社會中為了說服群眾而投入的巨大努力。我們被大量廣告、政治訊息、文章、社群媒體上的貼文淹沒，告訴我們要喝、吃、買、感覺、思考什麼，因此很難想像這麼大規模效應不會對人們造成相應的巨大影響。然而即使受眾大致上抱持懷疑態度，嘗試進行大規模群眾說服還是值得的。

舉例來說，政治宣傳可能無法說服很多人相信，但仍然發送明確的訊號：這個政權強大到足以霸道地表達自己的聲音。在一百英尺高的圖雷真凱旋柱上，有著螺旋狀延伸到頂端的淺浮雕，描繪圖雷真皇帝（Emperor Trajan）在東歐戰爭中的勝利。這看起來像是一種政治宣傳，目的是確保每個羅馬公民都了解圖雷真眾多勝利的細節，但正如歷史學家保羅・韋恩（Paul Veyne）指出的，柱子上大多數的淺浮雕都太高了，根本沒人看得清楚[12]。因此這根柱子傳達的訊息不在於描繪的浮雕，而是在於它的存在本身能清楚表明該政權的富庶與強大，足以豎立這樣的建築物。

或是想想一個當代的例子，眾所周知，俄羅斯總統佛拉迪米爾・普丁（Vladimir Putin）支持SKA聖彼得堡冰上曲棍球隊[13]，因為該隊幾乎總是獲勝，所以他的支持可被當作具有政治宣傳意圖，而他也對球隊成功感到滿意。然而每個人都知道，SKA聖彼得堡隊能百戰百勝，在很大程度上是因為能打破所有規則，這支球隊不遵守薪資上限，能挑選最好的球員，並受到裁判的公然偏袒。因此傳達的訊息並不是普丁擅長挑選曲棍球隊，而是他的權力大到足以威脅所有人都讓該球隊獲勝，這是一個本質上可靠的訊息[14]。

即使群眾說服與訊息本身有關，但也可以不依靠受眾的易受騙性而達到目標。我們購買的許多產品雖然有各種版本，但實際上幾乎都一模一樣，包括不同品牌的碳酸飲料、牙膏、清潔劑、香菸、牛奶。在這種情況下，我們的大腦對輕微刺激做出反應是很正常的，物品在貨架上的位置、少許的折扣，甚至是吸引人的廣告都是這類刺激。在這些基本上相同的產品之間轉換，對消費者而言可能毫無意義，但對公司卻會產生重大變化，某些廣告可能在沒有任何真正說服力的情況下具有成本效益。

我的錯誤，你的問題

前面已經主張，整體而言，抱持流行的錯誤觀念需要付出的代價很小，甚至符合這些人的社交目標。這是否代表儘管我們有開放警覺性機制，試圖駁斥這些仍在傳播的錯誤信念根本不值得呢？雖然抱持這些信念的人付出的代價通常很小或沒有，但是不代表這些信念對其他人來說並不可怕。

在發起大躍進前，毛澤東對農業知之甚少，他不是依靠植物知識養家糊口的農民，因此他的開放警覺性機制很容易誤入歧途，讓他只因為某些建議與政治信仰相符便接受。受到俄羅斯生物學家特羅菲姆・利森科（Trofim Lysenko）的啟發，毛澤東聲稱植物就像處於理想共產主義狀態的人們，同樣階級的植物不會互相競爭，反而「互相陪伴使它們容易成長，當它們一起成長時就會更舒適[15]。」這促使毛澤東倡導密集種植，要求全中國農民改變幾千年來的做法，更緊密地播種。

毛澤東對農業的觀點產生可怕後果，只是承受後果的不是他，而是被迫付諸實踐的人民。密集種植與毛澤東倡導其他適得其反的技術，導致穀物產量大幅下降，隨之而來的是史上最嚴重的飢荒，造成四千萬以上的中國農民喪生。儘管毛澤東的愚蠢想法造成這樣的災難，但他仍掌權到去世為止。

顯然對付這類災難最好辦法，不是改善無情獨裁者的批判性思考能力，而是完全擺脫這些冷酷無情的獨裁者，或是更普遍地為決策者和決策造成的影響之間建立更好的回饋循環。儘管有那麼多政治宣傳和對毛澤東的明顯諂媚，但是如果中國農民有機會，幾乎都不會投票給強迫他們密集種植的人，正如其中一人所說的：「我們了解情況，但是沒人敢多說，如果你說了什麼，他們就會痛打你，我們能怎麼辦[16]？」

我們可以做得更好

回到民主社會，我先前已經主張政治菁英對公眾輿論的影響大致上是無害的，因為主要只會影響人們在一開始沒有強烈見解，且對他們影響不大的議題。例如自冷戰以來，美國左右派政治領導人的傳統就是對俄羅斯採取的強烈批評立場。共和黨的川普擔任總統初期部分打破這個傳統，甚至似乎準備接受普丁的發言，而不相信自己的情報機構[17]。川普的舉動導致一些共和黨人（但沒有民主黨人）對普丁有更正面的看法，這就是人民跟著最喜歡政治領導人意見轉變的典型案例[18]。

對那些對普丁抱持更正面看法的人來說，這些觀點不會帶來任何個人後果，然而這種轉變可能會在適當時候影響政策。政治學家詹姆士・斯廷森（James Stimson）等人的研究顯示，政治人物會對大眾輿論做出反應，更可能支持符合民意的政策[19]。但如果政治人物是先塑造出大眾輿論的人，不就代表他們根本是被委任制定自己喜歡的政策嗎？因為他們能先創造輿論的支持，再以此為基礎採取行動。

所幸政治人物的工作並沒有那麼簡單，原因有二：首先，在競爭性的民主國家，民眾會聽取不同領導人的意見，這些領導人各自抱持不同的觀點，將人民的觀點拉向不同方向；其次，在大多數的問題上，一部分選民確實有能力和動力形成資訊充分的意見。這些人不會只聽從政黨領袖的話，而是會根據個人經驗、在新聞看見的內容、在報紙讀到的內容等來形成自己的意見。這些獲得充分資訊公民的觀點，是在喧鬧輿論中的信號，很大程度上引導輿論的方向[20]。

川普的移民政策一直以嚴厲聞名，但是所屬政黨的成員根本沒有跟隨他的領導，而且對這個話題已經形成更寬容的觀點。與二〇一五年相比，二〇一八年的共和黨人較不可能主張減少合法移民[21]。這些轉變可以用政治學家所謂的**輿論恆溫模型**（Thermostatic Model of Public Opinion）來解釋。當政治人物偏離某個特定的方向太遠，注意到的人會透過往另一個方向移動來表達不同意[22]。

很合理的是，會影響政策的輿論在很大程度上是受到有充分資訊的個體所塑造，這些人根本不會聽從政黨領導人的話，因此其他人民缺乏努力並不會導致災難性後果，但仍然暴露出一些誘人的可能性，如果有更多選民像資訊充分的少數人一樣，對實際事件做出靈敏的反應，輿論的轉變將更快、更強大，並對政策產生更大的影響。但是無論如何，說服群眾都很困難，要讓那些對政治所知甚少的人放棄跟著政黨領導這種簡單的策略並不容易。

脆弱的信任鏈

本書希望大家記住的訊息是：要影響人並不容易，反而非常困難。我們探討的大多數錯誤觀念仍然存在，因為人們拒絕相信那些更懂的人。

以反疫苗人士為例，如果我們假設反對疫苗接種是直覺反應，反疫苗人士的問題就不在於缺乏足夠的警覺性，而是在於不夠開放。能夠獲得相關醫學資訊，但仍拒絕接種基本疫苗的人，無法信任醫學專家、科學共識這些正確對象，且無法被合理論證說服[23]，這是我們必須努力的。從不通報不成功的臨床試驗，到收買醫生的影響力，製藥公司的各種作為都為這種不信任感提供更多的基礎[24]，因此自清將有助於減少一些不信任感。適當地與反疫苗人士接觸也很重要。不幸的是，大多數人只有有限的論證工具能這麼做[25]。那些找到正確論證的人，如花時間與疫苗懷疑者進行對話的專家，會更有說服力[26]。

同樣的邏輯也適用於其他領域，正如許多人直覺認為陰謀論具有說服力，試圖關閉所有傳播陰謀論的管道並不能加以消滅，甚至連中國政權對媒體的嚴格控制，也不能阻止陰謀論蓬勃發展[27]。遏制陰謀論傳播最好的方法，當然是建立值得信賴的政府，針對貪腐、利益衝突、管制俘虜（Regulatory Capture）制定強力的法律[28]，這大概就是陰謀論在挪威不像在巴基斯坦那麼普遍的原因[29]。

科學的例子說明一個制度的建立如何影響大眾觀感，幾乎所有科學理論都與直覺背道而馳，卻已滲透到社會上大多數階層。即使很少有人親身認識科學家，也很少有人真正了解科學家支持相對論或天擇演化的論點，大家依舊接受這些觀點。儘管科學思想顯然令人難以置信，但能廣泛傳播是因為科學事業牢牢奠基於紮實（即使並非毫無瑕疵）的信任之上。

這些信任的基礎必須受到保護和加強，例如我的心理學學科正在解決許多長期存在的問題，我們努力改善統計方法、招募更多的受試者樣本、減少利益衝突、進行多次實驗，以提高對結果的信心，並在進行研究前對自己的假設負起責任，避免事後的詮釋。從醫學到經濟學的其他學科也都在解決類似問題，它們將從這場「信譽革命」中浴火重生，隨著時間過去，更上層樓的可信度將影響科學進展在整個社會中的傳播。

我們不容易被騙，預設態度是反抗新的想法。在沒有正確線索的情況下，會拒絕不符合自己先入為主的觀點，或與既有計畫不符的訊息。要說服我們需要長期維持的信任，清楚展現專業知識和合理的論證。科學、媒體及其他傳播正確但經常反直覺訊息的機構都面臨這樣的逆境，必須傳遞這些訊息，又要沿著信任與論證的宏偉連結維持可信度。這些連結聯繫我們與最新的科學發現及地球另一端的事件，只能希望有新方法加強並延伸這些日益脆弱的連結。

注釋

前言

1 馬克・薩根特（Mark Sargant），知名的評論者，於紀錄片《曲線之後》（*Behind the Curve*）中發言。

2 其他地方稱為**知識論上的警覺性**（Epistemic Vigilance）；參見 Sperber et al., 2010。

第一章

1 Dickson, 2007, p. 10.

2 Thucydides, *The History of the Peloponnesian War,* http://classics.mit.edu/Thucydides/pelopwar.mb.txt (accessed July 19, 2018).

3 Plato, *Republic,* Book VIII, 565a, trans. Jowett; see also 488d. http://classics.mit.edu/Plato/republic.9.viii.html (accessed July 19, 2018).

4 有些學者（如 Greenspan, 2008）試圖區分**易輕信他人**（Credulity，「這個詞彙是指傾向相信表面上看起來荒謬，或缺乏足夠證據支持的事」），以及**易受騙性**（Gullibility，「這個詞彙實際上是指一種受騙模式會在不同情境中重複發生，即使眼前有警告跡象也會重蹈覆轍」）。我在本書會交替使用這兩個詞彙，指人們受到他人告知的資訊影響，卻沒有被影響的合理理由。

5 Holbach, 1835, p. 119.

6 "La crédulité des premières dupes" (Condorcet, 1797, p. 22); "charlatans et leurs sorciers" (p. 21). 類似的參考資料參見 Singh, 2018。

7 Peires, 1989, location 2060–2062.

8 Eric Killelea, "Alex Jones' mis-infowars:7 Bat-Sh*t Conspiracy Theories," *Rolling Stone*, February 21, 2017, http://www.rollingstone.com/culture/lists/alex-jones-mis-infowars-7-bat-sht-conspiracy-theories-w467509/the-government-is-complicit-in-countless-terrorist-and-lone-gunman-attacks-w467737.

9 Callum Borchers, "A harsh truth about fake news: Some people are super gullible," *Washington Post*, December 5, 2016, https://www.washingtonpost.com/news/the-fix/wp/2016/11/22/a-harsh-truth-about-fake-news-some-people-are-super-gullible/.

10 Heckewelder, 1876, p. 297.

11 Dawkins, 2010, p. 141.

12 Truther monkey (@Thedyer1971), "The mind controlled sheep e. Welcome to the new world order," Twitter, September 26, 2017, 12:53 a.m., https://twitter.com/Thedyer1971/status/912585964978966528.

13 Borchers, "A Harsh truth about fake news"，更一般的說明參見 Donovan, 2004，顯示雙方經常互相指控對方的易受騙性。

14 Marcuse, 1966, pp. 46, 15; see also Abercrombie, Hill, & Turner, 1980. 關於「宰制意識型態」扮演角色更細微的呈現，參見安東尼奧．葛蘭西（Antonio Gramsci）（想了解介紹，參見 Hoare & Sperber, 2015）。

15 Stanley, 2015, p. 27.

16 Paul Waldman, "Trump and republicans treat their voters like morons," *Washington Post,* July 26, 2017, https://www.washingtonpost.com/blogs/plum-line/wp/2017/07/26/trump-and-republicans-treat-their-voters-like-morons/.

17 Asch, 1956. 圖｜資料來源：https://en.wikipedia.org/wiki/Asch_conformity_experiments#/media/File:Asch_experiment.svg (accessed November 21, 2018), CCBY-SA 4.0。

18 Moscovici, 1985, p. 349, cited by Friend, Rafferty, & Bramel, 1990.

19 Milgram, Bickman, & Berkowitz, 1969.

20 Milgram, 1974.

21 Perry, 2013, location 145.

22 Brennan, 2012, p. 8.

23 Gilbert, Krull, & Malone, 1990, p. 612.

24 Heraclitus, 2001, fragment 111.

25 David Robson, "Why are people so incredibly gullible?," BBC, March 24, 2016, http://www.bbc.com/future/story/20160323-why-are-people-so-incredibly-gullible.

26 阿希的情況其實並非如此：參見 Friend et al., 1990。

27 Hirschfeld, 2002. 雖然就大多數對兒童關注度不高的人類學家而言可能如此，但在人類學和社會心理學中，關於同化的作用也有長久而強大的傳統（如 Linton, 1963）。

28 Boyer, 1994, p. 22.

29 Strauss & Quinn, 1997, p. 23.

30 Dawkins, 2010, p. 134.

31 See Henrich, 2015.

32 Boyd & Richerson, 1985; Richerson & Boyd, 2005. 他們的研究主要集中在物質文化，因此易受騙性的問題可能不如傳播學那麼迫切。

33 E.g., Barkow, Cosmides, & Tooby, 1992; Pinker, 1997.

34 Henrich, 2015.

35 關於拉蘭德的社交學習策略，參見如 Laland, 2004。

36 或是順從者的傳遞（Conformist Transmission），一個「根據頻率有所偏見的」家庭成員；參見 Boyd & Richerson, 1985；Henrich & Boyd, 1998。關於這些策略是否有用，近期的批評意見參見 Grove, 2018。

37 Henrich & Gil-White, 2001；關於近期證據回顧，參見 Jiménez & Mesoudi, 2019。

38 K. Hill & Kintigh, 2009.

39 Richerson & Boyd, 2005, pp. 162-167, 187.

40 Boyd & Richerson, 1985, pp. 204ff; see also Nunn & Sanchez de la Sierra, 2017（對此條目的批評，參見 Lou Keep, "The use and abuse of witchdoctors for life," *Samzdat*, June 19, 2017, https://samzdat.com/2017/06/19/the-use-and-abuse-of-witchdoctors-for-life/）。

41 Henrich, 2015, p. 49.

42 Richerson & Boyd, 2005, p. 124.

43 Boyd & Richerson, 2005.

44 Boyd & Richerson, 2005, p. 18.

45 Marx & Engels, 1970, p. 64.

第二章

1 Caro, 1986a.

2 Ostreiher & Heifetz, 2017; Sommer, 2011.

3 參考資料見 Haig, 1993。

4 Wray, Klein, Mattila, & Seeley, 2008，顯示先前相反的結果（Gould & Gould, 1982）實屬人為。See also Dunlap, Nielsen, Dornhaus, & Papaj, 2016.

5 Scott-Phillips, 2008, 2014; Scott-Phillips, Blythe, Gardner, & West, 2012.

6 Seyfarth, Cheney, & Marler, 1980.

7 Nishida et al., 2006.

8 Dawkins & Krebs, 1978; Krebs & Dawkins, 1984; Maynard Smith & Harper, 2003.

9 Haig, 1993, 1996.

10 Haig, 1993, p. 511.

11 Blumstein, Steinmetz, Armitage, & Daniel, 1997. 對長尾猴來說，能讓警告叫聲保持穩定的機制之一是，可以學會忽略不可靠警告叫聲者的訊號，從而讓不誠實的代價保持在較低水準，也為發出警告叫聲者發送誠實信號提供動力（Cheney & Seyfarth, 1988）。

12 J. Wright, 1997; J. Wright, Parker, & Lundy, 1999.

13 See C. T. Bergstrom & Lachmann, 2001.

14 O. Hasson, 1991.

15 Caro, 1986b.

16 關於後續證據，參見 Caro, 1986a, 1986b；FitzGibbon & Fanshawe, 1988。

17 Nelissen & Meijers, 2011.

18 E.g., Henrich, 2009; Iannaccone, 1992.

19 E. A. Smith & Bird, 2000.

20 See, e.g., Higham, 2013.

21 Borgia, 1985. 更多參考資料，參見 Madden, 2002。

22 Zahavi & Zahavi, 1997.

23 Borgia, 1993.

24 Madden, 2002.

第三章

1 Dubreuil, 2010; Sterelny, 2012.

2 Dediu & Levinson, 2018；Hoffmann et al., 2018; see also Andrew Lawler, "Neandertals, Stone Age people may have voyaged the Mediterranean," *Science*, April 24, 2018, http://www.sciencemag.org/news/2018/04/neandertals-stone-age-people-may-have-voyaged-mediterranean.

3 斯波伯與同僚在二〇一〇年的文章中說明這一點：Sperber et al., 2010；另可參見 Clément, 2006；Harris, 2012；O. Morin, 2016。

4 Cited in Carruthers, 2009, p. 175.

5 Anthony, 1999.

6 Cited in Carruthers, 2009, p. 192.

7 《生活》（*Life*）雜誌，引用參見 Carruthers, 2009, p. 192。

8 Pratkanis & Aronson, 1992, chap. 34.

9 Pratkanis & Aronson, 1992, chap. 34.

10 Reicher, 1996.

11 Cited in Barrows, 1981, p. 48.

12 Cited in Barrows, 1981, p. 47.

13 Taine, 1876, p. 226.

14 F. G. Robinson, 1988, p. 387

15 Paul Waldman, "Trump and Republicans treat their voters like morons," *Washington Post*, July 26, 2017, https://www.washingtonpost.com/blogs/plum-line/wp/2017/07/26/trump-and-republicans-treat-their-voters-like-morons/; Jason Brennan, "Trump won because voters are ignorant, literally," *Foreign Policy*, November 10, 2016, http://foreignpolicy.com/2016/11/10/the-dance-of-the-dunces-trump-clinton-election-republican-democrat/.

16 Peter Kate Piercy, "Classist innuendo about educated Remain voters and the 'white man van' of Leave has revealed something very distasteful about Britain," *Independent*, June 20, 2016, http://www.independent.co.uk/voices/classist-innuendo-about-educated-remain-voters-and-the-white-van-men-of-leave-has-revealed-something-a7091206.html.

17 Zimbardo, Johnson, & McCann, 2012, p. 286.

18 Myers, 2009, p. 263.

19 Bonnefon, Hopfensitz, & De Neys, 2017; Todorov, Funk, & Olivola, 2015.

20 這些雙軌模式有很多問題，我和斯波伯之前曾批評這些問題；參見 Mercier & Sperber, 2017。

21 Frederick, 2005.

22 不過大多數人只有在別人解釋正確答案後才會這麼做，大部分說出正確答案的人都是靠著自己的直覺；參見 Bago & De Neys, 2019。

23 Gilbert et al., 1990; Gilbert, Tafarodi, & Malone, 1993.

24 Gilbert et al., 1993.

25 Kahneman, 2011, p. 81.

26 Gervais & Norenzayan, 2012.
27 Aarnio & Lindeman, 2005; Pennycook, Cheyne, Seli, Koehler, & Fugelsang, 2012.
28 Tyndale-Biscoe, 2005, p. 234.
29 Ratcliffe, Fenton, & Galef, 2003.
30 Rozin, 1976, p. 28.
31 Rozin, 1976.
32 Garcia, Kimeldorf, & Koelling, 1955.
33 Rozin, 1976, p. 26.
34 Rozin, 1976.
35 Cheney & Seyfarth, 1990.
36 de Waal, 1982.
37 Cheney, Seyfarth, & Silk, 1995.
38 Desrochers, Morissette, & Ricard, 1995.
39 Tomasello, Call, & Gluckman, 1997.
40 J. Wood, Glynn, Phillips, & Hauser, 2007.
41 我之前就提過的論點，參見 Mercier, 2013。
42 Carruthers, 2009.
43 Alexander & Bruning, 2008; Meissner, Surmon-Böhr, Oleszkiewicz, & Alison, 2017.
44 Pratkanis & Aronson, 1992.

45 Pratkanis & Aronson, 1992; see also Trappey, 1996.

46 Strahan, Spencer, & Zanna, 2002. 關於下意識影響的實驗可能並不完全可靠，因為很多實驗都會陷入複製爭議，就是即使得到一次結果，也不知道能否再次得到相同的結果，所以最初的結果可能是統計學上的僥倖結果（如 Open Science Collaboration, 2015）。

47 Richter, Schroeder, & Wöhrmann, 2009.

48 U. Hasson, Simmons, & Todorov, 2005.

49 Kahneman, 2011, p. 81.

50 B. Bergstrom & Boyer, submitted. 更多爭議，參見 Isberner & Richter, 2013, 2014；Sklar et al., 2012；Wiswede, Koranyi, Müller, Langner, & Rothermund, 2012。

51 Gervais et al., 2018.

52 Majima, 2015.

53 Mascaro & Morin, 2014.

54 Couillard & Woodward, 1999.

55 Mascaro & Morin, 2014.

第四章

1 Nyhan & Reifler, 2010.

2 Nyhan & Reifler, 2015.

3 Bonaccio & Dalal, 2006；Yaniv, 2004；舉例來說，在 Yaniv & Kleinberger, 2000 中能找到三分之一的數字，這其實有點誤導。其實在每一項上，都有三分之二的人不改變自己的想法，三分之一的人都會毫不區分地採納另一種意見（做為第一近似（First

Approximation）〕。人們傾向於選擇兩種意見中的一種（自己的意見或另一個人的意見），而不是在兩種意見中取平均值，也就是次佳的（Larrick & Soll, 2006）。

4 T. Wood & Porter, 2016.

5 Aird, Ecker, Swire, Berinsky, & Lewandowsky, 2018; Chan, Jones, Hall Jamieson, & Albarracin, 2017; De Vries, Hobolt, & Tilley, 2018; Dixon, Hmielowski, & Ma, 2017; Dockendorff & Mercier, in preparation; Ecker, O'Reilly, Reid, & Chang, 2019; Facchini, Margalit, & Nakata, 2016; Grigorieff, Roth, & Ubfal, 2018; Guess & Coppock, 2015, 2018; S. J. Hill, 2017; Hopkins, Sides, & Citrin, 2019; J. W. Kim, 2018; Leeper & Slothuus, 2015; Nair, 2018; Nyhan, Porter, Reifler, & Wood, 2017; Tappin & Gadsby, 2019; van der Linden, Maibach, & Leiserowitz, 2019; Walter & Murphy, 2018.

6 當任務很明確時，人對於這件事就不太在行的證據，參見 Dewitt, Lagnado, & Fenton, submitted。

7 See Thagard, 2005.

8 感謝珍妮佛．奈吉（Jennifer Nagel）介紹給我。

9 Trouche, Sander, & Mercier, 2014.

10 Claidière, Trouche, & Mercier, 2017.

11 Mercier, 2012; Mercier, Bonnier, & Trouche, 2016; Mercier & Sperber, 2011, 2017.

12 Sperber & Mercier, 2018.

13 Plato, *Meno*, Jowett translation, https://en.wikisource.org/wiki/Meno (accessed on July 28, 2019).

14 有一些例外：人們可能會想為自己的觀點辯解（展現自己的理性），或在自己說的話被證明是錯誤的情況下，限制自己暴露在風險中的程度：參見 Mercier & Sperber, 2017。

15 Liberman, Minson, Bryan, & Ross, 2012; Minson, Liberman, & Ross, 2011.

16 參考資料參見 Mercier, 2016a。

17 Trouche, Shao, & Mercier, 2019；關於兒童的證據，參見 Castelain, Bernard, Van der Henst, & Mercier, 2016。

18 回顧評論參見 Hahn & Oaksford, 2007；Petty & Wegener, 1998；觀察證另可參見 Priniski & Horne, 2018。其他實驗似乎表明，當我們評估挑戰自己信念的論點時，是懷有偏見的（如 Edwards & Smith, 1996；Greenwald, 1968；Taber & Lodge, 2006）。然而也可以說，這種表面上的偏見源於論點的產生，而不是對論點的評價，暗示對論點的評價實際上是沒有偏見的（Mercier, 2016b；Trouche et al., 2019）。

19 "Incompleteness theorems," Wikipedia, https://en.wikipedia.org/wiki/G%C3%B6del%27s_incompleteness_theorems (accessed April 24, 2019).

20 Mancosu, 1999.

21 Planck, 1968, pp. 33–34.

22 Nitecki, Lemke, Pullman, & Johnson, 1978; Oreskes, 1988. 其他範例參見 Cohen, 1985；Kitcher, 1993；Wootton, 2015。

23 Mercier & Sperber, 2017, chap. 17.

24 Mansbridge, 1999.

25 引用、翻譯與討論參見 Galler, 2007。

26 Shtulman, 2006; Shtulman & Valcarcel, 2012.

27 Miton & Mercier, 2015.

28 Durbach, 2000, p. 52.

29 Elena Conis, "Vaccination Resistance in Historical Perspective," The American Historian, http://tah.oah.org/issue-5/vaccination-resistance/ (accessed July 17, 2018).

30 M. J. Smith, Ellenberg, Bell, & Rubin, 2008.

31 Boyer & Petersen, 2012, 2018; van Prooijen & Van Vugt, 2018.

第五章

1 "'Je devais aller à Bruxelles, je me suis retrouvée à Zagreb': l'incroyable périple en auto de Sabine, d'Erquelinnes," Sudinfo, January 11, 2013, https://www.sudinfo.be/art/640639/article/regions/charleroi/actualite/2013-01-11/%C2%ABje-devais-aller-a-bruxelles-je-me-suis-retrouvee-a-zagreb%C2%BB-l-incroyable-p.

2 E. J. Robinson, Champion, & Mitchell, 1999. 關於兒童如何評估證詞的大量研究回顧評論，參見 Clément, 2010；Harris, 2012；Harris, Koenig, Corriveau, & Jaswal, 2018。

3 Castelain, Girotto, Jamet, & Mercier, 2016; Mercier, Bernard, & Clément, 2014; Mercier, Sudo, Castelain, Bernard, & Matsui, 2018.

4 關於人們認為告訴自己已贊同的事的人更值得信任，參見 Collins, Hahn, von Gerber, & Olsson, 2018。

5 Choleris, Guo, Liu, Mainardi, & Valsecchi, 1997.

6 See Analytis, Barkoczi, & Herzog, 2018.

7 Malkiel & McCue, 1985; Taleb, 2005.

8 K. Hill & Kintigh, 2009.

9 或是在小規模社會的釣魚，參見 Henrich & Broesch, 2011。

10 Howard, 1983; Sternberg, 1985. 兩者的支持數據都不多。

11 這個立場是獲得支持的，例如在學習的轉移效應方面之弱點，這是二十世紀初約翰・桑戴克（John Thorndyke）就已經承認的現象：「心智已經特化出許多獨立的能力，因此我們只在很小的地方改變人的本性」（1917, p. 246）。近期的參考資料，參見 Sala et al., 2018；Sala & Gobet, 2017, 2018。

12 Kushnir, Vredenburgh, & Schneider, 2013; VanderBorght & Jaswal, 2009.

13 Keil, Stein, Webb, Billings, & Rozenblit, 2008; Lutz & Keil, 2002.
14 Stibbard-Hawkes, Attenborough, & Marlowe, 2018.
15 Brand & Mesoudi, 2018.
16 Huckfeldt, 2001, see also Katz & Lazarsfeld, 1955; Lazarsfeld, Berelson, & Gaudet, 1948.
17 Kierkegaard, 1961, p. 106.
18 Mark Twain, *The complete works of Mark Twain*, p. 392, Archive.org, https://archive.org/stream/completeworksofm22twai/completeworksofm22twai_djvu.txt (accessed July 19, 2018).
19 Mercier, Dockendorff, & Schwartzberg, submitted.
20 Condorcet, 1785.
21 Galton, 1907; see also Larrick & Soll, 2006. 高爾頓實際上使用的是中位數，而不是平均數，因為手算平均數是不可能的（感謝愛蜜莉・賽文—史萊伯（Emile Servan-Schreiber）指出這一點）。
22 Surowiecki, 2005.
23 圖一資料來源：https://xkcd.com/1170/ (accessed June 24, 2019)。
24 Conradt & List, 2009; Conradt & Roper, 2003.
25 Strandburg-Peshkin, Farine, Couzin, & Crofoot, 2015.
26 Hastie & Kameda, 2005.
27 T.J.H. Morgan, Rendell, Ehn, Hoppitt, & Laland, 2012.
28 Mercier & Morin, 2019.
29 Mercier & Morin, 2019.
30 Dehaene, 1999.

31 評論參見 Mercier & Morin, 2019。

32 E.g., Maines, 1990.

33 Mercier & Miton, 2019.

34 J. Hu, Whalen, Buchsbaum, Griffiths, & Xu, 2015; but see Einav, 2017.

35 評論參見 Mercier & Morin, 2019。

36 See Friend et al., 1990; Griggs, 2015.

37 關於經典的資訊性／規範性從眾的差異，參見 Deutsch & Gerard, 1955；關於這方面的困難，參見 Hodges & Geyer, 2006。關於兒童身上相似的結果，參見 Corriveau & Harris, 2010；Haun & Tomasello, 2011。

38 Allen, 1965, p. 143. 此外，他也提出其他實驗，顯示人們如果再次被問到相同的問題，而小組不在場時，就會恢復正確答案。

39 Asch, 1956, p. 56.

40 Asch, 1956, p. 47.

41 Gallup, Chong, & Couzin, 2012; Gallup, Hale, et al., 2012.

42 Clément, Koenig, & Harris, 2004.

43 關於能力，參見 Bernard, Proust, & Clément, 2015。

44 關於捉弄新人的無理要求，清楚描述參見 Umbres, 2018。

第六章

1 DePaulo et al., 2003.

2 Freud, 1905, p. 94; cited in Bond, Howard, Hutchison, & Masip, 2013.

3 清朝：Conner, 2000, p. 142；古印度：Rocher, 1964, p. 346；歐洲中世紀：Ullmann, 1946; Robisheaux, 2009, p. 206；二十世紀美國：Underwood, 1995, pp. 622ff.

4 Kassin & Gudjonsson, 2004，引述 Inbau, Reid, Buckley, & Jayne, 2001 的教科書。

5 E.g., Ekman, 2001, 2009.

6 Weinberger, 2010. 關於微表情訓練不管用的直接證據，參見 Jordan et al., in press。

7 Porter & ten Brinke, 2008.

8 ten Brinke, MacDonald, Porter, & O'Connor, 2012.

9 DePaulo, 1992.

10 DePaulo et al., 2003; Hartwig & Bond, 2011; Vrij, 2000.

11 Hartwig & Bond, 2011.

12 Honts & Hartwig, 2014, p. 40; see also Foerster, Wirth, Herbort, Kunde, & Pfister, 2017; Luke, in press; Raskin, Honts, & Kircher, 2013; Roulin & Ternes, 2019. 最近有研究顯示，人們無法區分實際的情感尖叫和假裝的尖叫：Engelberg & Gouzoules, 2019。

13 評論參見 Bond & DePaulo, 2006；另可參見 Bond, 2008。

14 Levine, 2014; see also Gilbert, 1991.

15 E.g., DePaulo, Kashy, Kirkendol, Wyer, & Epstein, 1996. 在其他文化中說謊的頻率高得多，因此人們對說謊的可能性更敏感（如 Gilsenan, 1976）。

16 Reid, 1970, chap. 24.

17 See, e.g., Helen Klein Murillo, "The law of lying: Perjury, false statements, and obstruction," Lawfare, March 22, 2017, https://www.lawfareblog.com/law-lying-perjury-false-statements-and-obstruction.

18 就某種程度而言，這代表人們不該有太大的壓力來自我欺騙（contra Simler & Hanson, 2017；von Hippel & Trivers, 2011）。如果無論是否蓄意提供不良的資訊都會受到相同懲罰，就不需要自我欺騙了；參見 Mercier, 2011。

19 E.g., Birch & Bloom, 2007.

20 從開放警覺性的角度來看，還值得注意的是，無論我們期望某人多麼勤奮，充其量只代表他們的意見會被認為和我們的一樣有價值。只有當我們還有其他理由相信他們時，如他們更有能力、有很好的理由，才應該往他們告訴我們的方向偏向五〇%以上。

21 Sniezek, Schrah, & Dalal, 2004.

22 Gino, 2008.

23 Gendelman, 2013.

24 事實上，誘因的一致大概只在一開始扮演關鍵性角色，接下來描述的機制，則是後來他們合作和持續友好的主要動力。

25 Reyes-Jaquez & Echols, 2015.

26 這很可能是猩猩根本不關心「指」動作的原因：牠們假設個體的指物動作不是合作，而是競爭的表現。

27 Mills & Keil, 2005; see also Mills & Keil, 2008.

28 Meissner & Kassin, 2002; Street & Richardson, 2015.

29 這個問題會因為知道其他人的誘因很困難而更複雜，我們最好抱持謹慎的態度，認為在沒有明確相反證據的情況下，對方的誘因與我們的不符，導致溝通的可能性更低。

30 Frank, 1988.

31 嚴格來說，每個可能對話對象都有意見，這和他們的聲譽可能不一樣，因為聲譽是對說話者有共識的意見；Sperber & Baumard, 2012。

32 Boehm, 1999.

33 Baumard, André, & Sperber, 2013.

34 相關論點參見 Shea et al., 2014。

35 Van Zant & Andrade, submitted.

36 Brosseau-Liard & Poulin-Dubois, 2014; see also e.g., Matsui, Rakoczy, Miura, & Tomasello, 2009. 針對成人的結果，參見 Bahrami et al., 2010；Fusaroli et al., 2012；Pulford, Colman, Buabang, & Krockow, 2018。

37 Tenney, MacCoun, Spellman, & Hastie, 2007; Tenney et al., 2008, 2011. 有些研究顯示，人們不會根據過去是否過度自信而調整對他人的信任（Anderson, Brion, Moore, & Kennedy, 2012；J. A. Kennedy, Anderson, & Moore, 2013）。然而就算這些研究也顯示，過度自信說話者的信任度會降低，還很可能隨著說話者繼續過度自信而持續下降（參見 Vullioud, Clément, Scott-Phillips, & Mercier, 2017）。

38 Vullioud et al., 2017. 我們也顯示，如果人們對說話者的信任是出於表達消息來源以外的原因，一旦說話者被證明是錯誤的，人們對他的信任度就會降低。

39 Boehm, 1999; Chagnon, 1992; Safra, Baumard, & Chevallier, submitted.

40 E.g., Kam & Zechmeister, 2013; Keller & Lehmann, 2006.

41 Amos, Holmes, & Strutton, 2008.

42 Laustsen & Bor, 2017.

43 Amos et al., 2008.

44 Knittel & Stango, 2009.

45 關於承諾，如 Artés, 2013；Pomper & Lederman, 1980；Royed, 1996；關於貪腐：Costas-Pérez, Solé-Ollé, & Sorribas-Navarro, 2012。

第七章

1 Rankin & Philip, 1963, p. 167. 坦干伊加之後的情況基本上是根據此篇論文所知，亦可參見 Ebrahim, 1968。

2 See, e.g., Evans & Bartholomew, 2009.

3 Susan Dominus, "What happened to the girls in Le Roy," *New York Times Magazine*, March 7, 2012, https://www.nytimes.com/2012/03/11/magazine/teenage-girls-twitching-le-roy.html.

4 Rankin & Philip, 1963, p. 167.

5 Le Bon, 1897.

6 Tarde, 1892, p. 373（作者譯）。

7 Sighele, 1901, p. 48（作者譯）。

8 See Warren & Power, 2015.

9 A. Brad Schwartz, "Orson Welles and history's first viral-media event," *Vanity Fair*, April 27, 2015, https://www.vanityfair.com/culture/2015/04/broadcast-hysteria-orson-welles-war-of-the-worlds.

10 Moorehead, 1965, p. 226.

11 Coviello et al., 2014; Kramer, Guillory, & Hancock, 2014.

12 Canetti, 1981, p. 77.

13 Sighele, 1901, p. 190（作者譯）。

14 Le Bon, 1900, p. 21（作者譯）。

15 Lanzetta & Englis, 1989.

16 Dimberg, Thunberg, & Elmehed, 2000.

17 Dezecache et al., submitted.

18 Hatfield, Cacioppo, & Rapson, 1994, p. 5.

19 Cited in Sighele, 1901, p. 59（作者譯）；更近期的參考資料，參見 Moscovici, 1981。

20 Frank, 1988; Sell, Tooby, & Cosmides, 2009.

21 Burgess, 1839, p. 49.

22 Frank, 1988.

23 確實這項策略似乎有用；參見 Reed, DeScioli, & Pinker, 2014。

24 Frank, 1938, p. 121; see also Owren & Bachorowski, 2001.

25 Fodor, 1983.

26 意識控制的事比我們一般相信的多，好演員能隨意控制臉部表情，有些人甚至能有意識地影響毛髮豎立（Heathers, Fayn, Silvia, Tiliopoulos, & Goodwin, 2018）。

27 Dezecache, Mercier, & Scott-Phillips, 2013.

28 Tamis-LeMonda et al., 2008; see also G. Kim & Kwak, 2011.

29 Chiarella & Poulin-Dubois, 2013; see also Chiarella & Poulin-Dubois 2015.

30 Hepach, Vaish, & Tomasello, 2013.

31 Lanzetta & Englis, 1989.

32 Zeifman & Brown, 2011.

33 Hofman, Bos, Schutter, & van Honk, 2012.

34 Weisbuch & Ambady, 2008; see also Han, 2018.

35 更多參考資料，參見 Dezecache et al., 2013；Norscia & Palagi, 2011。

36 Campagna, Mislin, Kong, & Bottom, 2016.

37 關於這個類比有多糟，參見 Warren & Power, 2015。

38 Crivelli & Fridlund, 2018.

39 McPhail, 1991; see O. Morin, 2016.

40 類似的論點參見 "Beyond contagion:Social identity processes in involuntary social influence," *Crowds and Identities: John Drury's Research Group*, University of Sussex, http://www.sussex.ac.uk/psychology/crowdsidentities/projects/beyondcontagion (accessed July 20, 2018)。

41 本節根據 Boss, 1997。

42 Dominus, "What happened to the girls in Le Roy."

43 Evans & Bartholomew, 2009, see also Ong, 1987; Boss, 1997, p. 237.

44 Lopez-Ibor, Soria, Canas, & Rodriguez-Gamazo, 1985, p. 358.

45 Couch, 1968; Drury, Novelli, & Stott, 2013; McPhail, 1991; Schweingruber & Wohlstein, 2005.

46 Taine, 1885 book 1, chap. V.

47 Rudé, 1959.

48 Barrows, 1981.

49 Barrows, 1981.

50 如 J. Barker, 2014；更廣義的內容參見 Hernon, 2006。

51 Cited in White, 2016.

52 Klarman, 2016.

53 Wang, 1995, p. 72.

54 Taine, 1876, p. 241.

55 McPhail, 1991，尤其是 pp. 44ff.；Tilly & Tilly, 1975。

56 此外，這是一種階段性的變化，需要有多少人的行為已經很糟糕，才會讓一個人的行為變得很糟糕，使得這種現象看起來就像雪崩式影響，但實際上根本發生沒有（直接的）影響；參見 Granovetter, 1978。

57 在此主要參見 Dezecache, 2015 與 Mawson, 2012，尤其是 pp. 234ff.。

58 Jefferson Pooley and Michael J. Sokolow, "The myth of the *War of the Worlds* panic," October 28, 2013, *Slate*, http://www.slate.com/articles/arts/history/2013/10/orson_welles_war_of_the_worlds_panic_myth_the_infamous_radio_broadcast_did.html. See also Lagrange, 2005.

59 Janis, 1951.

60 Schultz, 1964.

61 Proulx, Fahy, & Walker, 2004.

62 Dezecache et al., submitted.

63 Dezecache et al., submitted; see also Johnson, 1988.

64 R. H. Turner & Killian, 1972.

65 McPhail, 2007.

66 Aveni, 1977; Johnson, Feinberg, & Johnston, 1994; McPhail & Wohlstein, 1983.

67 參考資料參見 Mawson, 2012, pp. 143ff.。

第八章

1 本章與下一章取自 Mercier, 2017。「最糟糕的敵人」源於 Signer 2009。

2 Signer, 2009, pp. 40–41.

3 Thucydides, *The History of the Peloponnesian War,* http://classics.mit.edu/Thucydides/pelopwar.mb.txt (accessed November 23, 2018).

4 See "Mytilenean revolt," Wikipedia, https://en.wikipedia.org/wiki/Mytilenean_revolt (accessed November 23, 2018).

5 Thucydides, *The History of the Peloponnesian War*, 3.37, http://classics.mit.edu/Thucydides/pelopwar.mb.txt (accessed November 23, 2018).

6 *Republic*, Book VIII, 565a, trans.Jowett; see also 488d, http://classics.mit.edu/Plato/republic.9.viii.html (accessed November 23, 2018).

7 "Cleon," in William Smith (Ed.), *A dictionary of Greek and Roman biography and mythology*, http://www.perseus.tufts.edu/hopper/text?doc=Perseus:text:1999.04.0104:entry=cleon-bio-1 (accessed November 23, 2018).

8 "Cleon."

9 Whedbee, 2004.

10 參見尤其是 Kershaw, 1983b。

11 Kershaw, 1987; see also Kershaw, 1983b, 1991.

12 Kershaw, 1987, p. 46.

13 Kershaw, 1987, p. 46.

14 Selb & Munzert, 2018, p. 1050.

15 Kershaw, 1987, pp.61, 123; see also Voigtländer & Voth, 2014.

16 Kershaw, 1987, p. 146.
17 Kershaw, 1987, pp. 187-188.
18 Kershaw, 1987, pp. 194ff.
19 Kershaw, 1987, p. 147.
20 Kershaw, 1987, pp. 233ff.
21 參見如 Wang, 1995，關於毛澤東。
22 這種類比的發展參見 Watts, 2011, pp. 96-97。
23 這種說法來自 Peires, 1989。
24 Peires, 1989, location 2060-2062.
25 Peires, 1989, location 363-365.
26 Peires, 1989, locations 1965-1966, 1921-1923.
27 Peires, 1989, location 1923-1927.
28 Peires, 1989, location 4257-4262.
29 Peires, 1989, location 4262-4264.
30 Peires, 1989, locations 2550-2552, 2078-2081.
31 Peires, 1989, location 3653-3657.
32 Peires, 1989, locations 2524-2526, 3672-3676.
33 Peires, 1989, locations 3699-3700, 4369-4370.
34 Peires, 1989, location 46-49.

35 Stapleton, 1991.

36 Peires, 1989, location 4483-4486.

37 Stapleton, 1991, p. 385.

38 Peires, 1989, location 4577-4582.

39 Cohn, 1970, p. 66；關於「兒童十字軍」參見 Dickson, 2007。

40 Weber, 2000; see also Barkun, 1986; Hall, 2013.

41 Lanternari, 1963; Hall, 2013, p. 3; see also Barkun, 1986.

42 Hall, 2009.

43 關於科薩人，參見 Peires, 1989, location 1106-1108；一般性描述參見 Hall, 2009。

44 Hall, 2009; see also Scott, 1990, p. 101，他說明「歐洲與東南亞各地……」如何「在文化與宗教支系方面有很大的不同，卻都有悠久傳統讓公正的君主或宗教救贖者回歸。」

45 使徒行傳 2:41，英文標準譯本（English Standard Version）。

46 Lawlor & Oulton, 1928, 3.37.3.

47 MacMullen, 1984, p. 29; cited in Stone, 2016.

48 E.g., Abgrall, 1999; cited in Anthony, 1999.

49 Stark, 1996.

50 Stark, 1984.

51 E. Barker, 1984.

52 Iannaccone, 2006（本節主要根據此論文），取自 E. Barker, 1984。

53 E. Barker, 1984.

54 E. Barker, 1984, p. 8

55 Stark & Bainbridge, 1980; David A. Snow & Phillips, 1980; Le Roy Ladurie, 2016, location 847-849；回顧評論，參見 Robbins, 1988；Stark & Bainbridge, 1980。

56 Anthony, 1999, p. 435.

57 Stark, 1996, p. 178; see also Power, 2017.

58 Stark, 1996, chap. 8.

59 Iannaccone, 2006, p. 7.

60 Murray, 1974, p. 307.

61 關於這個觀點的詳細闡述與批評，參見 Abercrombie et al., 1980（部分也取材自此論文）。

62 Marx & Engels, 1970.

63 對於這個觀點的一般批評，參見 Abercrombie et al., 1980；Delumeau, 1977；Le Bras, 1955；Stark, 1999；K. Thomas, 1971。

64 Murray, 1974, p. 299.

65 Murray, 1974, p. 304.

66 Murray, 1974, p. 305.

67 Murray, 1974, p. 318.

68 Murray, 1974, pp. 305, 320. 羅曼斯絕對不是唯一哀嘆信徒拒絕基督信仰教義的傳道者；更多例子參見 Pettegree, 2014, pp. 27, 128, 135, 137。

69 Le Roy Ladurie, 2016, location 666-673; see also Ekelund, Tollison, Anderson, Hébert, & Davidson, 1996。

70 Cohn, 1970; Dickson, 2007.

71 Cohn, 1970, p. 80.

72 Cohn, 1970, p. 80.

73 Delumeau, 1977, p. 225; see also MacMullen, 1999; K. Thomas, 1971.

74 Le Roy Ladurie, 2016, locations 947–952, 985–987.

75 Murray, 1974, p. 318. 官方的宗教教義從未被很好地接受，輸給更直覺的傳統習俗，這是宗教人類學中的一個真理。更多與中世紀基督信仰有關的例子，參見如 Ginzburg, 2013。

76 Murray, 1974, pp. 307, 320.

77 關於印度教與種姓制度，參見 Berreman, 1971；Harper, 1968；Juergensmeyer, 1980；Khare, 1984；Mencher, 1974。

78 Scott, 1990, 2008.

79 Scott, 2008, p. 29；關於南北戰爭前南方黑奴的部分，參見 Genovese, 1974。

第九章

1 Hitler (1339); available at Project Gutenberg, http://gutenberg.net.au/ebooks02/0200601.txt. 引述可見於 "Propaganda in Nazi Germany," *Wikipedia*, https://en.wikipedia.org/wiki/Propaganda_in_Nazi_Germany (both accessed November 23, 2018)。

2 Kershaw, 1983a, p. 191.

3 Voigtländer & Voth, 2015.

4 關於這個過程的其他例子，參見 Bursztyn, Egorov, & Fiorin, 2019。

5 Adena, Enikolopov, Petrova, Santarosa, & Zhuravskaya, 2015, p. 1885.

6 Kershaw, 1983a, p. 191.
7 Kershaw, 1983a; Kuller, 2015.
8 Kershaw, 1983a, p. 188.
9 Salter, 1983.
10 Stout, 2011, pp. 4, 31; see also Kallis, 2008; Kershaw, 1983a.
11 Kershaw, 1983a, 1987.
12 Kershaw, 1983a, p. 199.
13 See Mawson, 2012, p. 141.
14 Mawson, 2012, p. 141.
15 Stout, 2011.
16 Kershaw, 1983a, p. 200.
17 Brandenberger, 2012.
18 Davies, 1997, pp. 6-7. 俄羅斯人也有許多嘲弄該政權的精彩笑話，參見如 "Russian political jokes," Wikipedia, https://en.wikipedia.org/wiki/Russian_political_jokes#Communism (accessed March 28, 2019)。
19 Rose, Mishler, & Munro, 2011; B. Silver, 1987.
20 Peisakhin & Rozenas, 2018.
21 Wang, 1995.
22 Wang, 1995, p. 277.
23 X. Chen & Shi, 2001; see also Gang & Bandurski, 2011.

24 Osnos, 2014, location 2330–2333.

25 Osnos, 2014, location 3965–3966.

26 Huang, 2017.

27 Osnos, 2014, location 4657–4663.

28 Roberts, 2018, p. 218.

29 King, Pan, & Roberts, 2017.

30 Márquez, 2016, pp.137–138, cited by Aguilar, 2009; Pfaff, 2001; Tismaneanu, 1989.

31 相關範例參見 Blakeslee, 2014；Petrova & Yanagizawa-Drott, 2016。

32 Kershaw, 1987, p. 80.

33 Demick, 2010.

34 Osnos, 2014, location 606–609.

35 Ezra Klein, "Trump has given North Korea 'the greatest gift ever,'" *Vox*, January 2, 2018, https://www.vox.com/2017/12/21/16803216/north-korea-trump-war.

36 檢視參見 J. J. Kennedy, 2009。

37 "China lifting 800 million people out of poverty is historic: World Bank," *Business Standard*, October 13, 2017, https://www.business-standard.com/article/international/china-lifting-800-million-people-out-of-poverty-is-historic-world-bank-117101300027_1.html；在納粹使用胡蘿蔔方面，參見質疑意見 Aly, 2007.

38 Kershaw, 1983a, p. 196.

39 "Cost of Election," OpenSecrets.org, https://www.opensecrets.org/overview/cost.php (accessed July 6, 2018).

40 參考資料參見如 O'Donnell & Jowett, 1992。

41 E.g., Lasswell, 1927.

42 由克拉柏根據卡爾·賀夫蘭（Carl Hovland）在一九五四年的研究，於一九六〇年命名；Lazarsfeld et al., 1948。

43 Klapper, 1960, p. 15, cited by Arceneaux & Johnson, 2013.

44 See, e.g., Iyengar & Kinder, 1987; Gamson, 1992.

45 Arceneaux & Johnson, 2013.

46 Lenz, 2009.

47 See Lenz, 2013; see also, e.g.,Broockman & Butler, 2017; Carlsson, Dahl, & Rooth, 2015.

48 Berelson, Lazarsfeld, McPhee, & McPhee, 1954; Huckfeldt, Pietryka, & Reilly, 2014; Katz, 1957.

49 Chiang & Knight, 2011; Ladd & Lenz, 2009.

50 Kalla & Broockman, 2018，也包括利用說服辨識策略研究的一些數據，接近隨機實驗。

51 See also Broockman & Green, 2014; Durante & Gutierrez, 2014; S. J. Hill, Lo, Vavreck, & Zaller, 2013.

52 參考資料參見 Kalla & Broockman, 2018；另可參見 Bekkouche & Cagé, 2018。

53 卡拉和布洛克曼確實指出這種模式的一些例外（雖然它們可能也是統計上的僥倖）。當政治活動成功提供意外的資訊給目標選民，並且該資訊對這些選民來說特別切身時，可能會有少量的效果。例如在一項研究中，政治活動成功將目標鎖定在支持選擇（反對墮胎限制）的選民，並寄發傳單，告知他們原本期待支持的候選人其實並不支持（Rogers & Nickerson, 2013），這則資訊對這些選民有少量但重要的影響。該政治活動所做的，基本上就是代替媒體。

54 Carole Cadwalladr, "The great British Brexit robbery: How our democracy was hijacked," *Guardian*, May 7, 2017, https://www.theguardian.com/technology/2017/may/07/the-great-british-brexit-robbery-hijacked-democracy.

55 Matz, Kosinski, Nave, & Stillwell, 2017.

56 引述來自 Evan Halper, "Was Cambridge Analytica a digital Svengali or snake-oil salesman?," *Los Angeles Times*, March

21, 2018, https://www.latimes.com/politics/la-na-pol-cambridge-analytica-20180321-story.html；估計數字來自 Mats Stafseng Einarsen (@matseinarsen), thread starting with "The Facebook + Cambridge Analytica thing is a trainwreck on multiple levels ... ," Twitter, March 20, 2018, 9:44 a.m., https://twitter.com/matseinarsen/status/976137451025698821；另可參見 Allan Smith, "There's an open secret about Cambridge Analytica in the political world:It doesn't have the 'secret sauce' it claims," *Business Insider Australia*, March 22, 2018, https://www.businessinsider.com.au/cambridge-analytica-facebook-scandal-trump-cruz-operatives-2018-3; David Graham, "Not even Cambridge Analytica believed its hype," *Atlantic,* March 20, 2018, https://www.theatlantic.com/politics/archive/2018/03/cambridge-analyticas-self-own/556016/; Stephen Armstrong, "Cambridge Analytica's 'mindfuck tool' could be totally useless," *Wired*, March 22, 2018, https://www.wired.co.uk/article/cambridge-analytica-facebook-psychographics; Brian Resnick, "Cambridge Analytica's 'psychographic microtargeting': What's bullshit and what's legit," *Vox*, March 26, 2018, https://www.vox .com/science-and-health/2018/3 /23/17152564/cambridge-analytica-psychographic-microtargeting-what.

57 Gelman, Goel, Rivers, & Rothschild, 2016.

58 Gelman & King, 1993, p. 409.

59 Barabas & Jerit, 2009，但可能在意想不到的地方造成落差：Nadeau, Nevitte, Gidengil, & Blais, 2008；另可參見 Roberts, 2018，說明在中國的使用情況。

60 Ladd, 2011.

61 Besley, Burgess, & others, 2002; Snyder & Strömberg, 2010; Strömberg, 2004.

62 Peter Kafka and Rani Molla, "2017 was the year digital ad spending finally beat TV," *Vox*, December 4, 2017, https://www.recode.net/2017/12/4/16733460/2017-digital-ad-spend-advertising-beat-tv. 本節大致上根據下列研究回顧：DellaVigna & Gentzkow, 2010；Tellis, 2003。

63 Lewis & Rao, 2013.

64 Aaker & Carman, 1982; see also Lodish et al., 1995.

65 Y. Hu, Lodish, & Krieger, 2007.

66 Ackerberg, 2001; Tellis, 1988; Tellis, Chandy, & Thaivanich, 2000.

67 Ackerberg, 2001, p. 318.

68 M. Thomas, in press.

69 Amos et al., 2008.

70 Lull & Bushman, 2015; Wirtz, Sparks, & Zimbres, 2018.

71 Nestlé, "Management Report 2005," https://www.nestle.com/asset-library/documents/library/documents/annual_reports/2005-management-report-en.pdf; Nestlé, "Management Report 2006," https://www.nestle.com/asset-library/documents/library/documents/annual_reports/2006-management-report-en.pdf; Nestlé, "Management Report 2007," https://www.nestle.com/asset-library/documents/library/documents/annual_reports/2007-management-report-en.pdf (all accessed May 25, 2019).

72 Christophe Cornu, "A new coffee for the USA from Nestlé Nespresso," Nestlé Investor Seminar 2014, available at https://www.slideshare.net/Nestle_IR/nespresso-35442357 (accessed May 25, 2019).

73 Nespresso, "Brand related," https://www.nestle-nespresso.com/about-us/faqs/brand-related (accessed May 25, 2019).

74 Van Doorn & Miloyan, 2017.

75 Tellis, 2003, p. 32; see also Blake, Nosko, & Tadelis, 2015. 關於一些潛在的例外情況，也許能解釋為協調問題的解決方案，參見 Chwe, 2001。

第十章

1 Peter Schroeder, "Poll: 43 percent of Republicans believe Obama is a Muslim," The Hill, September 13, 2017, http://thehill.com/blogs/blog-briefing-room/news/253515-poll-43-percent-of-republicans-believe-obama-is-a-muslim.

2 Haifeng Huang, "In China, rumors are flying about David Dao's alleged $140 million sett ment from United Airlines,"

Washington Post, May 10, 2017, https://www.washingtonpost.com/news/monkey-cage/wp/2017/05/10/in-china-rumors-are-flying-about-david-daos-140-million-settlement-from-united-airlines/.

3 Danny Cevallos, "United Airlines must have paid big bucks for Dr. Dao's silence," CNN, May 1, 2017, https://edition.cnn.com/2017/04/28/opinions/united-airlines-settlement-cevallos/index.html.

4 E. Morin, 1969.

5 Sinha, 1952.

6 Prasad, 1935.

7 Weinberg & Eich, 1978.

8 Allport & Postman, 1947.

9 Rosnow, 1991, p. 484.

10 Chorus, 1953, p. 314.

11 E.g., Naughton, 1996; P. A. Turner, 1992.

12 Pound & Zeckhauser, 1990.

13 成功率看來很低（一半的傳聞都是假的），但依舊非常有價值，因為很少直接接管。如果假設任何公司在任何地方被接管的機率基本上是零，聽到機率為五〇%的傳聞是劇烈的改變。

14 DiFonzo & Bordia, 2007.

15 DiFonzo, 2010.

16 DiFonzo, 2010, table 6.2, p. 146.

17 Caplow, 1947.

18 See also Knapp, 1944.

19 Caplow, 1947, p. 301.

20 因為開放警覺性機制大多是在處理接受本來會被拒絕的資訊，所以失去它們並不會帶來接受有害資訊的重大風險。參見第五章。

21 散布廢話的應用，參見 Petrocelli, 2018。

22 Caplow, 1947.

23 Diggory, 1956.

24 Shibutani, 1966, p. 76.

25 Weinberg & Eich, 1978, p. 30.

26 Sperber, 1997.

27 Kay, 2011, p. 185.

28 Gwynn Guilford, "The dangerous economics of racial resentment during World War II," *Quartz,* February 13, 2018, https://qz.com/1201502/japanese-internment-camps-during-world-war-ii-are-a-lesson-in-the-scary-economics-of-racial-resentment/.

29 "Trump remains unpopular; Voters prefer Obama on SCOTUS pick," Public Policy Polling, December 9, 2016, https://www.publicpolicypolling.com/wp-content/uploads/2017/09/PPP_Release_National_120916.pdf.

30 https://www.google.com/search?q=comet+ping+pong&oq=comet+ping+pong&aqs=chrome..69i57j35i39j69i60j69i61j0l2.183j0j7&sourceid=chrome&ie=UTF-8#lrd=0x89b7c9b98f61ad27:0x81a8bf734dd1c58f,1,,, (accessed March 10, 2018)。

31 Kanwisher, 2000.

32 Sperber, 1994.

33 NASA, public domain, https://commons.wikimedia.org/wiki/File:Cydonia_medianrp.jpg，與 grendelkhan, https://www.flickr.com/photos/grendelkhan/119929591 (accessed June 18, 2019), CC BY-SA。

34 Wohlstetter, 1962, p. 368.

35 Boyer & Parren, 2015.

36 van Prooijen & Van Vugt, 2018.

37 Vosoughi, Roy, & Aral, 2018.

38 Boyer & Parren, 2015; Dessalles, 2007.

39 Donovan, 2004, p. 6.

40 注意：相同的評論也適用於散布「後設傳聞」，也就是「有關傳聞的傳聞」，如「你知不知道大家說猶太店主綁架年輕女生！」這個例子也一樣，我們應該思考自己是否真的相信人們直覺上會相信這個傳聞，或是該對散布這個傳聞的人說什麼。

第十一章

1 靈感源於 Buckner, 1965, p. 56。

2 靈感源於 E. Morin, 1969, p. 113。

3 E. Morin, 1969, p. 113（作者譯）：這個現象的實驗性複製，參見 Altay, Claidière, & Mercier, submitted。

4 Aikhenvald, 2004, p. 43. 另一項資料來源〔《世界語言結構地圖集》（*World Atlas of Language Structures*）範例〕為五七%。

5 Aikhenvald, 2004, p. 43.

6 Aikhenvald, 2004, p. 26.

7 Altay & Mercier, submitted; see also Vullioud et al., 2017.

8 關於因為傳達資訊獲得加分的重要性，參見 Dessalles, 2007。

9 四歲小孩似乎能做出這樣的推論：參見 Einav & Robinson, 2011。整體而言，人們似乎對於適當分配消息來源相當敏感，因為知道等到發現資訊是好或不好時，給予適當的讚譽或責難是重要的；參見 I. Silver & Shaw, 2018。

10 Donovan, 2004, pp. 33ff.

11 "The royal family are bloodsucking alien lizards—David Icke," *Scotsman*, January 30, 2006, https://www.scotsman.com/news/uk-news/the-royal-family-are-bloodsucking-alien-lizards-david-icke-1-1103954.

12 Bod Drogin and Tom Hamburger, "Niger uranium rumors wouldn't die," *Los Angeles Times*, February 17, 2006, http://articles.latimes.com/2006/feb/17/nation/na-niger17.

13 Drogin and Hamburger, "Niger uranium rumors wouldn't die."

14 以第一近似而言，事實上情況更複雜，因為調查源頭可以增加一些獨立性：如果很多人同意某消息來源可靠，可能是一個好跡象，顯示它真的是可靠的（Estlund, 1994）。

15 Dalai Lama (@DalaiLama), "Because of the great differences in our ways of thinking, it is inevitable that we have different religions and faiths. Each has its own beauty. And it is much better that we live together on the basis of mutual respect and mutual admiration," Twitter, February 26, 2018, 2:30 a.m., https://twitter.com/DalaiLama/status/968070699708379143?s=03).

16 關於杜納族人際溝通的資訊都要感謝她的提供；參見 San Roque & Loughnane, 2012。

17 Rumsey & Niles, 2011.

18 See Boyer, 2001.

19 Baumard & Boyer, 2013b; Sperber, 1997.

20 Schieffelin, 1995.

21 事實上，一開始就出現問題。如同宗教信仰的例子所示，就算是相對簡單的文化都有難以追蹤的連結。

22 Gloria Origgi, "Say goodbye to the information age: It's all about reputation now," *Aeon,* March 14, 2018, https://aeon.co/ideas/say-goodbye-to-the-information-age-its-all-about-reputation-now. see also Origgi, 2017.

23 E.g., Altay & Mercier, submitted; Mercier, Majima, Claidière, & Léone, submitted.

第十二章

1 Paul Wright "An innocent man speaks: PLN interviews Jeff Deskovic," *Prison Legal News*, August 15, 2013, https://www.prisonlegalnews.org/news/2013/aug/15/an-innocent-man-speaks-pln-interviews-jeff-deskovic/.

2 本節獲益於下列評論：Kassin & Gudjonsson, 2004。

3 Gudjonsson, Fridrik Sigurdsson, & Einarsson, 2004; Gudjonsson, Sigurdsson, Bragason, Einarsson, & Valdimarsdottir, 2004.

4 Gudjonsson & Sigurdsson, 1994; Sigurdsson & Gudjonsson, 1996.

5 "False confessions and recording of custodial interrogations," The Innocence Project, https://www.innocenceproject.org/causes/false-confessions-admissions/ (accessed April 4, 2018).

6 Kassin & Neumann, 1997.

7 Drizin & Leo, 2003.

8 Quoted in Kassin & Gudjonsson, 2004, p. 36.

9 Gudjonsson, Sigurdsson, et al., 2004.

10 Radelet, Bedau, & Putnam, 1994.

11 Kassin & Gudjonsson, 2004, p. 50.

12 Jonathan Bandler, "Deskovic was 'in fear for my life' when he confessed," *Lohud*, October 21, 2014, https://www.lohud.com/story/news/local/2014/10/21/jeffrey-deskovic-wrongful-conviction-putnam-county-daniel-stephens/17680707/.

13 See Kassin & Gudjonsson, 2004.

14 Kassin, Meissner, & Norwick, 2005. 審訊者也經常被教導要依賴已知完全無用的線索，如眼神迴避等；參見第九章。

15 Kassin & Wrightsman, 1980.

16 事實上在對抗制中，檢方沒有義務強調這種壓力的存在。

17 Kassin & Wrightsman, 1980.

18 Futaba & McCormack, 1984.

19 Parker & Jaudel, 1989. 這種情況在中國來得嚴重許多；參見如 "'My hair turned white': Report lifts lid on China's forced confessions," *Guardian,* April 12, 2018, https://www.theguardian.com/world/2018/apr/12/china-forced-confessions-report。

20 Gross, 2018, p. 21.

21 Gross, 2018, p. 22.

22 Evans-Pritchard, 1937, pp. 22-23.

23 或者說如果有夠多的人認為他有罪，不管他是否有罪，亞歷山大可能會感到羞恥，這種羞恥感可能會讓懺悔更具誘惑力，甚至合理，因為羞恥感的重要意義不在於我們做了什麼，而在於人們認為我們做了什麼（T. E. Robertson, Sznycer, Delton, Tooby, & Cosmides, 2018; Sznycer, Schniter, Tooby, & Cosmides, 2015; Sznycer et al., 2018）。無論我們是否有罪，在相信我們有罪的人眼中，懺悔應該能幫助我們贖罪。

24 也有可能（甚至更有可能），對超自然邪惡行為的信仰最初是歸因於想像中的當事者或力量（如祖先），這比（活生生的）人類當事者更容易暗示，然後這些行為就變得更容易被想像成真實當事者可以承認的東西。

25 Hutton, 2017, p. 59.

26 Ward, 1956.

27 Ardener, 1970.

28 Burridge, 1972.

29 Hutton, 2017, p. 37.

30 Willis, 1970, p. 130; see also R. Brain, 1970。

31 T. E. Robertson et al., 2018; Sznycer et al., 2015.

32 Lévi-Strauss, 1967.

33 Macfarlane, 1970, p. 91.

34 Morton-Williams, 1956, p. 322.

35 Evans-Pritchard, 1937, p. 48.

36 Miguel, 2005.

37 Julian Ryall, "The incredible Kim Jong-il and his amazing achievements," *Telegraph*, January 31 2011, https://www.telegraph.co.uk/news/worldnews/asia/northkorea/8292848/The-Incredible-Kim-Jong-il-and-his-Amazing-Achievements.html.

38 所有引述出自 Hassig & Oh, 2009, p. 57.

39 除上述參考資料外，參見 AFP, "N. Korea leader sets world fashion trend: Pyongyang," *France 24,* April 7, 2010, https://web.archive.org/web/20111219011527/http://www.france24.com/en/20100407-nkorea-leader-sets-world-fashion-trend-pyongyang.

40 Wedeen, 2015; Sebestyen, 2009; Harding, 1993; Karsh & Rautsi, 2007. 這份清單主要歸功於 Márquez, 2018，以及 Svolik, 2012, p. 80。金正日的兒子暨繼任者金正恩，似乎企圖靠誇張的奉承來超越父親的地位。參見 Fifield, 2019。

41 Hassig & Oh, 2009.

42 Márquez, 2018.

43 Leese, 2011, p. 168，可見於 Márquez, 2018。

44 嚴格來說，這些團體被稱為聯盟：參見 Tooby, Cosmides, & Price, 2006。

45 E.g., Delton & Cimino, 2010.

46 個人通訊，二〇一六年七月四日：另可參見 Kurzban & Christner, 2011。

47 Jerry Coyne, "The University of Edinburgh and the John Templeton Foundation royally screw up evolution and science (and tell arrant lies) in an online course," Why Evolution is True, https://whyevolutionistrue.wordpress.com/2018/03/25/the-university-of-edinburgh-and-the-john-templeton-foundation-royally-screw-up-evolution-and-science-and-tell-arrant-lies-in-an-online-course/ (accessed April 12, 2018).

48 Jerry Coyne, "A postmodern holiday: Recent nonsense from the humanities," Why Evolution is True, https://whyevolutionistrue.wordpress.com/2017/01/10/a-postmodern-holiday-recent-nonsense-from-the-humanities/ (accessed April 12, 2018). 關於在智力光譜另一端的例子，參見 Alice Dreger, "Why I escaped the 'Intellectual Dark Web,'" *Chronicle of Higher Education,* May 11, 2018, https://www.chronicle.com/article/Why-I-Escaped-the/243399.

49 Tibor Machan, "Tax slavery," Mises Institute, March 13, 2000, https://mises.org/library/tax-slavery：與 Rothbard, 2003, p. 100。

50 Fresco, 1980.

51 Cahal Milmo, "Isis video: 'New Jihadi John' suspect Siddhartha Dhar is a 'former bouncy castle salesman from east London,'" *Independent*, January 4, 2016, https://www.independent.co.uk/news/uk/home-news/isis-video-new-jihadi-john-suspect-is-a-former-bouncy-castle-salesman-from-east-london-a6796591.html（見於 Roy, 2016）。

52 Márquez, 2018，靈感源於 Winterling, 2011。

53 關於破釜沉舟式信念的增長本質，參見如 Josiah Hesse, "Flat Earthers keep the faith at Denver conference," *Guardian,* November 18, 2018, https://www.theguardian.com/us-news/2018/nov/18/flat-earthers-keep-the-faith-at-denver-conference 或 Ben Sixsmith, "The curious case of Ron Unz," Spectator USA, September 15, 2018, https://spectator.us/ron-unz/。

54 Gudjonsson, 2003.

第十三章

1 關於體液學說的生動歷史，可參見 Arika, 2007。

2 Wootton, 2006, p. 37.

3 P. Brain, 1986, pp. 26–27, 33.

4 血祭傳聞的早期範例，參見 Hugo Mercier, "Blatant bias and blood libel," *International Cognition and Culture Institute*, January 28, 2019, http://cognitionandculture.net/blog/hugo-merciers-blog/blatant-bias-and-blood-libel/。

5 See, e.g., Horowitz, 2001, pp. 75ff.

6 Alison Flood, "Fake news is 'very real' word of the year for 2017," *Guardian*, November 2, 2017, https://www.theguardian.com/books/2017/nov/02/fake-news-is-very-real-word-of-the-year-for-2017.

7 Andrew Grice, "Fake news handed Brexiteers the referendum—and now they have no idea what they're doing," *Independent*, January 18, 2017, https://www.independent.co.uk/voices/michael-gove-boris-johnson-brexit-eurosceptic-press-theresa-may-a7533806.html; Aaron Blake. "A new stucy suggests fake news might have won Donald Trump the 2016 election," *Washington Post*, April 3, 2018 https://www.washingtonpost.com/news/the-fix/wp/2018/04/03/a-new-study-suggests-fake-news-might-have-won-donald-trump-the-2016-election/.

8 Larson, 2018.

9 See, e.g., John Lichfield, "Boris Johnson's £350m claim is devious and bogus. Here's why," *Guardian,* September 18, 2017, https://www.theguardian.com/commentisfree/2017/sep/18/boris-johnson-350-million-claim-bogus-foreign-secretary.

10 See, e.g., Robert Darnton, "The true history of fake news," *New York Review of Books*, February 13, 2017, http://www.nybooks.com/daily/2017/02/13/the-true-history-of-fake-news/.

11 Craig Silverman, "This analysis shows how viral fake election news stories outperformed real news on Facebook," BuzzFeed, November 16, 2016, https://www.buzzfeed.com/craigsilverman/viral-fake-election-news-outperformed-real-

news-on-facebook.

12 E.g., Del Vicario, Scala, Caldarelli, Stanley, & Quattrociocchi, 2017; Zollo et al., 2017.

13 引用出自下列譯本：Normal Lewis Torrey (1961, p. 278)。法文為"Certainement qui est en droit de vous rendre absurde est en droit de vous rendre injuste."See Voltaire, *Œuvres complètes*, available at https://fr.wikisource.org/wiki/Page:Voltaire_-_%C5%92uvres_compl%C3%A8tes_Garnier_tome25.djvu/422 (accessed May 22, 2019)。

14 Wootton, 2006.

15 人類學參考資料多虧人類關係區域檔案（Human Relations Area Files, HRAF），參見 Epler, 1980；Miton, Claidière, & Mercier, 2015；Murdock, Wilson, & Frederick, 1978。

16 Miton et al., 2015.

17 Horowitz, 2001.

18 Zipperstein, 2018, p. 89.

19 Zipperstein, 2018, p. 94.

20 Shibutani, 1966, p. 113 贊同；R. H. Turner, 1964；另可參見 Horowitz, 2001, p. 86。

21 Guess, Nyhan, & Reifler, 2018.

22 Fourney, Racz, Ranade, Mobius, & Horvitz, 2017.

23 Benedict Carey, "'Fake news': Wide reach but litt impact, study suggests," *New York Times,* January 2, 2018, https://www.nytimes.com/2018/01/02/health/fake-news-conservative-liberal.html，與 Guess et al., 2018。

24 See, e.g., Druckman, Levendusky, & McLain, 2018. 關於網路使用行為無法解釋共和黨人的投票結果。另可參見 Boxell, Gentzkow, & Shapiro, 2018。

25 Nyhan et al., 2017. 在其他領域的類似結果，參見 Hopkins et al., 2019。

26 J. W. Kim & Kim, in press; see also Benkler, Faris, & Roberts, 2018.

27 Malle, Knobe, & Nelson, 2007, study 3.

28 Lloyd & Sivin, 2002.

29 P. Brain, 1986.

30 See also Vargo, Guo, & Amazeen, 2018.

31 Craig Silverman, "Here are 50 of the biggest fake news hits on Facebook from 2016," BuzzFeed, December 16, 2016, https://www.buzzfeed.com/craigsilverman/top-fake-news-of-2016, data available at: https://docs.google.com/spreadsheets/d/1sTkRkHLvZp9XlJOynYMXGslKY9fuB_e-2mrxqgLwvZY/edit#gid=652144590 (accessed April 24, 2018).

32 Craig Silverman, Jane Lytvynenko, & Scott Pham, "These are 50 of the biggest fake news hits on facebook in 2017," BuzzFeed, December 28, 2017, https://www.buzzfeed.com/craigsilverman/these-are-50-of-the-biggest-fake-news-hits-on-facebook-in.

33 Allcott & Gentzkow, 2017; Guess, Nagler, & Tucker, 2019.

34 Grinberg, Joseph, Friedland, Swire-Thmpson, & Lazer, 2019; Guess et al., 2019.

35 參見注三十一與注三十二提及的 Buzzfeed 文章參考資料。

36 Acerbi, 2019. 關於缺乏夥伴關係的影響，參見 Pennycook & Rand, 2018。另一種分享假新聞的可能解釋是「需要混亂」：有些人似乎無論左派和右派的假新聞都會分享，反映出對現有制度較普遍性抗爭（Petersen, Osmundsen, & Arceneaux, 2018）。

37 Sadler & Tesser, 1973.

38 評論參見 Tesser, 1978。

39 Myers & Bach, 1974.

40 Isenberg, 1986; Vinokur, 1971.

41 關於同溫層參見前面章節，另可參見新聞參考資料：Mostafa El-Bermawy, "Your filter bubble is destroying democracy," *Wired*, November 18, 2016, https://www.wired.com/2016/11/filter-bubble-destroying-democracy/；Christopher Hooton, "Social media echo chambers gifted Donald Trump the presidency," *Independent*, November 10, 2016, https://www.independent.co.uk/voices/donald-trump-president-social-media-echo-chamber-hypernormalisation-adam-curtis-protests-blame-a7409481.html.

42 Sunstein, 2018.

43 E.g., Jonathan Haidt, & Sam Abrams, "The top 10 reasons American politics aresobroken," *Washington Post*, January 7, 2015, https://www.washingtonpost.com/news/wonk/wp/2015/01/07/the-top-10-reasons-american-politics-are-worse-than-ever.

44 El-Bermawy, "Your filter bubble is destroying democracy."

45 Fiorina, Abrams, & Pope, 2005; see also Desmet & Wacziarg, 2018; Jeffrey Jones, "Americans' identification as independents back up in 2017," Gallup, January 8, 2018, http://news.gallup.com/poll/225056/americans-identification-independents-back-2017.aspx.

46 GSS Data Explorer 資料可參見 https://gssdataexplorer.norc.org/trends/Politics?measure=polviews_r (accessed April 25, 2018)。

47 "Political polarization in the American public," Pew Research Center, June 12, 2014, http://www.people-press.org/2014/06/12/political-polarization-in-the-american-public/.

48 "Political polarization in the American public."

49 Shore, Baek, & Dellarocas, 2018.

50 "Political polarization in the American public."

51 部分原因可能是取樣偏誤（Sampling Bias）的結果：參見 Cavari & Freedman, 2018。

52 Jason Jordan, "Americans are getting smarter about politics in at least one important way," *Washington Post*, February

7, 2018, https://www.washingtonpost.com/news/monkey-cage/wp/2018/02/07/americans-are-getting-smarter-about-politics-in-at-least-one-important-way/?utm_term=.89f43081c86.

53 See Iyengar, Lelkes, Levendusky, Malhotra, & Westwood, 2019. 關於分類與情感兩極化的關係，參見 Webster & Abramowitz, 2017。同樣地，甚至情感兩極化的問題也不如某些人害怕的那麼嚴重，參見 Klar, Krupnikov, & Ryan, 2018；Tappin & McKay, 2019；Westwood, Peterson, & Lelkes, 2018。

54 Elizabeth Dubois & Grant Blank, "The myth of the echo chamber," The Conversation, March 8, 2018, https://theconversation.com/the-myth-of-the-echo-chamber-92544.

55 Gentzkow & Shapiro, 2011.

56 Fletcher & Nielsen, 2017.

57 Guess, 2016; see also Flaxman, Goel, & Rao, 2016; R. E. Robertson et al., 2018.

58 Dubois & Blank, "Th myth of the echo chamber"; see also Puschmann, 2018.

59 Allcott, Braghieri, Eichmeyer, & Gentzkow, 2019.

60 Beam, Hutchens, & Hmielowski, 2018; see also Jo, 2017.

61 Boxell, Gentzkow, & Shapiro, 2017; see also Andrew Guess, Benjamin Lyons, Brendan Nyhan, & Jason Reifler, "Why selective exposure to like-minded congenial political news is less prevalent than you think," *Medium*, February 13, 2018, https://medium.com/trust-media-and-democracy/avoiding-the-echo-chamber-about-echo-chambers-6e1f1a1a0f39 (accessed April 26, 2018).

62 See, e.g., Crowell & Kuhn, 2014.

63 Zipperstein, 2018, p. 29.

64 Darnton, "The True History of Fake News."

65 Kaplan, 1982.

第十四章

1 See, e.g., Shtulman, 2017.

2 Denis Dutton, "The Bad Writing Contest," denisdutton.com, http://www.denisdutton.com/bad_writing.htm (accessed June 8, 2018).

3 直譯自下文："Pour couper court, je dirai que la nature se spécifie de n'être pas une, d'où le procédé logique pour l'aborder. Par le procédé d'appeler nature ce que vous excluez du fait même de porter intérêt à quelque chose, ce quelque chose se distinguant d'être nommé, la nature ne se risque à rien qu'à s'affirmer d'être un pot-pourri de hors-nature" (Lacan, 2005, p. 12)。

4 "When Americans say they believe in God, what do they mean?," Pew Research Center, April 25, 2018, http://www.pewforum.org/2018/04/25/when-americans-say-they-believe-in-god-what-do-they-mean/.

5 E.g., "Mixed messages about public trust in science," Pew Research Center, December 8, 2017, http://www.pewinternet.org/2017/12/08/mixed-messages-about-public-trust-in-science/.

6 Cited in McIntyre, 2018, p. 142.

7 Sperber, 1997.

8 Boyer, 2001; Sperber, 1975.

9 Boyer, 2001.

10 Boyer, 2001.

11 Greene, 1990.

12 Barrett, 1999.

13 Barrett & Keil, 1996.

14 Barrett, 1999, p. 327.

15 Barrett & Keil, 1996.

16 See also Barlev, Mermelstein, & German, 2017, 2018.

17 McCloskey, Washburn, & Felch, 1983.

18 See Dennett, 1995.

19 作者譯自 Lévi-Strauss, 1986，引自"Jacques Lacan," Wikipedia, https://fr.wikipedia.org/wiki/Jacques_Lacan (accessed May 15, 2018)。

20 "Jacques Lacan," Wikipedia.

21 關於可信度，參見 Collins et al., 2018。

22 Boyer & Parren, 2015.

23 Thomas Mackie, "Lethal pig virus similar to SARS could strike humans," InfoWars, May 15, 2018, https://www.infowars.com/lethal-pig-virus-similar-to-sars-could-strike-humans/; "Experts: MH370 pilot was on murder suicide mission," InfoWars, May 15, 2018, https://www.infowars.com/experts-mh370-pilot-was-on-murder-suicide-mission/.

24 Paul Joseph Watson, "Finland: 93% of migrant sex crimescommittedbymigrants from Islamic countries," InfoWars, May 15, 2018, https://www.infowars.com/finland-93-of-migrant-sex-crimes-committed-by-migrants-from-islamic-countries/; "Watch live: Turkey announces launch of wor dwide Jihad, withdraws ambassadors from US/Israel," InfoWars, May 15, 2018, https://www.infowars.com/watch-live-soros-shuts-down-offices-in-repressive-hungary/; "Video exposes the suicide of Europe," InfoWars, May 15, 2018, https://www.infowars.com/video-exposes-the-suicide-of-europe/.

25 CNBC, "The George Soros foundation says it is being forced to close its offices in Hungary," InfoWars, May 15, 2018, https://www.infowars.com/the-george-soros-foundation-says-it-is-being-forced-to-close-its-offices-in-hungary/. 影片會存在到 YouTube 取消 InfoWars 的帳號為止。https://www.youtube.com/watch?v=t41lx_ur4Y8 (accessed May 16, 2018).

26 產品可見於資訊戰商店：https://www.infowarsstore.com/survival-shield-x-2-nascent-iodine.html、https://www.infowarsstore.

com/preparedness/emergency-survival-foods.html、https://www.infowarsstore.com/preparedness/nuclear-and-biological/radiological-rad-replacement-filter.html (accessed May 16, 2018)。

27 P. Brain, 1986, p. 33.

28 P. Brain, 1986, p. 90; Miton et al., 2015.

29 P. Brain, 1986, pp. 85, 89.

30 Cheatham, 2008.

31 Baumard & Boyer, 2013a; Baumard & Chevallier, 2015; Baumard, Hyafil, Morris, & Boyer, 2015.

32 Boyer & Baumard, 2018; see also Baumard et al., 2015.

33 Kenneth Doyle, "What happened to the people who died before Jesus was born?," Crux, August 24, 2015, https://cruxnow.com/church/2015/08/24/what-happened-to-the-people-who-died-before-jesus-was-born/.

34 R. Wright, 2009，指出：「亞當和夏娃吃了禁果之後，根據《創世紀》（Genesis）的記載，『他們在晚風時聽到耶和華神在園裡行走的聲音，男人和他的妻子就躲在園裡的樹叢中，躲避耶和華神的出現。』對於我們今天所知道的全知全能的神，躲起來乍聽之下可能是天真爛漫的策略，但顯然祂當年並不是全知全能的。因為『耶和華叫喚人類，問：『你們在哪裡？』』」（頁一〇三）。

35 Eriksson, 2012, p. 748.

36 Weisberg, Keil, Goodstein, Rawson, & Gray, 2008.

37 關於聲譽的重要性，參見 Clauset, Arbesman, & Larremore, 2015；Goues et al., 2017；A. C. Morgan, Economou, Way, & Clauset, 2018。

38 L. T. Benjamin & Simpson, 2009; Griggs & Whitehead, 2015.

39 Arendt, 1963; Brown, 1965.

40 Perry, 2013, pp. 304ff. 關於米爾格倫服從實驗的後設分析，參見 Haslam, Loughnan, & Perry, 2014。

41 甚至有更多人聲稱他們沒有真的傷害到學習者，參見 Hollander & Turowetz, 2017；關於這一點的新數據資料，參見 Perry, Brannigan, Wanner, & Stam, in press。

42 Milgram, 1974, p. 172.

43 Reicher, Haslam, & Smith, 2012.

44 Burger, Girgis, & Manning, 2011.

45 Perry, 2013, p. 310.

46 Blancke, Boudry, & Pigliucci, 2017.

47 Sokal & Bricmont, 1998.

48 Sperber & Wilson, 1995.

49 Honda, "Airbag inflator recall," https://www.honda.co.uk/cars/owners/airbag-recall.html.

50 Sperber, 2010.

51 Lacan, 1980.

52 Lacan, 1939.

53 Sokal & Bricmont, 1998, p. 34.

54 作者譯自 Lévi-Strauss, 1986, 引自 "Jacques Lacan," *Wikipedia*。

55 Lacan, 1970, p. 193.

56 Milner, 1995；引用並譯自 Sokal & Bricmont, 1998。

57 Goldman, 2001.

58 Peterson, 2002, p. 286.

59 Deepak Chopra (@DeepakChopra), "Mechanics of Manifestation: Intention, detachment, centered in being allowing juxtaposition of possibilities to unfold #CosmicConsciousness," Twitter, May 28, 2014, 2:24 a.m., https://twitter.com/deepakchopra/status/471582895622991872; Deepak Chopra (@DeepakChopra), "As beings of light we are local and nonlocal, time bound and timeless actuality and possibility #CosmicConsciousness," Twitter, May 5, 2014, 5:20 a.m., https://twitter.com/deepakchopra/status/463292121794224128. 這些推特發文都恰到好處地來自一項關於接受胡說八道能力的研究：Pennycook, Cheyne, Barr, Koehler, & Fugelsang, 2015。

第十五章

1 Baumard et al., 2013.

2 Martin & Yurukoglu, 2017.

3 Ahler & Sood, 2018; Levendusky & Malhotra, 2015; Westfall, Van Boven, Chambers, & Judd, 2015.

4 Yang et al., 2016.

5 Enders & Armaly, 2018.

6 Stroud & Lee, 2013.

7 Aaron Sharockman, "Fact-checking Fox, MSNBC, and CNN: PunditFact's network scorecards," Punditfact, September 16, 2014, http://www.politifact.com/punditfact/article/2014/sep/16/fact-checking-fox-msnbc-and-cnn-punditfacts-networ/.

8 DellaVigna & Kaplan, 2007; see also Martin & Yurukoglu, 2017.

9 Schroeder & Stone, 2015.

10 另可參見 Hopkins & Ladd, 2014，他們的結論是「傾向同意福斯新聞整體偏頗的潛在選民，較可能受到該頻道的影響」（頁一二九）。

11 Gelman & King, 1993, p. 409.

12 Martin & Yurukoglu, 2017.

13 Moon, Krems, & Cohen, 2018.

14 McCullough, Swartwout, Shaver, Carter, & Sosis, 2016.

15 Foddy, Platow,& Yamagishi, 2009; Platow, Foddy, Yamagishi, Lim, & Chow, 2012.

16 Marina Lopes, "One way out: Pastors in Brazil converting gang members on YouTube," *Washington Post,* May 17, 2019, https://www.washingtonpost.com/world/the_americas/one-way-out-pastors-in-brazil-converting-gang-members-on-youtube/2019/05/17/be560746-614c-11e9-bf24-db4b9fb62aa2_story.html.

17 See Maurer, 1999.

18 Maurer, 1999, p. 4.

19 Braucher & Orbach, 2015.

20 引自 Braucher & Orbach, 2015, p. 256。

21 Mitnick & Simon, 2002, p. 26.

22 Braucher & Orbach, 2015, p. 263.

23 Braucher & Orbach, 2015, p. 249.

24 確實是很古老的活動：Pierre Ropert, "Histoires d'arnaques : Du mail du prince nigérian aux 'lett es de Jérusalem,'" France Culture, June 21, 2018, https://www.franceculture.fr/histoire/avant-les-mails-de-princes-nigerians-au-xviiieme-siecle-larnaque-aux-lettres-de-jerusalem。

25 E.g., "Crackdown on £8.4m African sting," *Scotsman*, March 2 2003, https://www.scotsman.com/news/uk/crackdown-on-163-8-4m-african-sting-1-1382507 (accessed May 31, 2018).

26 Herley, 2012.

27 Berg, Dickhaut, & McCabe, 1995.

28 Charness & Dufwenberg, 2006; see also Schniter, Sheremeta, & Sznycer, 2013. 關於經濟遊戲與社交兩難的效力評論，參見 Balliet, 2010、Sally, 1995。

29 Ostrom, Walker, & Gardner, 1992, see also Mercier, submitted.

30 E.g., Yamagishi, 2001.

31 Yamagishi, 2001.

32 Y. Chen, YeckehZaare, & Zhang, 2018.

33 Fershtman & Gneezy, 2001.

34 Burns, 2012.

35 Gupta, Mahmud, Maitra, Mitra, & Neelim, 2013; see also Glaeser, Laibson, Scheinkman, & Soutter, 2000.

第十六章

1 Brennan. 2012, p. 8.

2 G. Kim & Kwak, 2011.

3 Stenberg, 2013.

4 Castelain, Bernard, & Mercier, 2018.

5 Sodian, Thoermer, & Dietrich, 2006; Terrier, Bernard, Mercier, & Clément, 2016; VanderBorght & Jaswal, 2009.

6 J. Hu et al., 2015; T.J.H. Morgan, Laland, & Harris, 2015.

7 Kershaw, 1983a, p. 200.

8 See Barrows, 1981.

9 Stanley, 2015, p. 27.

10 Brennan, 2016.

11 Rousseau, 2002.

12 Veyne, 2002.

13 Slava Malamud (@SlavaMalamud), thread starting with "1/ So, here is what's happening in the KHL, for those who still can't quite grasp the banality of evil, Russian style . . ." Twitter, March 7, 2018, 7:57 p.m., https://twitter.com/slavamalamud/status/971595788315918336?lang=en.

14 這種政治宣傳的模式，參見 Márquez, 2018。

15 Dikötter, 2010.

16 Dikötter, 2010, locations 996–997.

17 E.g., Jeremy Diamond, "Trump sides with Putin over US intelligence," CNN, July 16, 2018, https://edition.cnn.com/2018/07/16/politics/donald-trump-putin-helsinki-summit/index.html.

18 Art Swift, "Putin's image rises in U.S., mostly among Republicans," Gallup, February 21, 2017, https://news.gallup.com/poll/204191/putin-image-rises-mostly-among-republicans.aspx 該民意調查早於赫爾辛基峰會，因此僅反映了川普先前行動的結果。參見 Lenz, 2013。

19 Stimson, 2004.

20 P. Benjamin & Shapiro, 1992; Stimson, 2004.

21 "Shifting public views on legal immigration into the U.S.," Pew Research Center, June 28, 2018, http://www.people-press.org/2018/06/28/shifting-public-views-on-legal-immigration-into-the-u-s/.

22 Wlezien, 1995; see also Stimson, 2004.

23 E.g., Horne, Powell, Hummel, & Holyoak, 2015; Nyhan & Reifler, 2015.

24 See, e.g., Goldacre, 2014.

25 Faasse, Chatman, & Martin, 2016; Fadda, Allam, & Schulz, 2015.

26 Chanel, et al., 2011.

27 E.g., Charlotte Gao, "HNA Group chairman's sudden death stokes conspiracy theories," *Diplomat*, July 5, 2018, https://thediplomat.com/2018/07/hna-group-chairmans-sudden-death-stokes-conspiracy-theories/; Rachel Lu, "Chinese conspiracy theorists of the world, unite!," *Foreign Policy*, May 11, 2015, https://foreignpolicy.com/2015/05/11/chinese-conspiracy-theorists-of-the-world-unite-hong-kong-banned-books/.

28 關於如何在社會上建立信任，參見 Algan, Cahuc, & Zilberberg, 2012。

29 關於巴基斯坦，參見 "What is the wildest conspiracy theory pertaining to Pakistan?," *Herald*, June 19, 2015, https://herald.dawn.com/news/1153068。

參考資料

- Aaker, D. A., & Carman, J. M. (1982). "Are you over-advertising?" *Journal of Advertising Research, 22*(4), 57–70.
- Aarnio, K., & Lindeman, M. (2005). "Paranormal beliefs, education, and thinking styles." *Personality and Individual Differences, 39*(7), 1227–1236.
- Abercrombie, N., Hill, S., & Turner, B. S. (1980). *The dominant ideology thesis*. London: Allen & Unwin.
- Abgrall, J.-M. (1999). *Soul snatchers: The mechanics of cults*. New York: Algora.
- Acerbi, A. (2019). "Cognitive attraction and online misinformation." *Palgrave Communications, 5*(1), 15.
- Ackerberg, D. A. (2001). "Empirically distinguishing informative and prestige effects of advertising." *RAND Journal of Economics, 32*(2) 316–333.
- Adena, M., Enikolopov, R., Petrova, M., Santarosa, V., & Zhuravskaya, E. (2015). "Radio and the rise of the Nazis in prewar Germany." *Quarterly Journal of Economics, 130*(4), 1885–1939.
- Aguilar, P. (2009). "What ever happened to Francoist socialization? Spaniards' values and patterns of cultural consumption in the post-dictatorial period." *Democratization, 16*(3), 455–484.
- Ahler, D. J., & Sood, G. (2018). "The parties in our heads: Misperceptions about party composition and their consequences." *Journal of Politics, 80*(3), 964–981.
- Aikhenvald, A. Y. (2004). *Evidentiality*. Oxford: Oxford University Press.
- Aird, M. J., Ecker, U. K., Swire, B., Berinsky, A. J., & Lewandowsky, S. (2018). "Does truth matter to voters? The effects of correcting political misinforma-

tion in an Australian sample." *Royal Society Open Science, 5*(12), 180593.

- Alexander, M., & Bruning, J. (2008). *How to break a terrorist: The U.S. interrogators who used brains, not brutality, to take down the deadliest man in Iraq*. New York: Free Press.
- Algan, Y., Cahuc, P., & Zilberberg, A. (2012). *La Fabrique de la défiance : . . . Et comment s'en sortir*. Paris: Albin Michel.
- Allcott, H., Braghieri, L., Eichmeyer, S., & Gentzkow, M. (2019). *The welfare effects of social media*. NBER Working Paper No. 25514. Retrieved from https://www.nber.org/papers/w25514.
- Allcott, H., & Gentzkow, M. (2017). "Social media and fake news in the 2016 election." *Journal of Economic Perspectives, 31*(2), 211–236.
- Allen, V. L. (1965). "Situational factors in conformity." *Advances in Experimental Social Psychology, 2*, 133–175.
- Allport, G. W., & Postman, L. (1947). *The psychology of rumor*. Oxford: Henry Holt.
- Altay, S., Claidière, N., & Mercier, H. (submitted). *Chain shortening in rumor transmission*.
- Altay, S., & Mercier, H. (submitted). *I found the solution! How we use sources to appear competent*.
- Aly, G. (2007). *Hitler's beneficiaries: Plunder, racial war, and the Nazi welfare state*. London: Macmillan.
- Amos, C., Holmes, G., & Strutton, D. (2008). "Exploring the relationship between celebrity endorser effects and advertising effectiveness: A quantitative synthesis of effect size." *International Journal of Advertising, 27*(2), 209–234.
- Analytis, P. P., Barkoczi, D., & Herzog, S. M. (2018). "Social learning strategies for matters of taste." *Nature Human Behaviour, 2*(6), 415–424.
- Anderson, C., Brion, S., Moore, D. A., & Kennedy, J. A. (2012). "A status-enhancement account of overconfidence." *Journal of Personality and Social Psychology, 103*(4), 718–735.
- Anthony, D. (1999). "Pseudoscience and minority religions: An evaluation of the brainwashing theories of Jean-Marie Abgrall." *Social Justice Research, 12*(4), 421–456.
- Arceneaux, K., & Johnson, M. (2013). *Changing minds or changing channels? Partisan news in an age of choice*. Chicago: University of Chicago Press.
- Ardener, E. (1970). "Witchcraft, economics, and the continuity of belief." In M. Douglas (Ed.), *Witchcraft confessions and accusations* (pp. 141–160). London: Routledge.
- Arendt, H. (1963). *Eichmann in Jerusalem: A report on the banality of evil*. New York: Viking.
- Arika, N. (2007). *Passions and tempers: A history of the humors*. New York: Harper Perennial.
- Artés, J. (2013). "Do Spanish politicians keep their promises?" *Party Politics, 19*(1), 143–158.
- Asch, S. E. (1956). "Studies of independence and conformity: A minority of one against a unanimous majority." *Psychological Monographs, 70*(9), 1–70.

- Aveni, A. F. (1977). "The not-so-lonely crowd: Friendship groups in collective behavior." *Sociometry, 40*(1), 96-99.
- Bago, B., & De Neys, W. (2019). "The smart System 1: Evidence for the intuitive nature of correct responding in the bat-and-ball problem." *Thinking & Reasoning, 25*(3), 257-299.
- Bahrami, B., Olsen, K., Latham, P. E., Roepstorff, A., Rees, G., & Frith, C. D. (2010). "Optimally interacting minds." *Science, 329*(5995), 1081-1085.
- Balliet, D. (2010). "Communication and cooperation in social dilemmas: A meta-analytic review." *Journal of Conflict Resolution, 54*(1), 39-57.
- Barabas, J., & Jerit, J. (2009). "Estimating the causal effects of media coverage on policy-specific knowledge." *American Journal of Political Science, 53*(1), 73-89.
- Barker, E. (1984). *The making of a Moonie: Choice or brainwashing?* Oxford: Blackwell.
- Barker, J. (2014). *1381: The year of the Peasants' Revolt*. Cambridge, MA: Harvard University Press.
- Barkow, J. H., Cosmides, L., & Tooby, J. (1992). *The adapted mind*. Oxford: Oxford University Press.
- Barkun, M. (1986). *Disaster and the millennium. Syracuse*, NY: Syracuse University Press.
- Barlev, M., Mermelstein, S., & German, T. C. (2017). "Core intuitions about persons coexist and interfere with acquired Christian beliefs about God." *Cognitive Science, 41*(53), 425-454.
- Barlev, M., Mermelstein, S., & German, T. C. (2018). "Repre sen ta tional coexistence in the God concept: Core knowledge intuitions of God as a person are not revised by Christian theology despite lifelong experience." *Psychonomic Bulletin and Review, 25*(6) 1-9.
- Barrett, J. L. (1999). "Theological correctness: Cognitive constraint and the study of religion." *Method and Theory in the Study of Religion, 11*(4), 325-339.
- Barrett, J. L., & Keil, F. C. (1996). "Conceptualizing a nonnatural entity: Anthropomorphism in God concepts." *Cognitive Psychology, 31*(3), 219-247.
- Barrows, S. (1981). *Distorting mirrors: Visions of the crowd in late nineteenth-century France*. New Haven, CT: Yale University Press.
- Baumard, N., André, J. B., & Sperber, D. (2013). "A mutualistic approach to morality: The evolution of fairness by partner choice." *Behavioral and Brain Sciences, 36*(1), 59-78.
- Baumard, N., & Boyer, P. (2013a). "Explaining moral religions." *Trends in Cognitive Sciences, 17*(6), 272-280.
- Baumard, N., & Boyer, P. (2013b). "Religious beliefs as reflective elaborations on intuitions: A modified dual-process model." *Current Directions in Psychological Science, 22*(4), 295-300.
- Baumard, N., & Chevallier, C. (2015). "The nature and dynamics of world religions: A life-history approach." *Proceedings of the Royal Society B, 282*, 20151593. https://doi.org/10.1098/rspb.2015.1593.

- Baumard, N., Hyafil, A., Morris, I., & Boyer, P. (2015). "Increased affluence explains the emergence of ascetic wisdoms and moralizing religions." *Current Biology, 25*(1), 10–15.
- Beam, M. A., Hutchens, M. J., & Hmielowski, J. D. (2018). "Facebook news and (de) polarization: Reinforcing spirals in the 2016 US election." *Information, Communication and Society, 21*(7), 940–958.
- Bekkouche, Y., & Cagé, J. (2018). *The price of a vote: Evidence from France, 1993-2014*. Retrieved from https://papers.ssrn.com/sol3/papers.cfm?abstract_id=3125220.
- Benjamin, L. T., & Simpson, J. A. (2009). "The power of the situation: The impact of Milgram's obedience studies on personality and social psychology." *American Psychologist, 64*(1), 12–19.
- Benjamin, P., & Shapiro, R. (1992). *The rational public: Fifty years of trends in Americans' policy preferences*. Chicago: University of Chicago Press.
- Benkler, Y., Faris, R., & Roberts, H. (2018). *Network propaganda: Manipulation, disinformation, and radicalization in American politics*. New York: Oxford University Press.
- Berelson, B. R., Lazarsfeld, P. F., McPhee, W. N., & McPhee, W. N. (1954). *Voting: A study of opinion formation in a presidential campaign*. Chicago: University of Chicago Press.
- Berg, J., Dickhaut, J., & McCabe, K. (1995). "Trust, reciprocity, and social history." *Games and Economic Behavior, 10*(1), 122–142.
- Bergstrom, B., & Boyer, P. (submitted). *Who mental systems believe: Effects of source on judgments of truth*.
- Bergstrom, C. T., & Lachmann, M. (2001). "Alarm calls as costly signals of anti-predator vigilance: The watchful babbler game." *Animal Behaviour, 61*(3), 535–543.
- Bernard, S., Proust, J., & Clément, F. (2015). "Four- to six-year-old children's sensitivity to reliability versus consensus in the endorsement of object labels." *Child Development, 86*(4), 1112–1124.
- Berreman, G. D. (1971). "On the nature of caste in India: A review symposium on Louis Dumont's Homo Hierarchicus: 3 The Brahmannical View of Caste." *Contributions to Indian Sociology, 5*(1), 16–23.
- Besley, T., & Burgess, R. (2002). "The political economy of government responsiveness: Theory and evidence from India." *Quarterly Journal of Economics, 117*(4), 1415–1451.
- Birch, S. A., & Bloom, P. (2007). "The curse of knowledge in reasoning about false beliefs." *Psychological Science, 18*(5), 382–386.
- Blake, T., Nosko, C., & Tadelis, S. (2015). "Consumer heterogeneity and paid search effectiveness: A large-scale field experiment." *Econometrica, 83*(1), 155–174.

- Blakeslee, D. (2014). *Propaganda and politics in developing countries: Evidence from India*. Retrieved from https://papers.ssrn.com/sol3/papers.cfm?abstract_id=2542702.
- Blancke, S., Boudry, M., & Pigliucci, M. (2017). "Why do irrational beliefs mimic science? The cultural evolution of pseudoscience." *Theoria, 83*(1), 78–97.
- Blumstein, D. T., Steinmetz, J., Armitage, K. B., & Daniel, J. C. (1997). "Alarm calling in yellow-bellied marmots: II. The importance of direct fitness." *Animal Behaviour, 53*(1), 173–184.
- Boehm, C. (1999). *Hierarchy in the forest: The evolution of egalitarian behavior*. Cambridge, MA: Harvard University Press.
- Bonaccio, S., & Dalal, R. S. (2006). "Advice taking and decision-making: An integrative literature review, and implications for the organizational sciences." *Organizational Be haviorand Human Decision Processes, 101*(2), 127–151.
- Bond, C. F. (2008). "Commentary: A few can catch a liar, sometimes: Comments on Ekman and O' Sullivan (1991)、以及 Ekman, O' Sullivan, and Frank (1999)." *Applied Cognitive Psychology, 22*(9), 1298–1300。
- Bond, C. F., & DePaulo, B. M. (2006). "Accuracy of deception judgments." *Personality and Social Psychology Review, 10*(3), 214–234.
- Bond, C. F., Howard, A. R., Hutchison, J. L., & Masip, J. (2013). "Overlooking the obvious: Incentives to lie." *Basic and Applied Social Psychology, 35*(2), 212–221.
- Bonnefon, J.-F., Hopfensitz, A., & De Neys, W. (2017). "Can we detect cooperators by looking at their face?" *Current Directions in Psychological Science, 26*(3), 276–281.
- Borgia, G. (1985). "Bower quality, number of decorations and mating success of male satin bowerbirds (Ptilonorhynchus violaceus): An experimental analysis." *Animal Behaviour, 33*(1), 266–271.
- Borgia, G. (1993). "The cost of display in the non-resource-based mating system of the satin bowerbird." *American Naturalist, 141*(5), 729–743.
- Boss, L. P. (1997). "Epidemic hysteria: A review of the published literature." *Epidemiologic Reviews, 19*(2), 233–243.
- Boxell, L., Gentzkow, M., & Shapiro, J. M. (2017). "Greater internet use is not associated with faster growth in political polarization among US demographic groups." *Proceedings of the National Academy of Sciences*, 201706588.
- Boxell, L., Gentzkow, M., & Shapiro, J. M. (2018). "A note on internet use and the 2016 US presidential election outcome." *PloS One, 13*(7), e0199571.
- Boyd, R., & Richerson, P. J. (1985). *Culture and the evolutionary process*. Chicago: University of Chicago Press.
- Boyd, R., & Richerson, P. J. (2005). *The origin and evolution of cultures*. New York: Oxford University Press.
- Boyer, P. (1994). *The naturalness of religious ideas: A cognitive theory of religion*. Los Angeles: University of California Press.

- Boyer, P. (2001). *Religion explained*. London: Heinemann.
- Boyer, P., & Baumard, N. (2018). "The diversity of religious systems across history." In J. R. Liddle & T. K. Shackelford (Eds.), *The Oxford handbook of evolutionary psychology and religion* (pp. 1–24). New York: Oxford University Press.
- Boyer, P., & Parren, N. (2015). "Threat-related information suggests competence: A possible factor in the spread of rumors." *PloS One, 10*(6), e0128421.
- Boyer, P., & Petersen, M. B. (2012). "The naturalness of (many) social institutions: Evolved cognition as their foundation." *Journal of Institutional Economics, 8*(1), 1–25.
- Boyer, P., & Petersen, M. B. (2018). "Folk-economic beliefs: An evolutionary cognitive model." *Behavioral and Brain Sciences, 41*, e158.
- Brain, P. (1986). *Galen on bloodletting: A study of the origins, development, and validity of his opinions, with a translation of the three works*. Cambridge: Cambridge University Press.
- Brain, R. (1970) "Child-witches." In M. Douglas (Ed.), *Witchcraft confessions and accusations* (pp. 161–182). London: Routledge.
- Brand, C. O., & Mesoudi, A. (2018). "Prestige and dominance based hierarchies exist in naturally occurring human groups, but are unrelated to task-specific knowledge." *Royal Society Open Science, 6*(6), 181621. https://doi.org/10.1098/rsos.181621.
- Brandenberger, D. (2012). *Propaganda state in crisis: Soviet ideology, indoctrination, and terror under Stalin*, 1927–1941. New Haven, CT: Yale University Press.
- Braucher, J., & Orbach, B. (2015). "Scamming: The misunderstood confidence man." *Yale Journal of Law and the Humanities, 27*(2), 249–287.
- Brennan, J. (2012). *The ethics of voting*. New York: Prince ton University Press.
- Brennan, J. (2016). *Against democracy*. Prince ton, NJ: Prince ton University Press.
- Broockman, D. E., & Butler, D. M. (2017). "The causal effects of elite position-taking on voter attitudes: Field experiments with elite communication." *American Journal of Political Science, 61*(1), 208–221.
- Broockman, D. E., & Green, D. P. (2014). "Do online advertisements increase political candidates' name recognition or favorability? Evidence from randomized field experiments." *Political Behavior, 36*(2), 263–289.
- Brosseau-Liard, P. E., & Poulin-Dubois, D. (2014). "Sensitivity to confidence cues increases during the second year of life." *Infancy, 19*(5), 461–475.
- Brown, R. (1965). *Social psychology*. New York: Free Press.
- Buckner, H. T. (1965). "A theory of rumor transmission." *Public Opinion Quarterly, 29*(1), 54–70.
- Burger, J. M., Girgis, Z. M., & Manning, C. C. (2011). "In their own words: Explaining obedience to authority through an examination of participants'

comments." *Social Psychological and Personality Science, 2*(5), 460–466.

- Burgess, T. H. (1839). *The physiology or mechanism of blushing*. London: Churchill.
- Burns, J. (2012). "Race, diversity and pro-social behavior in a segmented society." *Journal of Economic Behavior and Organization, 81*(2), 366–378.
- Burridge, K. O. L. (1972). "Tangu." In P. Lawrence & M. J. Meggitt (Eds.), *Gods, ghosts and men in Melanesia: Some religions of Australian New Guinea and the New Hebrides* (pp. 224–249). New York: Oxford University Press.
- Bursztyn, L., Egorov, G., & Fiorin, S. (2019). *From extreme to mainstream: The erosion of social norms*. https://home.uchicago.edu/bursztyn/Bursztyn_Egorov_Fiorin_Extreme_Mainstream_2019_06_05.pdf.
- Campagna, R. L., Mislin, A. A., Kong, D. T., & Bottom, W. P. (2016). "Strategic consequences of emotional misrepresentation in negotiation: The blowback effect." *Journal of Applied Psychology, 101*(5), 605–624.
- Canetti, E. (1981). *Crowds and power* (C. Stewart, Trans.). New York: Noonday Press.
- Caplow, T. (1947). "Rumors in war." *Social Forces, 25*(3), 298–302.
- Carlsson, M., Dahl, G. B., & Rooth, D.-O. (2015). *Do politicians change public attitudes?* NBER Working Paper No. 21062. Retrieved from https://www.nber.org/papers/w21062.
- Caro, T. M. (1986a). "The functions of stotting: A review of the hypotheses." *Animal Behaviour, 34*(3), 649–662.
- Caro, T. M. (1986b). "The functions of stotting in Thomson's gazelles: Some tests of the predictions." *Animal Behaviour, 34*(3), 663–684.
- Carruthers, S. L. (2009). *Cold War captives: Imprisonment, escape, and brainwashing*. Los Angeles: University of California Press.
- Castelain, T., Bernard, S., & Mercier, H. (2018). "Evidence that two-year-old children are sensitive to information presented in arguments." *Infancy, 23*(1), 124–135.
- Castelain, T., Bernard, S., Van der Henst, J.-B., & Mercier, H. (2016). "The influence of power and reason on young Maya children's endorsement of testimony." *Developmental Science, 19*(6), 957–966.
- Castelain, T., Girotto, V., Jamet, F., & Mercier, H. (2016). "Evidence for benefits of argumentation in a Mayan indigenous population." *Evolution and Human Behavior, 37*(5), 337–342.
- Cavari, A., & Freedman, G. (2018). "Polarized mass or polarized few? Assessing the parallel rise of survey nonresponse and measures of polarization." *Journal of Politics, 80*(2), 719–725.
- Chagnon, N. A. (1992). *Yanomamö: The fierce people* (4th ed.). New York: Holt, Rinehart and Winston.
- Chan, M. S., Jones, C. R., Hall Jamieson, K., & Albarracin, D. (2017). "Debunking: A meta-analysis of the psychological efficacy of messages countering

misinformation." *Psychological Science, 28*(11), 1531–1546.

- Chanel, O., Luchini, S., Massoni, S., & Vergnaud, J.-C. (2011). "Impact of information on intentions to vaccinate in a potential epidemic: Swine-origin influenza A (H1N1)." *Social Science and Medicine, 72*(2), 142–148.
- Charness, G., & Dufwenberg, M. (2006). "Promises and partnership." *Econometrica, 74*(6), 1579–1601.
- Cheatham, M. L. (2008). "The death of George Washington: An end to the controversy?" *American Surgeon, 74*(8), 770–774.
- Chen, X., & Shi, T. (2001). "Media effects on political confidence and trust in the People's Republic of China in the post-Tiananmen period." *East Asia, 19*(3), 84–118.
- Chen, Y., YeckehZaare, I., & Zhang, A. F. (2018). "Real or bogus: Predicting susceptibility to phishing with economic experiments." *PloS One, 13*(6), e0198213.
- Cheney, D. L., & Seyfarth, R. M. (1988). "Assessment of meaning and the detection of unreliable signals by vervet monkeys." *Animal Behaviour, 36*(2), 477–486.
- Cheney, D. L., & Seyfarth, R. M. (1990). *How monkeys see the world*. Chicago: University of Chicago Press.
- Cheney, D. L., Seyfarth, R. M., & Silk, J. B. (1995). "The role of grunts in reconciling opponents and facilitating interactions among adult female baboons." *Animal Behaviour, 50*(1), 249–257.
- Chiang, C.-F., & Knight, B. (2011). "Media bias and influence: Evidence from newspaper endorsements." *Review of Economic Studies, 78*(3), 795–820.
- Chiarella, S. S., & Poulin-Dubois, D. (2013). "Cry babies and Pollyannas: Infants can detect unjustified emotional reactions." *Infancy, 18*(s1), E81– E96.
- Chiarella, S. S., & Poulin-Dubois, D. (2015). "'Aren't you supposed to be sad?' Infants do not treat a stoic person as an unreliable emoter." *Infant Behavior and Development, 38*, 57–66.
- Choleris, E., Guo, C., Liu, H., Mainardi, M., & Valsecchi, P. (1997). "The effect of demonstrator age and number on duration of socially-induced food preferences in house mouse (Mus domesticus)." *Behavioural Processes, 41*(1), 69–77.
- Chorus, A. (1953). "The basic law of rumor." *Journal of Abnormal and Social Psychology, 48*(2), 313–314.
- Chwe, M. (2001). *Rational ritual*. New York: Prince ton University Press.
- Claidière, N., Trouche, E., & Mercier, H. (2017). "Argumentation and the diffusion of counter-intuitive beliefs." *Journal of Experimental Psychology: General, 146*(7), 1052–1066.
- Clauset, A., Arbesman, S., & Larremore, D. B. (2015). "Systematic in equality and hierarchy in faculty hiring networks." *Science Advances, 1*(1), e1400005.
- Clément, F. (2006). *Les mécanismes de la crédulité*. Geneva: Librairie Droz.

- Clément, F. (2010). "To trust or not to trust? Children's social epistemology." *Review of Philosophy and Psychology, 1*(4), 1-19.
- Clément, F., Koenig, M. A., & Harris, P. (2004). "The ontogenesis of trust." *Mind and Language, 19*(4), 360-379.
- Cohen, I. B. (1985). *Revolution in science*. Cambridge, MA: Harvard University Press.
- Cohn, N. (1970). *The pursuit of the millennium*. St. Albans: Paladin.
- Collins, P. J., Hahn, U., von Gerber, Y., & Olsson, E. J. (2013). "The bi-directional relationship between source characteristics and message content." *Frontiers in Psychology, 9*. Retrieved from https://www.frontiersin.org/articles/10.3389/fpsyg.2018.00018/full.
- Condorcet, J. A. N. (1785). *Essai sur l'application de l'analyse à la probabilité des décisions rendues à la pluralité des voix.*
- Condorcet, J. A. N. (1797). *Esquisse d'un tableau historique des progrès de l'esprit humain.*
- Conner, A. W. (2000). "True confessions? Chinese confessions then and now." In K. G. Turner, J. V. Feinerman, & R. K. Guy (Eds.), *The limits of the rule of law in China* (pp. 132-162). Seattle: University of Washington Press.
- Conradt, L., & List, C. (2009). "Group decisions in humans and animals: A survey." *Philosophical Transactions of the Royal Society of London B: Biological Sciences, 364*(1518), 719-742.
- Conradt, L., & Roper, T. J. (2003). "Group decision-making in animals." *Nature, 421*(6919), 155-158.
- Corriveau, K. H., & Harris, P. L. (2010). "Preschoolers (sometimes) defer to the majority in making simple perceptual judgments." *Developmental Psychology, 46*(2), 437-445.
- Costas-Pérez, E., Solé-Ollé, A., & Sorribas-Navarro, P. (2012). "Corruption scandals, voter information, and accountability." *European Journal of Political Economy, 28*(4), 469-484.
- Couch, C. J. (1968). "Collective behavior: An examination of some stereo types." *Social Problems, 15*(3), 310-322.
- Couillard, N. L., & Woodward, A. L. (1999). "Children's comprehension of deceptive points." *British Journal of Developmental Psychology, 17*(4), 515-521.
- Coviello, L., Sohn, Y., Kramer, A. D., Marlow, C., Franceschetti, M., Christakis, N. A. & Fowler, J. H. (2014). "Detecting emotional contagion in massive social networks." *PloS One, 9*(3), e90315.
- Crivelli, C., & Fridlund, A. J. (2018). "Facial displays are tools for social influence." *Trends in Cognitive Sciences, 22*(5), 388-399.
- Crowell, A., & Kuhn, D. (2014). "Developing dialogic argumentation skills: A 3-year intervention study." *Journal of Cognition and Development, 15*(2), 363-381.
- Davies, S. R. (1997). *Popular opinion in Stalin's Russia: Terror, propaganda and dissent*, 1934-1941. Cambridge: Cambridge University Press.

- Dawkins, R. (2010). *A devil's chaplain: Selected writings*. London: Hachette UK.
- Dawkins, R., & Krebs, J. R. (1978). "Animal signals: Information or manipulation?" In J. R. Krebs & N. B. Davies (Eds.), *Behavioural ecology: An evolutionary approach* (pp. 282–309). Oxford: Basil Blackwell Scientific Publications.
- Dediu, D., & Levinson, S. C. (2018). "Neanderthal language revisited: Not only us." *Current Opinion in Behavioral Sciences, 21*, 49–55.
- Dehaene, S. (1999). *The number sense: How the mind creates mathematics*. Oxford: Oxford University Press.
- DellaVigna, S., & Gentzkow, M. (2010). "Persuasion: Empirical evidence." *Annual Review of Economics, 2*(1), 643–669.
- DellaVigna, S., & Kaplan, E. (2007). "The Fox News effect: Media bias and voting." *Quarterly Journal of Economics, 122*(3), 1187–1234.
- Delton, A. W., & Cimino, A. (2010). "Exploring the evolved concept of NEWCOMER: Experimental tests of a cognitive model." *Evolutionary Psychology, 8*(2), 147470491000800220.
- Delumeau, J. (1977). *Catholicism between Luther and Voltaire*. Philadelphia: Westminster Press.
- Del Vicario, M., Scala, A., Caldarelli, G., Stanley, H. E., & Quattrociocchi, W. (2017). "Modeling confirmation bias and polarization." *Scientific Reports, 7*, 40391.
- Demick, B. (2010). *Nothing to envy: Real lives in North Korea*. New York: Spiegel and Grau.
- Dennett, D. C. (1995). *Darwin's dangerous idea*. London: Penguin Books.
- DePaulo, B. M. (1992). "Nonverbal behavior and self-presentation." *Psychological Bulletin, 111*(2), 203–243.
- DePaulo, B. M., Kashy, D. A., Kirkendol, S. E., Wyer, M. M., & Epstein, J. A. (1996). "Lying in everyday life." *Journal of Personality and Social Psychology, 70*(5), 979–995.
- DePaulo, B. M., Lindsay, J. J., Malone, B. E., Muhlenbruck, L., Charlton, K., & Cooper, H. (2003). "Cues to deception." *Psychological Bulletin, 129*(1), 74–118.
- Desmet, K., & Wacziarg, R. (2018). *The cultural divide*. NBER Working Paper No. 24630. Retrived from https://www.nber.org/papers/w24630.
- Desrochers, S., Morissette, P., & Ricard, M. (1995). "Two perspectives on pointing in infancy." In C. Moore & P. Dunham (Eds.), *Joint attention: Its origins and role in development* (pp. 85–101). Hillsdale, NJ: Erlbaum.
- Dessalles, J.-L. (2007). *Why we talk: The evolutionary origins of language*. Cambridge: Oxford University Press.
- Deutsch, M., & Gerard, H. B. (1955). "A study of normative and informational social influences upon individual judgment." *Journal of Abnormal and Social Psychology, 51*(3), 629–636.
- De Vries, C. E., Hobolt, S. B., & Tilley, J. (2018). "Facing up to the facts: What causes economic perceptions?" *Electoral Studies, 51*, 115–122.

- de Waal, F. B. M. (1982). *Chimpanzee politics*. New York: Harper and Row.
- Dewitt, S. H., Lagnado, D., & Fenton, N. E. (submitted). *Updating prior beliefs based on ambiguous evidence*. Retrieved from https://www.researchgate.net/publication/326610460_Updating_Prior_Beliefs_Based_on_Ambiguous_Evidence.
- Dezecache, G. (2015). "Human collective reactions to threat." *Wiley Interdisciplinary Reviews: Cognitive Science, 6*(3), 209-219.
- Dezecache, G., Martin, J. R., Tessier, C., Safra, L., Pitron, V., Nuss, P., & Grèzes, J. (submitted). *Social strategies in response to deadly danger during a mass shooting*.
- Dezecache, G., Mercier, H., & Scott-Phillips, T. C. (2013). "An evolutionary approach to emotional communication." *Journal of Pragmatics, 59*(B), 221-233.
- Dickson, G. (2007). *The Children's Crusade: Medieval history, modern mythistory*. London: Palgrave Macmillan.
- DiFonzo, N. (2010). "Ferreting facts or fashioning fallacies? Factors in rumor accuracy." *Social and Personality Psychology Compass, 4*(11), 1124-1137.
- DiFonzo, N., & Bordia, P. (2007). *Rumor psychology: Social and organizational approaches*. Washington, DC: American Psychological Association.
- Diggory, J. C. (1956). "Some consequences of proximity to a disease threat." *Sociometry, 19*(1), 47-53.
- Dikötter, F. (2010). *Mao's great famine: The history of China's most devastating catastrophe, 1958-1962*. New York: Walker and Company.
- Dimberg, U., Thunberg, M., & Elmehed, K. (2000). "Unconscious facial reactions to emotional facial expressions." *Psychological Science, 11*(1), 86-89.
- Dixon, G., Hmielowski, J., & Ma, Y. (2017). "Improving climate change acceptance among US conservatives through value-based message targeting." *Science Communication, 39*(4), 520-534.
- Dockendorff, M., & Mercier, H. (in preparation). *Argument transmission as the weak link in the correction of political misbeliefs*.
- Donovan, P. (2004). *No way of knowing: Crime, urban legends and the internet*. London: Routledge.
- Drizin, S. A., & Leo, R. A. (2003). "The problem of false confessions in the post-DNA world." *North Carolina Law Review, 82*, 891-1007.
- Druckman, J. N., Levendusky, M. S., & McLain, A. (2018). "No need to watch: How the effects of partisan media can spread via interpersonal discussions." *American Journal of Political Science, 62*(1), 99-112.
- Drury, J., Novelli, D., & Stott, C. (2013). "Psychological disaster myths in the perception and management of mass emergencies." *Journal of Applied Social Psychology, 43*(11), 2259-2270.
- Dubois, E., & Blank, G. (2018). "The echo chamber is overstated: The moderating effect of political interest and diverse media." *Information, Communication and Society, 21*(5), 729-745.
- Dubreuil, B. (2010). "Paleolithic public goods games: Why human culture and cooperation did not evolve in one step." *Biology and Philosophy, 25*(1),

53-73.
- Dumont, L. (1980). *Homo hierarchicus: The caste system and its implications*. Chicago: University of Chicago Press.
- Dunlap, A. S., Nielsen, M. E., Dornhaus, A., & Papaj, D. R. (2016). "Foraging bumble bees weigh the reliability of personal and social information." *Current Biology, 26*(9), 1195–1199.
- Durante, R., & Gutierrez, E. (2014). *Political advertising and voting intentions: Evidence from exogenous variation in ads viewership*. Unpublished manuscript. Retrieved from https://spire.sciencespo.fr/hdl:/2441/26lctatf2u813of8nkn7j2230h/resources/wp-mexico-political-advertising.pdf.
- Durbach, N. (2000). "'They might as well brand us': Working-class resistance to compulsory vaccination in Victorian England." *Social History of Medicine, 13*(1), 45–63.
- Ebrahim, G. J. (1968). "Mass hysteria in school children: Notes on three outbreaks in East Africa." *Clinical Pediatrics, 7*(7), 437–438.
- Ecker, U. K., O'Reilly, Z., Reid, J. S., & Chang, E. P. (2019). The effectiveness of short-format refutational fact-checks. *British Journal of Psychology*. https://doi.org/10.1111/bjop.12383.
- Edwards, K., & Smith, E. E. (1996). "A disconfirmation bias in the evaluation of arguments." *Journal of Personality and Social Psychology, 71*(1), 5–24.
- Einav, S. (2017). "Thinking for themselves? The effect of informant independence on children's endorsement of testimony from a consensus." *Social Development, 27*(1), 73–86.
- Einav, S., & Robinson, E. J. (2011). "When being right is not enough: Four-year-olds distinguish knowledgeable informants from merely accurate informants." *Psychological Science, 22*(10), 1250–1253.
- Ekelund, R. B., Tollison, R. D., Anderson, G. M., Hébert, R. F., & Davidson, A. B. (1996). *Sacred trust: The medieval church as an economic firm*. New York: Oxford University Press.
- Ekman, P. (2001). *Telling lies: Clues to deceit in the marketplace, politics, and marriage*. New York: Norton.
- Ekman, P. (2009). "Lie catching and microexpressions." In C. Martin (Ed.), *The philosophy of deception* (pp.118–133). Oxford: Oxford University Press.
- Enders, A. M., & Armaly, M. T. (2018). "The differential effects of actual and perceived polarization." *Political Behavior*, https://doi.org/10.1007/s11109-018-9476-2.
- Engelberg, J. W., & Gouzoules, H. (2019). "The credibility of acted screams: Implications for emotional communication research." *Quarterly Journal of Experimental Psychology, 72*(8), 1889–1902.
- Epler, D. C. (1980). "Bloodletting in early Chinese medicine and its relation to the origin of acupuncture." *Bulletin of the History of Medicine, 54*(3), 337-367.

- Eriksson, K. (2012). "The nonsense math effect." *Judgment and Decision Making, 7*(6), 746–749.
- Estlund, D. (1994). "Opinion leaders, independence, and Condorcet's jury theorem." *Theory and Decision, 36*(2), 131–162.
- Evans, H., & Bartholomew, R. (2009). *Outbreak! The encyclopedia of extraordinary social behavior*. New York: Anomalist Books.
- Evans-Pritchard, E. E. (1937). *Witchcraft, magic and oracles among the Azande*. Retrieved from eHRAF: World Cultures database.
- Faasse, K., Chatman, C. J., & Martin, L. R. (2016). "A comparison of language use in pro- and anti-vaccination comments in response to a high profile Facebook post." *Vaccine, 34*(47), 5808–5814.
- Facchini, G., Margalit, Y., & Nakata, H. (2016). *Countering public opposition to immigration: The impact of information campaigns*. Unpublished article. Retrieved from https://papers.ssrn.com/sol3/papers.cfm?abstract_id=2887349.
- Fadda, M., Allam, A., & Schulz, P. J. (2015). "Arguments and sources on Italian online forums on childhood vaccinations: Results of a content analysis." *Vaccine, 33*(51), 7152–7159.
- Fershtman, C., & Gneezy, U. (2001). "Discrimination in a segmented society: An experimental approach." *Quarterly Journal of Economics, 116*(1), 351–377.
- Fifield, A. (2019). *The Great Successor: The divinely perfect destiny of brilliant comrade Kim Jong Un*. New York: PublicAffairs.
- Fiorina, M. P., Abrams, S. J., & Pope, J. (2005). *Culture war? The myth of a polarized America*. New York: Pearson Longman.
- FitzGibbon, C. D., & Fanshawe, J. H. (1988). "Stotting in Thomson's gazelles: An honest signal of condition." *Behavioral Ecology and Sociobiology, 23*(2), 69–74.
- Flaxman, S., Goel, S., & Rao, J. M. (2016). "Filter bubbles, echo chambers, and online news consumption." *Public Opinion Quarterly, 80*(S1), 298–320.
- Fletcher, R., & Nielsen, R. K. (2017). "Are news audiences increasingly fragmented? A cross-national comparative analysis of cross-platform news audience fragmentation and duplication." *Journal of Communication, 67*(4), 476–498.
- Foddy, M., Platow, M. J., & Yamagishi, T. (2009). "Group-based trust in strangers: The role of stereo types and expectations." *Psychological Science, 20*(4), 419–422.
- Fodor, J. (1983). *The modularity of mind*. Cambridge, MA: MIT Press.
- Foerster, A., Wirth, R., Herbort, O., Kunde, W., & Pfister, R. (2017). "Lying upside-down: Alibis reverse cognitive burdens of dishonesty." *Journal of Experimental Psychology: Applied, 23*(3), 301–319.
- Fourney, A., Racz, M. Z., Ranade, G., Mobius, M., & Horvitz, E. (2017). "Geographic and temporal trends in fake news consumption during the 2016 US presidential election." *Proceedings of the 2017 ACM Conference on Information and Knowledge Management*, 2071–2074.

- Frank, R. H. (1988). *Passions within reason: The strategic role of emotions*. New York: Norton.
- Frederick, S. (2005). "Cognitive reflection and decision making." *Journal of Economic Perspectives, 19*(4), 25-42.
- Fresco, N. (1980). "Les redresseurs de morts. Chambres à gaz: la bonne nouvelle." Comment on révise l'histoire. *Les Temps Modernes, 407*, 2150-2211.
- Freud, S. (1905). "Fragment of an analysis of a case of hysteria." In E. Jones (Ed.), *Collected papers* (pp. 13-146). New York: Basic Books.
- Friend, R., Rafferty, Y., & Bramel, D. (1990). "A puzzling misinterpretation of the Asch 'conformity' study." *European Journal of Social Psychology, 20*(1), 29-44.
- Fusaroli, R., Bahrami, B., Olsen, K., Roepstorff, A., Rees, G., Frith, C., & Tylén, K. (2012). "Coming to terms quantifying the benefits of linguistic coordination." *Psychological Science*, 0956797612436816.
- Futaba, I., & McCormack, G. (1984). "Crime, confession and control in con temporary Japan." *Law Context: A Socio-Legal Journal, 2*, 1-30.
- Galler, J. S. (2007). *Logic and argumentation in "The Book of Concord"* (unpublished doctoral dissertation). University of Texas at Austin.
- Gallup, A. C., Chong, A., & Couzin, I. D. (2012). "The directional flow of visual information transfer between pedestrians." *Biology Letters, 8*(4), 520-522.
- Gallup, A. C., Hale, J. J., Sumpter, D. J., Garnier, S., Kacelnik, A., Krebs, J. R., & Couzin, I. D. (2012). "Visual attention and the acquisition of information in human crowds." *Proceedings of the National Academy of Sciences, 109*(19), 7245-7250.
- Galton, F. (1907). "Vox populi." *Nature, 75*(7), 450-451.
- Gamson, W. A. (1992). *Talking politics*. Cambridge: Cambridge University Press.
- Gang, Q., & Bandurski, D. (2011). "China's emerging public sphere: The impact of media commercialization, professionalism, and the internet in an era of transition." In S. L. Shirk (Ed.), *Changing media, changing China* (pp. 38-76). New York: Oxford University Press.
- Garcia, J., Kimeldorf, D. J., & Koelling, R. A. (1955). "Conditioned aversion to saccharin resulting from exposure to gamma radiation." *Science, 122*(3160), 157-158.
- Gelman, A., Goel, S., Rivers, D., & Rothschild, D. (2016). "The mythical swing voter." *Quarterly Journal of Political Science, 11*(1), 103-130.
- Gelman, A., & King, G. (1993). "Why are American presidential election campaign polls so variable when votes are so predictable?" *British Journal of Political Science, 23*(4), 409-451.
- Gendelman, M. (2013). *A tale of two soldiers: The unexpected friendship between a WWII American Jewish sniper and a German military pilot*. Minneapolis, MN: Hillcrest Publishing Group.
- Genovese, E. D. (1974). *Roll, Jordan, roll: The world the slaves made*. New York: Pantheon.
- Gentzkow, M., & Shapiro, J. M. (2011). "Ideological segregation online and offline." *Quarterly Journal of Economics, 126*(4), 1799-1839.

- Gervais, W. M., & Norenzayan, A. (2012). "Analytic thinking promotes religious disbelief." *Science, 336*(6080), 493–496.
- Gervais, W. M., van Elk, M., Xygalatas, D., McKay, R. T., Aveyard, M., Buchtel, E. E., . . . Riekki, T. (2018). "Analytic atheism: A cross-culturally weak and fickle phenomenon?" *Judgment and Decision Making, 13*(3), 268–274.
- Gilbert, D. T. (1991). "How mental systems believe." *American Psychologist, 46*(2), 107–119.
- Gilbert, D. T., Krull, D. S., & Malone, P. S. (1990). "Unbelieving the unbelievable: Some problems in the rejection of false information." *Journal of Personality and Social Psychology, 59*(4), 601–613.
- Gilbert, D. T., Tafarodi, R. W., & Malone, P. S. (1993). "You can't not believe everything you read." *Journal of Personality and Social Psychology, 65*(2), 221–233.
- Gilsenan, M. (1976). "Lying, honor, and contradiction." In E. Kapferer (Ed.), *Transaction and Meaning: Directions in the Anthropology of Exchange and Symbolic Behavior* (pp. 191–219). Philadelphia: Institute for the Study of Human Issues.
- Gino, F. (2008). "Do we listen to advice just because we paid for it? The impact of advice cost on its use." *Organizational Behavior and Human Decision Processes, 107*(2), 234–245.
- Ginzburg, C. (2013). *The cheese and the worms: The cosmos of a sixteenth-century miller*. Baltimore: Johns Hopkins University Press.
- Glaeser, E. L., Laibson, D. I., Scheinkman, J. A., & Soutter, C. L (2000). "Measuring trust." *Quarterly Journal of Economics, 115*(3), 811–846.
- Goldacre, B. (2014). *Bad pharma: How drug companies mislead doctors and harm patients*. London: Macmillan.
- Goldman, A. I. (2001). "Experts: Which ones should you trust?" *Philosophy and Phenomenological Research, 63*(1), 85–110.
- Goues, C. L., Brun, Y., Apel, S., Berger, E., Khurshid, S., & Smaragdakis, Y. (2017). *Effectiveness of anonymization in double-blind review*. Retrieved from https://arxiv.org/abs/1709.01609.
- Gould, J. L., & Gould, C. G. (1982). "The insect mind: Physics or metaphysics?" In D. R. Griffin (Ed.), *Animal mind–Human mind* (pp. 269–298). Berlin: Springer-Verlag.
- Granovetter, M. (1978). "Threshold models of collective behavior." *American Journal of Sociology, 83*(6), 1420–1443.
- Greene, E. D. (1990). "The logic of university students' misunderstanding of natural selection." *Journal of Research in Science Teaching, 27*(9), 875–885.
- Greenspan, S. (2008). *Annals of gullibility: Why we get duped and how to avoid it*. New York: ABC-CLIO.
- Greenwald, A. G. (1968). "Cognitive learning, cognitive response to persuasion, and attitude change." In A. G. Greenwald, T. C. Brock, & T. M. Ostrom (Eds.), *Psychological foundations of attitudes* (pp. 147–170). New York: Academic Press.
- Griggs, R. A. (2015). "The disappearance of independence in textbook coverage of Asch's social pressure experiments." *Teaching of Psychology, 42*(2),

137–142.

- Griggs, R. A., & Whitehead, G. I. (2015). "Coverage of Milgram's obedience experiments in social psychology textbooks: Where have all the criticisms gone?" *Teaching of Psychology, 42*(4), 315–322.
- Grigorieff, A., Roth, C., & Ubfal, D. (2018). "Does information change attitudes towards immigrants? Representative evidence from survey experiments." Unpublished article. Retrieved from https://papers.ssrn.com/sol3/papers.cfm?abstract_id=2768187.
- Grinberg, N., Joseph, K., Friedland, L., Swire-Thompson, B., & Lazer, D. (2019). "Fake news on Twitter during the 2016 US presidential election." *Science, 363*(6425), 374–378.
- Gross, D. K. (2018). *Documents of the Salem witch trials*. Santa Barbara, CA: ABC-CLIO.
- Grove, M. (2018). "Strong conformity requires a greater proportion of asocial learning and achieves lower fitness than a payoff-based equivalent." *Adaptive Behavior, 26*(6), 323–333.
- Gudjonsson, G. H. (2003). *The psychology of interrogations and confessions: A handbook*. New York: Wiley.
- Gudjonsson, G. H., & Sigurdsson, J. F. (1994). "How frequently do false confessions occur? An empirical study among prison inmates." *Psychology, Crime and Law, 1*(1), 21–26.
- Gudjonsson, G. H., Sigurdsson, J. F., Bragason, O. O., Einarsson, E., & Valdimarsdottir, E. B. (2004). "Confessions and denials and the relationship with personality." *Legal and Criminological Psychology, 9*(1), 121–133.
- Gudjonsson, G. H., Sigurdsson, J. F., & Einarsson, E. (2004). "The role of personality in relation to confessions and denials." *Psychology, Crime and Law, 10*(2), 125–135.
- Guess, A. (2016). *Media choice and moderation: Evidence from online tracking data*. Unpublished manuscript, New York University.
- Guess, A., & Coppock, A. (2015). *Back to Bayes: Confronting the evidence on attitude polarization*. Unpublished manuscript. Retrieved from https://pdfs.semanticscholar.org/23fc/c2e9e5706a766148e71624dc0f78e3cbf8ef.pdf.
- Guess, A., & Coppock, A. (2018). "Does counter-attitudinal information cause backlash? Results from three large survey experiments." *British Journal of Political Science*. https://doi.org/10.1017/S0007123418000327.
- Guess, A., Nagler, J., & Tucker, J. (2019). "Less than you think: Prevalence and predictors of fake news dissemination on Facebook." *Science Advances, 5*(1), eaau4536.
- Guess, A., Nyhan, B., & Reifler, J. (2018). *Selective exposure to misinformation: Evidence from the consumption of fake news during the 2016 US presidential campaign*. Retrieved from http://www.ask-force.org/web/Fundamentalists/Guess-Selective-Exposure-to-Misinformation-Evidence-Presidential-Cam-

paign-2018.pdf.

- Gupta, G., Mahmud, M., Maitra, P., Mitra, S., & Neelim, A. (2013). *Religion, minority status and trust: Evidence from a field experiment*. Retrieved from https://www.researchgate.net/profile/Minhaj_Mahmud2/publication/313006388_Religion_Minority_Status_and_Trust_Evidence_from_a_Field_Experiment/links/588c2e7daca272fa50dde0a6/Religion-Minority-Status-and-Trust-Evidence-from-a-Field-Experiment.pdf.
- Hahn, U., & Oaksford, M. (2007). "The rationality of informal argumentation: A Bayesian approach to reasoning fallacies." *Psychological Review, 114*(3), 704–732.
- Haig, D. (1993). "Genetic conflicts in human pregnancy." *Quarterly Review of Biology, 68*(4), 495–532.
- Haig, D. (1996). "Placental hormones, genomic imprinting, and maternal-fetal communication." *Journal of Evolutionary Biology, 9*(3), 357-380.
- Hall, J. R. (2009). "Apocalyptic and millenarian movements." In D. A. Snow, D. della Porta, B. Klandermans, & D. McAdam (Eds.), *The Wiley-Blackwell encyclopedia of social and political movements* (pp. 1–3). London: Wiley-Blackwell.
- Hall, J. R. (2013). *Apocalypse: From antiquity to the empire of modernity*. Indianapolis: Wiley.
- Han, S. (2018). "Neurocognitive basis of racial ingroup bias in empathy." *Trends in Cognitive Sciences, 2*(5), 400–421.
- Harding, H. (1993). "The Chinese state in crisis, 1966–9." In R. MacFarquhar (Ed.), *The politics of China, 1949–1989* (pp. 148–247). New York: Cambridge University Press.
- Harper, E. B. (1968). "Social consequences of an unsuccessful low caste movement." In J. Silverberg (Ed.), *Social Mobility in the Caste System in India* (pp. 36–65). The Hague: Mouton.
- Harris, P. L. (2012). *Trusting what you're told: How children learn from others*. Cambridge, MA: Belknap Press of Harvard University Press.
- Harris, P. L., Koenig, M. A., Corriveau, K. H., & Jaswal, V. K. (2018). "Cognitive foundations of learning from testimony." *Annual Review of Psychology, 69*(1), 251–273.
- Hartwig, M., & Bond, C. H. (2011). "Why do lie-catchers fail? A lens model meta-analysis of human lie judgments." *Psychological Bulletin, 137*(4), 643–659.
- Haslam, N., Loughnan, S., & Perry, G. (2014). "Meta-Milgram: An empirical synthesis of the obedience experiments." *PloS One, 9*(4), e93927.
- Hassig, R., & Oh, K. (2009). *The hidden people of North Korea: Everyday life in the hermit kingdom*. London: Rowman and Littlefield.
- Hasson, O. (1991). "Pursuit-deterrent signals: Communication between prey and predator." *Trends in Ecology and Evolution, 6*(10), 325–329.
- Hasson, U., Simmons, J. P., & Todorov, A. (2005). "Believe it or not: On the possibility of suspending belief." *Psychological Science, 16*(7), 566–571.
- Hastie, R., & Kameda, T. (2005). "The robust beauty of majority rules in group decisions." *Psychological Review, 112*(2), 494–508.

- Hatfield, E., Cacioppo, J. T., & Rapson, R. L. (1994). *Emotional contagion*. Cambridge: Cambridge University Press.
- Haun, D. B. M., & Tomasello, M. (2011). "Conformity to peer pressure in preschool children." *Child Development, 82*(6), 1759–1767.
- Heathers, J. A., Fayn, K., Silvia, P. J., Tiliopoulos, N., & Goodwin, M. S. (2018). "The voluntary control of piloerection." *PeerJ Preprints, 6*, e26594v1.
- Heckewelder, J.G.E. (1876). *History, manners, and customs of the Indian nations: Who once inhabited Pennsylvania and the neighboring states*. Philadelphia: Historical Society of Pennsylvania.
- Henrich, J. (2009). "The evolution of costly displays, cooperation and religion: Credibility enhancing displays and their implications for cultural evolution." *Evolution and Human Behavior, 30*(4), 244–260.
- Henrich, J. (2015). *The secret of our success: How culture is driving human evolution, domesticating our species, and making us smarter*. Prince ton, NJ: Prince ton University Press.
- Henrich, J., & Boyd, R. (1998). "The evolution of conformist transmission and the emergence of between-group differences." *Evolution and Human Behavior, 19*(4), 215–241.
- Henrich, J., & Broesch, J. (2011). "On the nature of cultural transmission networks: Evidence from Fijian villages for adaptive learning biases." *Philosophical Transactions of the Royal Society of London B: Biological Sciences, 366*(1567), 1139–1148.
- Henrich, J., & Gil-White, F. J. (2001). "The evolution of prestige: Freely conferred deference as a mechanism for enhancing the benefits of cultural transmission." *Evolution and Human Behavior, 22*(3), 165–196.
- Hepach, R., Vaish, A., & Tomasello, M. (2013). "Young children sympathize less in response to unjustified emotional distress." *Developmental Psychology, 49*(6), 1132–1138.
- Heraclitus. (2001). *Fragments: The collected wisdom of Heraclitus* (B. Haxton, Trans.). London: Viking Adult.
- Herley, C. (2012). "Why do Nigerian scammers say they are from Nigeria?" *WEIS*. Retrieved from http://infosecon.net/workshop/downloads/2012/pdf/Why_do_Nigerian_Scammers_Say_They_are_From_Nigeria.pdf.
- Hernon, I. (2006). *Riot! Civil insurrection from Peterloo to the pre sent day*. New York: Pluto Press.
- Higham, J. F. (2013). "How does honest costly signaling work?" *Behavioral Ecology, 25*(1), 8–11.
- Hill, K., & Kintigh, K. (2009). "Can anthropologists distinguish good and poor hunters? Implications for hunting hypotheses, sharing conventions, and cultural transmission." *Current Anthropology, 50*(3), 369–378.
- Hill, S. J. (2017). "Learning together slowly: Bayesian learning about political facts." *Journal of Politics, 79*(4), 1403–1418.
- Hill, S. J., Lo, J., Vavreck, L., & Zaller, J. (2013). "How quickly we forget: The duration of persuasion effects from mass communication." *Political Commu-*

nication, 30(4), 521–547.

- Hirschfeld, L. A. (2002). "Why don't anthropologists like children?" *American Anthropologist, 104*(2), 611–627.
- Hitler, A. (1939). *Mein Kampf* (J. Murphy, Trans.). London: Hurst and Blackett.
- Hoare, G., & Sperber, N. (2015). *An introduction to Antonio Gramsci: His life, thought and legacy*. London: Bloomsbury.
- Hodges, B. H., & Geyer, A. L. (2006). "A nonconformist account of the Asch experiments: Values, pragmatics, and moral dilemmas." *Personality and Social Psychology Review, 10*(1), 2–19.
- Hoffmann, D. L., Standish, C. D., García-Diez, M., Pettitt, P. B., Milton, J. A., Zi hão, J., . . . De Balbín, R. (2018). "U-Th dating of carbonate crusts reveals Neandertal origin of Iberian cave art." *Science, 359*(6378), 912–915.
- Hofman, D., Bos, P. A., Schutter, D. J., & van Honk, J. (2012). "Fairness modulates non-conscious facial mimicry in women." *Proceedings of the Royal Society of London B: Biological Sciences, 279*(1742), 3535–3539.
- Holbach, P.H.T.B.d'. (1835). Chris tian ity unveiled: Being an examination of the principles and effects of the Christian religion. New York: Johnson.
- Hollander, M. M., & Turowetz, J. (2017). "Normalizing trust: Participants' immediately post-hoc explanations of behaviour in Milgram's "obedience" experiments." *British Journal of Social Psychology, 56*(4), 655–674.
- Honts, C. R., & Hartwig, M. (2014). "Credibility assessment at portals." In D. C. Raskin, C. R. Honts, & J. C. Kircher (Eds.), *Credibility assessment* (pp. 37–61). Amsterdam: Elsevier.
- Hopkins, D. J., & Ladd, J. M. (2014). "The consequences of broader media choice: Evidence from the expansion of Fox News." *Quarterly Journal of Political Science, 9*(1), 115–135.
- Hopkins, D. J., Sides, J., & Citrin, J. (2019). "The muted consequences of correct information about immigration." *Journal of Politics, 81*(1), 315–320.
- Horne, Z., Powell, D., Hummel, J. E., & Holyoak, K. J. (2015). "Countering antivaccination attitudes." *Proceedings of the National Academy of Sciences, 112*(33), 10321–10324.
- Horo witz, D. L. (2001). *The deadly ethnic riot*. Berkeley: University of California Press.
- Hovland, C. I. (1954). "The effects of the mass media of communication." In L. Gardner (Ed.), *Handbook of social psychology* (pp. 244–252). Cambridge MA: Addison-Wesley.
- Howard, G. (1983). *Frames of mind: The theory of multiple intelligences*. New York: Basic Books.
- Hu, J., Whalen, A., Buchsbaum, D., Griffiths, T., & Xu, F. (2015). "Can children balance the size of a majority with the quality of their information?" *Proceedings of the Cognitive Science Society Conference*. Pasadena, California, July 22–25.

- Hu, Y., Lodish, L. M., & Krieger, A. M. (2007). "An analysis of real world TV advertising tests: A 15-year update." *Journal of Advertising Research, 47*(3), 341-353.
- Huang, H. (2017). "A war of (mis)information: The political effects of rumors and rumor rebuttals in an authoritarian country." *British Journal of Political Science, 47*(2), 283-311.
- Huckfeldt, R. (2001). "The social communication of political expertise." American *Journal of Political Science, 45*(2), 425-438.
- Huckfeldt, R., Pietryka, M. T., & Reilly, J. (2014). "Noise, bias, and expertise in political communication networks." *Social Networks, 36*, 110-121.
- Hutton, R. (2017). *The witch: A history of fear, from ancient times to the present*. New Haven, CT: Yale University Press.
- Iannaccone, L. R. (1992). "Sacrifice and stigma: Reducing free-riding in cults, communes, and other collectives." *Journal of Political Economy, 100*(2), 271-291.
- Iannaccone, L. R. (2006). "The market for martyrs." *Interdisciplinary Journal of Research on Religion, 2*(4), 1-28.
- Inbau, F., Reid, J., Buckley, J., & Jayne, B. (2001). *Criminal interrogation and confessions* (4th ed.). Gaithersberg, MD: Aspen.
- Isberner, M.-B., & Richter, T. (2013). "Can readers ignore implausibility? Evidence for nonstrategic monitoring of event-based plausibility in language comprehension." *Acta Psychologica, 142*(1), 15-22.
- Isberner, M.-B. & Richter, T. (2014). "Does validation during language comprehension depend on an evaluative mindset?" *Discourse Processes, 51*(1-2), 7-25.
- Isenberg, D. J. (1986). "Group polarization: A critical review and meta-analysis." *Journal of Personality and Social Psychology, 50*(6), 1141-1151.
- Iyengar, S., & Kinder, D. R. (1987). *News that matters: Television and public opinion*. Chicago: University of Chicago Press.
- Iyengar, S., Lelkes, Y., Levendusky, M., Malhotra, N., & Westwood, S. J. (2019). "The origins and consequences of affective polarization in the United States." *Annual Review of Political Science, 22*, 129-146.
- Janis, I. L. (1951). *Air war and emotional stress: Psychological studies of bombing and civilian defense*. New York: McGraw-Hill.
- Jeffries, S. (2016). *Grand hotel abyss: The lives of the Frankfurt School*. New York: Verso.
- Jiménez, Á. V., & Mesoudi, A. (2019). "Prestige-biased social learning: Current evidence and outstanding questions." *Palgrave Communications, 5*(1), 20. Retrieved from https://www.nature.com/articles/s41599-019-0228-7.
- Jo, D. (2017). *Better the devil you know: An online field experiment on news consumption*. Retrieved from https://bfi.uchicago.edu/sites/default/files/research/Better_the_Devil_You_Know_Online_Field_Experiment_on_News_Consumption-2.pdf.
- Johnson, N. R. (1988). "Fire in a crowded theater: A descriptive investigation of the emergence of panic." *International Journal of Mass Emergencies and*

Disasters, 6(1), 7–26.

- Johnson, N. R., Feinberg, W. E., & Johnston, D. M. (1994). "Microstructure and panic: The impact of social bonds on individual action in collective flight from the Beverly Hills Supper Club fire." In R. R. Dynes & K. J. Tierney (Eds.), *Disasters, collective behavior and social organizations* (pp. 168–189). Newark: University of Delaware Press.
- Jordan, S., Brimbal, L., Wallace, D. B., Kassin, S. M., Hartwig, M., & Street, C. N. (In press). "A test of the micro-expressions training tool: Does it improve lie detection?" *Journal of Investigative Psychology and Offender Profiling*. https://doi.org/doi.org/10.1002/jip.1532.
- Juergensmeyer, M. (1980). "What if the Untouchables don't believe in Untouchability?" *Bulletin of Concerned Asian Scholars, 12*(1), 23–28.
- Kahneman, D. (2011). *Thinking, fast and slow*. New York: Farrar, Straus and Giroux.
- Kalla, J. L., & Broockman, D. E. (2018). "The minimal persuasive effects of campaign contact in general elections: Evidence from 49 field experiments." *American Political Science Review, 112*(1), 148–166.
- Kallis, A. (2008). *Nazi propaganda in the Second World War*. London: Palgrave Macmillan.
- Kam, C. D., & Zechmeister, E. J. (2013). "Name recognition and candidate support." *American Journal of Political Science, 57*(4), 971-986.
- Kanwisher, N. (2000). "Domain specificity in face perception." *Nature Neuroscience, 3*(8), 759–763.
- Kaplan, S. L. (1982). *Le complot de famine: Histoire d'une rumeur au XVIIIe siècle* (Vol. 39). Paris: A. Colin.
- Karsh, E., & Rautsi, I. (2007). *Saddam Hussein: A Political biography*. New York: Grove/Atlantic.
- Kassin, S. M., & Gudjonsson, G. H. (2004). "The Psychology of confessions: A review of the literature and issues." *Psychological Science in the Public Interest, 5*(2), 33–67.
- Kassin, S. M., Meissner, C. A., & Norwick, R. J. (2005). "'I'd know a false confession if I saw one': A comparative study of college students and police investigators." *Law and Human Behavior, 29*(2), 211–227.
- Kassin, S. M., & Neumann, K. (1997). "On the power of confession evidence: An experimental test of the fundamental difference hypothesis." *Law and Human Behavior, 21*(5), 469–484.
- Kassin, S. M., & Wrightsman, L. S. (1980). "Prior confessions and mock juror verdicts." *Journal of Applied Social Psychology, 10*(2), 133–146.
- Katz, E. (1957). "The two-step flow of communication: An up-to-date report on an hypothesis." *Public Opinion Quarterly, 21*(1), 61–78.
- Katz, E., & Lazarsfeld, P. F. (1955). *Personal influence: The part played by people in the flow of mass communications*. Glencoe: Free Press.
- Kay, J. (2011). *Among the Truthers: A journey through America's growing conspiracist underground*. New York: HarperCollins.
- Keil, F. C., Stein, C., Webb, L., Billings, V. D., & Rozenblit, L. (2008). "Discerning the division of cognitive labor: An emerging understanding of how

knowledge is clustered in other minds." *Cognitive Science, 32*(2), 259-300.

- Keller, K. L., & Lehmann, D. R. (2006). "Brands and branding: Research findings and future priorities." *Marketing Science, 25*(6), 740–759.
- Kennedy, J. A., Anderson, C., & Moore, D. A. (2013). "When overconfidence is revealed to others: Testing the status-enhancement theory of overconfidence." *Organizational Behavior and Human Decision Processes, 122*(2), 266–279.
- Kennedy, J. J. (2009). "Maintaining popular support for the Chinese Communist Party: The influence of education and the state-controlled media." *Political Studies, 57*(3), 517–536.
- Kershaw, I. (1983a). "How effective was Nazi propaganda?" In D. Welch (Ed.), *Nazi propaganda: The power and the limitations* (pp. 180–205). London: Croom Helm.
- Kershaw, I. (1983b). *Popular opinion and Political dissent in the Third Reich, Bavaria 1933–1945*. New York: Oxford University Press.
- Kershaw, I. (1987). *The "Hitler myth": Image and reality in the Third Reich*. New York: Oxford University Press.
- Kershaw, I. (1991). *Hitler: Profiles in power*. London: Routledge.
- Khare, R. S. (1984). *The untouchable as himself: Ideology, identity and pragmatism among the Lucknow Chamars* (Vol. 8). Cambridge: Cambridge University Press.
- Kierkegaard, S. (1961). *Diary* (P. P. Rohde, Ed.). London: Peter Owen.
- Kim, G., & Kwak, K. (2011). "Uncertainty matters: Impact of stimulus ambiguity on infant social referencing." *Infant and Child Development, 20*(5), 449-463.
- Kim, J. W. (2018). *Evidence can change partisan minds: Rethinking the bounds of motivated reasoning*. Working paper.
- Kim, J. W., & Kim, E. (in press). "Identifying the effect of Political rumor diffusion using variations in survey timing." *Quarterly Journal of Political Science*.
- King, G., Pan, J., & Roberts, M. E. (2017). "How the Chinese government fabricates social media posts for strategic distraction, not engaged argument." *American Political Science Review, 111*(3), 484–501.
- Kitcher, P. (1993). *The advancement of science: Science without legend, objectivity without illusions*. New York: Oxford University Press.
- Klapper, J. T. (1960). *The effects of mass communication*. Glencoe, IL: Free Press.
- Klar, S., Krupnikov, Y., & Ryan, J. B. (2018). "Affective polarization or partisan disdain? Untangling a dislike for the opposing party from a dislike of partisanship." *Public Opinion Quarterly, 82*(2), 379–390.
- Klarman, M. J. (2016). *The framers' coup: The making of the United States Constitution*. New York: Oxford University Press.
- Knapp, R. H. (1944). "A Psychology of rumor." *Public Opinion Quarterly, 8*(1), 22-37.

- Knittel, C. R., & Stango, V. (2009). *Shareholder value destruction following the Tiger Woods scandal*. University of California. Retrieved from Faculty. Gsm. Ucdavis. Edu/~Vstango/Tiger004.PdfKoch.
- Kramer, A. D., Guillory, J. E., & Hancock, J. T. (2014). "Experimental evidence of massive-scale emotional contagion through social networks." *Proceedings of the National Academy of Sciences*, 201320040.
- Krebs, J. R., & Dawkins, R. (1984). "Animal signals: Mind-reading and manipulation?" In J. Krebs, R., & Davies, N. B. (Eds.), *Behavioural ecology: An evolutionary approach* (Vol. 2, pp. 390–402). Oxford: Basil Blackwell Scientific Publications.
- Kuller, C. (2015). "The demonstrations in support of the Protestant provincial bishop Hans Meiser: A successful protest against the Nazi regime." In N. Stoltzfus & B. Maier-Katkin (Eds.), *Protest in Hitler's "National Community": Popular unrest and the Nazi response* (pp. 38-54). New York: Berghahn.
- Kurzban, R., & Christner, J. (2011). "Are super natural beliefs commitment devices for intergroup conflict?" In J. P. Forgas, A. Kruglanski, & K. D. Willimas (Eds.), *The Psychology of social conflict and aggression* (pp. 285–300). Sydney Symposium of Social Psychology (vol. 13). New York: Taylor and Francis.
- Kushnir, T., Vredenburgh, C., & Schneider, L. A. (2013). "'Who can help me fix this toy?': The distinction between causal knowledge and word knowledge guides preschoolers' selective requests for information." *Developmental Psychology. 49*(3), 446–453.
- Lacan, J. (1939). "De l'impulsion au complexe." *Revue Française de Psychanalyse, 1*, 137–141.
- Lacan, J. (1970). *Of structure as an inmixing of an otherness prerequisite to any subject whatever* (R. Macksey & E. Donato, Eds.). Baltimore: Johns Hopkins University Press.
- Lacan, J. (1980). *De la Psychose paranoïaque dans ses rapports avec la personnalité*. Paris: Seuil.
- Lacan, J. (2005). *Le Séminaire, Livre 23, le sinthome*. Paris: Seuil.
- Ladd, J. M. (2011). *Why Americans hate the media and how it matters*. New York: Princeton University Press.
- Ladd, J. M., & Lenz, G. S. (2009). "Exploiting a rare communication shift to document the persuasive power of the news media." *American Journal of Political Science, 53*(2), 394–410.
- Lagrange, P. (2005). *La guerre des mondes at-elle eu lieu?* Paris: Robert Laffont.
- Laland, K. N. (2004). "Social learning strategies." *Animal Learning and Behavior, 32*(1), 4–14.
- Lanternari, V. (1963). *The religions of the oppressed: A study of modern messianic cults*. New York: Knopf.
- Lanzetta, J. T., & Englis, B. G. (1989). "Expectations of cooperation and competition and their effects on observers' vicarious emotional responses." *Journal of Personality and Social Psychology, 56*(4), 543–554.

- Larrick, R. P., & Soll, J. B. (2006). "Intuitions about combining opinions: Misappreciation of the averaging principle." *Management Science, 52*, 111-127.
- Larson, H. J. (2018). "The biggest pandemic risk? Viral misinformation." *Nature, 562*(7727), 309-309.
- Lasswell, H. D. (1927). *Propaganda technique in the world war*. Cambridge, MA: MIT Press.
- Laustsen, L., & Bor, A. (2017). "The relative weight of character traits in Political candidate evaluations: Warmth is more important than competence, leadership and integrity." *Electoral Studies, 49*, 96-107.
- Lawlor, H. J., & Oulton, J. E. L. (1928). *The ecclesiastical history and the martyrs of Palestine: Introduction, notes and index* (Vol. 2). London: Society for Promoting Christian Knowledge.
- Lazarsfeld, P. F., Berelson, B., & Gaudet, H. (1948). *The people's choice: How the voter makes up his mind in a presidential campaign*. New York: Columbia University Press.
- Le Bon, G. (1897). *The crowd: A study of the popular mind*. London: Macmillian.
- Le Bon, G. (1900). *Psychologie des foules*. Paris: Alcan.
- Le Bras, G. (1955). *Etudes de sociologie religieuse*. Paris: Presses Universitaires de France.
- Leeper, T. J., & Slothuus, R. (2015). *Can citizens be framed? How information, not emphasis, changes opinions. Unpublished manuscript*, Aarhus University.
- Leese, D. (2011). *Mao cult: Rhe toric and ritual in China's Cultural Revolution*. Cambridge: Cambridge University Press.
- Lenz, G. S. (2009). "Learning and opinion change, not priming: Reconsidering the priming hypothesis." *American Journal of Political Science, 53*(4), 821-837.
- Lenz, G. S. (2013). *Follow the leader? How voters respond to politicians' policies and performance*. Chicago: University of Chicago Press.
- Le Roy Ladurie, E. (2016). *Montaillou, village occitan de 1294 à 1324*. Paris: Editions Gallimard.
- Levendusky, M. S., & Malhotra, N. (2015). "(Mis)perceptions of partisan polarization in the American public." *Public Opinion Quarterly, 80*(S1), 378-391.
- Levine, T. R. (2014). "Truth-default theory (TDT): A theory of human deception and deception detection." *Journal of Language and Social Psychology, 33*(4), 378-392.
- Lévi-Strauss, C. (1967). "The sorcerer and his magic." In J. Middleton (Ed.), *Magic, witchcraft, and curing* (pp. 23-42). New York: Natural History Press.
- Lévi-Strauss, C. (1986). "Entretien avec Judith Miller et Alain Grosrichard." *L'Ane. Le Magazine Freudien, 20*, 27-29.
- Lewis, R. A., & Rao, J. M. (2013). *On the near impossibility of measuring the returns to advertising*. Unpublished paper, Google, Inc. and Microsoft Research. Retrieved from http://justinmrao.com/lewis_rao_nearimpossibility.pdf.
- Liberman, V., Minson, J. A., Bryan, C. J., & Ross, L. (2012). "Naïve realism and capturing the 'wisdom of dyads.'" *Journal of Experimental Social Psycholo-*

gy, 48(2), 507-512.

- Linton, R. (1963). *Acculturation in seven American Indian tribes*. New York: Peter Smith.
- Lloyd, G., & Sivin, N. (2002). *The way and the word: Science and medicine in early China and Greece*. New Haven, CT: Yale University Press.
- Lodish, L. M., Abraham, M., Kalmenson, S., Livelsberger, J. Lubetkin, B., Richardson, B., & Stevens, M. E. (1995). "How TV advertising works: A meta-analysis of 389 real world split cable TV advertising experiments." *Journal of Marketing Research, 32*(2), 125-139.
- Lopez-Ibor, J. J., Soria, J., Canas, F., & Rodriguez-Gamazo, M. (1985). "Psychopathological aspects of the toxic oil syndrome catastrophe." *British Journal of Psychiatry, 147*(4), 352-365.
- Luke, T. J. (in press). "Lessons from Pinocchio: Cues to deception may be highly exaggerated." *Perspectives on Psychological Science*, 1745691619838258. https://doi.org/10.1177/1745691619838258.
- Lull, R. B., & Bushman, B. J. (2015). "Do sex and violence sell? A meta-analytic review of the effects of sexual and violent media and ad content on memory, attitudes, and buying intentions." *Psychological Bulletin, 141*(5), 1022-1048.
- Lutz, D. J., & Keil, F. C. (2002). "Early understanding of the division of cognitive labor." *Child Development, 73*(4) 1073-1084.
- Macfarlane, A. (1970). "Witchcraft in Tudor and Stuart Essex." In M. Douglas (Ed.), *Witchcraft confessions and accusations* (pp. 81-101). London: Routledge.
- MacMullen, R. (1984). *Christianizing the Roman Empire (AD 100-400)*. New Haven, CT: Yale University Press.
- MacMullen, R. (1999). *Christianity and paganism in the fourth to eighth centuries*. New Haven, CT: Yale University Press.
- Madden, J. R. (2002). "Bower decorations attract females but provoke other male spotted bowerbirds: Bower owners resolve this trade-off." *Proceedings of the Royal Society of London. Series B: Biological Sciences, 269*(1498), 1347-1351.
- Maines, L. A. (1990). "The effect of forecast redundancy on judgments of a consensus forecast's expected accuracy." *Journal of Accounting Research, 28*, 29-47.
- Majima, Y. (2015). "Belief in pseudoscience, cognitive style and science literacy." *Applied Cognitive Psychology, 29*(4), 552-559.
- Malkiel, B. G., & McCue, K. (1985). *A random walk down Wall Street*. New York: Norton.
- Malle, B. F., Knobe, J. M., & Nelson, S. E. (2007). "Actor-observer asymmetries in explanations of Behavior: New answers to an old question." *Journal of Personality and Social Psychology, 93*(4), 491-514.
- Mancosu, P. (1999). "Between Vienna and Berlin: The immediate reception of Godel's incompleteness theorems." *History and Philosophy of Logic, 20*(1), 33-45.

- Mansbridge, J. (1999). "Everyday talk in the deliberative system." In S. Macedo (Ed.), *Deliberative politics: Essays on democracy and disagreement* (pp. 211-42). New York: Oxford University Press.
- Marcuse, H. (1966). *Eros and civilization: Philosophical inquiry into Freud*. Boston: Beacon Press.
- Márquez, X. (2016). *Non-democratic politics: Authoritarianism, dictatorship and democratization*. London: Macmillan International Higher Education.
- Márquez, X. (2018). "Two models of Political leader cults: Propaganda and ritual." *Politics, Religion and Ideology, 19*(3), 1-20.
- Martin, G. J., & Yurukoglu, A. (2017). "Bias in cable news: Persuasion and polarization." *American Economic Review, 107*(9), 2565-2599.
- Marx, K., & Engels, F. (1970). *The German ideology*. New York: International Publishers.
- Mascaro, O., & Morin, O. (2014). "Gullible's travel: How honest and trustful children become vigilant communicators." In L. Robinson & S. Einav (Eds.), *Trust and skepticism: Children's selective learning from testimony*. London: Psychology Press.
- Matsui, T., Rakoczy, H., Miura, Y., & Tomasello, M. (2009). "Understanding of speaker certainty and false-belief reasoning: A comparison of Japanese and German preschoolers." *Developmental Science, 12*(4), 602-613.
- Matz, S. C., Kosinski, M., Nave, G., & Stillwell, D. J. (2017). "Psychological targeting as an effective approach to digital mass persuasion." *Proceedings of the National Academy of Sciences, 114*(48), 12714-12719.
- Maurer, D. (1999). *The big con: The story of the confidence man*. New York: Anchor Books.
- Mawson, A. R. (2012). *Mass panic and social attachment: The dynamics of human Behavior*. Aldershot: Ashgate.
- Maynard Smith, J., & Harper, D. (2003). *Animal signals*. Oxford: Oxford University Press.
- McCloskey, M., Caramazza, A., & Green, B. (1980). "Curvilinear motion in the absence of external forces: Naive beliefs about the motion of objects." *Science, 210*(4474), 1139-1141.
- McCloskey, M., Washburn, A., & Felch, L. (1983). "Intuitive physics: The straight-down belief and its origin." *Journal of Experimental Psychology: Learning, Memory, and Cognition, 9*(4), 636-649.
- McCullough, M. E., Swartwout, P., Shaver, J. H., Carter, E. C., & Sosis, R. (2016). "Christian religious badges instill trust in Christian and non-Christian perceivers." *Psychology of Religion and Spirituality, 8*(2), 149-163.
- McIntyre, L. (2018). *Post-truth*. Cambridge, MA: MIT Press.
- McPhail, C. (1991). *The myth of the madding crowd*. New York: Aldine de Gruyter.
- McPhail, C. (2007). *A sociological primer on crowd Behavior*. Retrieved from https://christiandavenportphd.weebly.com/uploads/1/8/3/5/18359923/mcphail2007socprimercrowdbehavior.pdf.

- McPhail, C., & Wohlstein, R. T. (1983). "Individual and collective Behaviors within gatherings, demonstrations, and riots." *Annual Review of Sociology, 9*(1), 579–600.
- Meissner, C. A., & Kassin, S. M. (2002). "'He's guilty!': Investigator bias in judgments of truth and deception." *Law and Human Behavior, 26*(5), 469–480.
- Meissner, C. A., Surmon-Böhr, F., Oleszkiewicz, S., & Alison, L. J. (2017). "Developing an evidence-based perspective on interrogation: A review of the US government's high-value detainee interrogation group research program." *Psychology, Public Policy, and Law, 23*(4), 438–457.
- Mencher, J. P. (1974). "The caste system upside down, or the not-so-mysterious East." *Current Anthropology, 15*(4), 469–493.
- Mercier, H. (2011). "Self-deception: Adaptation or by-product?" *Behavioral and Brain Sciences, 34*(1), 35.
- Mercier, H. (2012). "Looking for arguments." *Argumentation, 26*(3), 305–324.
- Mercier, H. (2013). "Our pigheaded core: How we became smarter to be influenced by other people." In B. Calcott, R. Joyce, & K. Sterelny (Eds.), *Co-operation and its evolution* (pp. 373–398). Cambridge, MA: MIT Press.
- Mercier, H. (2016a). "The argumentative theory: Predictions and empirical evidence." *Trends in Cognitive Sciences, 20*(9), 689–700.
- Mercier, H. (2016b). "Confirmation (or myside) bias." In R. Pohl (Ed.), *Cognitive Illusions* (2nd ed., pp. 99–114). London: Psychology Press.
- Mercier, H. (2017). "How gullible are we? A review of the evidence from Psychology and social science." *Review of General Psychology, 21*(2), 103–122.
- Mercier, H. (submitted). *The cultural evolution of oaths, ordeals, and lie detectors.*
- Mercier, H., Bernard, S., & Clément, F. (2014). "Early sensitivity to arguments: How preschoolers weight circular arguments." *Journal of Experimental Child Psychology, 125*, 102–109.
- Mercier, H., Bonnier, P., & Trouche, E. (2016c). "Why don't people produce better arguments?" In L. Macchi, M. Bagassi, & R. Viale (Eds.), *Cognitive Unconscious and Human Rationality* (pp. 205–218). Cambridge, MA: MIT Press.
- Mercier, H., Dockendorff, M., & Schwartzberg, M. (submitted). *Democratic legitimacy and attitudes about information-aggregation procedures.*
- Mercier, H., Majima, Y., Claidière, N., & Léone, J. (submitted). *Obstacles to the spread of unintuitive beliefs.*
- Mercier, H., & Miton, H. (2019). "Utilizing simple cues to informational de pen dency." *Evolution and Human Behavior, 40*(3), 301–314.
- Mercier, H., & Morin, O. (2019). "Majority rules: How good are we at aggregating convergent opinions?" *Evolutionary Human Sciences, 1*, e6.
- Mercier, H., & Sperber, D. (2011). "Why do humans reason? Arguments for an argumentative theory." *Behavioral and Brain Sciences, 34*(2), 57–74.
- Mercier, H., & Sperber, D. (2017). *The enigma of reason*. Cambridge, MA: Harvard University Press.
- Mercier, H., Sudo, M., Castelain, T., Bernard, S., & Matsui, T. (2018). "Japanese preschoolers' evaluation of circular and non-circular arguments." *European Journal of Developmental Psychology, 15*(5), 493–505.

- Miguel, E. (2005). "Poverty and witch killing." *Review of Economic Studies, 72*(4), 1153–1172.
- Milgram, S. (1974). *Obedience to authority: An experimental view*. New York: Harper and Row.
- Milgram, S., Bickman, L., & Berkowitz, L. (1969). "Note on the drawing power of crowds of different size." *Journal of Personality and Social Psychology, 13*(2), 79–82.
- Mills, C. M., & Keil, F. C. (2005). "The development of cynicism." *Psychological Science, 16*(5), 385–390.
- Mills, C. M., & Keil, F. C. (2008). "Children's developing notions of (im)partiality." *Cognition, 107*(2), 528–551.
- Milner, J.-C. (1995). *L'Œuvre claire: Lacan, la science, la philosophie*. Paris: Seuil.
- Minson, J. A., Liberman, V., & Ross, L. (2011). "Two to tango." *Personality and Social Psychology Bulletin, 37*(10), 1325–1338.
- Mitnick, K. D., & Simon, W. L. (2002). *The art of deception: Controlling the human element of security*. Indianapolis: Wiley.
- Miton, H., Claicière, N., & Mercier, H. (2015). "Universal cognitive mechanisms explain the cultural success of bloodletting." *Evolution and Human Behavior, 36*(4), 303–312.
- Miton, H., & Mercier, H. (2015). "Cognitive obstacles to pro-vaccination beliefs." *Trends in Cognitive Sciences, 19*(11), 633–636.
- Moon, J. W., Krems, J. A., & Cohen, A. B. (2018). "Religious people are trusted because they are viewed as slow life-history strategists." *Psychological Science*, 0956797617753606.
- Moorehead, A. (1965). *African trilogy: The North African campaign 1940–43*. London: Hamish Hamilton.
- Morgan, A. C., Economou, D., Way, S. F., & Clauset, A. (2018). *Prestige drives epistemic in equality in the diffusion of scientific ideas*. Retrieved from https://arxiv.org/abs/1805.09966.
- Morgan, T.J.H., Laland, K. N., & Harris, P. L. (2015). "The development of adaptive conformity in young children: Effects of uncertainty and consensus." *Developmental Science, 18*(4), 511–524.
- Morgan, T.J.H., Rendell, L. E., Ehn, M., Hoppitt, W., & Laland, K. N. (2012). "The evolutionary basis of human social learning." *Proceedings of the Royal Society of London B: Biological Sciences, 279*(1729), 653–662.
- Morin, E. (1969). *La Rumeur d'Orléans*. Paris: Seuil.
- Morin, O. (2016). *How traditions live and die*. New York: Oxford University Press.
- Morton-Williams, P. (1956). "The Atinga cult among the south-western Yoruba: A sociological analysis of a witch-finding movement." *Bulletin de l'Institut Français d'Afrique Noire, Série B Sciences Humaines, 18*, 315–334.
- Moscovici, S. (1981). *L'Age des foules*. Paris: Fayard.
- Moscovici, S. (1985). "Social influence and conformity." In G. Lindzey & E. Aronson (Eds.), *Handbook of social Psychology* (3rd ed., Vol. 2, pp. 347–412).

New York: Random House.

- Murdock, G. P., Wilson, S. F., & Frederick, V. (1978). "World distribution of theories of illness." *Ethnology, 17*, 449-470.
- Murray, A. (1974). "Religion among the poor in thirteenth-century France: The testimony of Humbert de Romans." *Traditio, 30*, 285-324.
- Myers, D. G. (2009). *Social Psychology* (10th ed.). New York: McGraw-Hill.
- Myers, D. G., & Bach, P. J. (1974). "Discussion effects on militarism-pacifism: A test of the group polarization hypothesis." *Journal of Personality and Social Psychology, 30*(6), 741-747.
- Nadeau, R., Nevitte, N., Gidengil, E., & Blais, A. (2008). "Election campaigns as information campaigns: Who learns what and does it matter?" *Political Communication, 25*(3), 229-248.
- Nair, G. (2018). "Misperceptions of relative affluence and support for international re distribution." *Journal of Politics, 80*(3), 815-830.
- Naughton, T. J. (1996). "Relationship of personal and situational factors to managers' expectations of organizational change." *Psychological Reports, 78*(1), 313-314.
- Nelissen, R. M., & Meijers, M. H. (2011). "Social benefits of luxury brands as costly signals of wealth and status." *Evolution and Human Behavior, 32*(5), 343-355.
- Nichols, S. (2002). "On the genealogy of norms: A case for the role of emotion in cultural evolution." *Philosophy of Science, 69*(2), 234-255.
- Nishida, N., Yano, H., Nishida, T., Kamura, T., & Kojiro, M. (2006). "Angiogenesis in cancer." *Vascular Health and Risk Management, 2*(3), 213-219.
- Nitecki, M. H., Lemke, J. L., Pullman, H. W., & Johnson, M. E. (1978). "Acceptance of plate tectonic theory by geologists." *Geology, 6*(11), 661-664.
- Norscia, I., & Palagi, E. (2011). "Yawn contagion and empathy in *Homo sapiens*." *PloS One, 6*(12), e28472.
- Nunn, N., & Sanchez de la Sierra, R. (2017). "Why being wrong can be right: Magical warfare technologies and the persistence of false beliefs." *American Economic Review, 107*(5), 582-587.
- Nyhan, B., Porter, E., Reifler, J., & Wood, T. (2017). *Taking corrections literally but not seriously? The effects of information on factual beliefs and candidate favorability*. Unpublished manuscript.
- Nyhan, B., & Reifler, J. (2010). "When corrections fail: The persistence of Political misperceptions." *Political Behavior, 32*(2), 303-330.
- Nyhan, B., & Reifler, J. (2015). "Does correcting myths about the flu vaccine work? An experimental evaluation of the effects of corrective information." *Vaccine, 33*(3), 459-464.
- O'Donnell, V., & Jowett, G. S. (1992). *Propaganda and persuasion*. New York: Sage.
- Ong, A. (1987). *Spirits of resistance and capitalist discipline, Second Edition: Factory women in Malaysia*. Albany: SUNY Press.
- Open Science Collaboration. (2015). "Estimating the reproducibility of psychological science." *Science, 349*(6251), aac4716.

- Oreskes, N. (1988). "The rejection of continental drift." *Historical Studies in the Physical and Biological Sciences, 18*(2), 311–348.
- Origgi, G. (2017). *Reputation: What it is and why it matters*. Prince ton, NJ: Prince ton University Press.
- Osnos, E. (2014). *Age of ambition: Chasing fortune, truth, and faith in the new China*. London: Macmillan.
- Ostreiher, R., & Heifetz, A. (2017). "The sentinel behaviour of Arabian babbler floaters." *Royal Society Open Science, 4*(2), 160738.
- Ostrom, E., Walker, J., & Gardner, R. (1992). "Covenants with and without a sword: Self-governance is possible." *American Political Science Review, 86*(2), 404–417.
- Owren, M. J., & Bachorowski, J.-A. (2001). "The evolution of emotional experience: A 'selfish-gene' account of smiling and laughter in early hominids and humans." In T. J. Mayne & G. A. Bonanno (Eds.), *Emotions: Current issues and future directions* (pp. 152–191). New York: Guilford Press.
- Parker, K., & Jaudel, E. (1989). *Police cell detention in Japan: The Daiyo Kangoku system: A report*. San Francisco: Association of Humanitarian Lawyers.
- Peires, J. B. (1989). *The dead will arise: Nongqawuse and the great Xhosa cattle-killing movement of 1856–7*. Bloomington: Indiana University Press.
- Peisakhin, L., & Rozenas, A. (2018). "Electoral effects of biased media: Russian television in Ukraine." *American Journal of Political Science, 62*(3), 535–550.
- Pennycook, G., Cheyne, J. A., Barr, N., Koehler, D. J., & Fugelsang, J. A. (2015). "On the reception and detection of pseudo-profound bullshit." *Judgment and Decision Making, 10*(6), 549–563.
- Pennycook, G., Cheyne, J. A., Seli, P., Koehler, D. J., & Fugelsang, J. A. (2012). "Analytic cognitive style predicts religious and paranormal belief." *Cognition, 123*(3), 335–346.
- Pennycook, G., & Rand, D. G. (2018). "Lazy, not biased: Susceptibility to partisan fake news is better explained by lack of reasoning than by motivated reasoning." *Cognition, 188*, 39–50.
- Perry, G. (2013). *Behind the shock machine: The untold story of the notorious Milgram psychology experiments*. New York: New Press.
- Perry, G., Brannigan, A., Wanner, R. A., & Stam, H. (In press). "Credibility and incredulity in Milgram's obedience experiments: A reanalysis of an unpublished test." *Social Psychology Quarterly*. https://doi.org/10.1177/0190272519861952.
- Petersen, M. B., Osmundsen, M., & Arceneaux, K. (2018). *A "need for chaos" and the sharing of hostile Political rumors in advanced democracies*. https://doi.org/10.31234/osf.io/6m4ts.
- Peterson, J. B. (2002). *Maps of meaning: The architecture of belief*. London: Routledge.
- Petrocelli, J. V. (2018). "Antecedents of bullshitting." *Journal of Experimental Social Psychology, 76*, 249–258.
- Petrova, M., & Yanagizawa-Drott, D. (2016). "Media persuasion, ethnic hatred, and mass vio lence." In C. H. Anderton & J. Brauer (Eds.), *Economic as-*

pects of genocides, other mass atrocities, and their prevention (p. 274-286). Oxford: Oxford University Press.
- Pettegree, A. (2014). *The invention of news: How the world came to know about itself.* New Haven, CT: Yale University Press.
- Petty, R. E., & Wegener, D. T. (1998). "Attitude change: Multiple roles for persuasion variables." In D. T. Gilbert, S. Fiske, & G. Lindzey (Eds.), *The handbook of social Psychology* (pp. 323-390). Boston: McGraw-Hill.
- Pfaff, S. (2001). "The limits of coercive surveillance: Social and penal control in the German Democratic Republic." *Punishment and Society, 3*(3), 381-407.
- Pinker, S. (1997). *How the mind works.* New York: Norton.
- Planck, M. (1968). *Scientific autobiography and other papers* (F. Gaynor, Trans.). New York: Citadel Press.
- Platow, M. J., Foddy, M., Yamagishi, T., Lim, L., & Chow, A. (2012). "Two experimental tests of trust in in-group strangers: The moderating role of common knowledge of group membership." *European Journal of Social Psychology, 42*(1), 30-35.
- Pomper, G. M., & Lederman, S. S. (1980). *Elections in America: Control and influence in democratic politics.* New York: Longman.
- Porter, S., & ten Brinke, L. (2008). "Reading between the lies: Identifying concealed and falsified emotions in universal facial expressions." *Psychological Science, 19*(5), 508-514.
- Pound, J., & Zeckhauser, R. (1990). "Clearly heard on the street: The effect of takeover rumors on stock prices." *Journal of Business, 63*(3), 291-308.
- Power, E. A. (2017). "Social support networks and religiosity in rural South India." *Nature Human Behaviour, 1*(3), 0057.
- Prasad, J. (1935). "The Psychology of rumour: A study relating to the great Indian earthquake of 1934." *British Journal of Psychology. General Section, 26*(1), 1-15.
- Pratkanis, A. R., & Aronson, E. (1992). *Age of propaganda: The everyday use and abuse of persuasion.* New York: W. H. Freeman.
- Priniski, J., & Horne, Z. (2018). "Attitude change on Reddit's change my view." *Proceedings of the Cognitive Science Society Conference.*
- Proulx, G., Fahy, R. F., & Walker, A. (2004). *Analysis of first-person accounts from survivors of the World Trade Center evacuation on September 11.* Retrieved from https://s3.amazonaws.com/academia.edu.documents/36860616/Analysis_of_First-Person_Accounts.PDF?AWSAccessKeyId=AKIAIWOWYYGZ2Y53UL3A&Expires=1542920752&Signature=S5zsNHIA%2BObbcYJA%2BSBpXT%2BGrR8%3D&response-content-disposition=inline%3B%20filename%3DAnalysis_of_First-Person_Accounts_PDF.pdf.
- Pulford, B. D., Colman, A. M., Buabang, E. K., & Krockow, E. M. (2018). "The persuasive power of knowledge: Testing the confidence heuristic." *Journal of Experimental Psychology: General, 147*(10), 1431-1444.
- Puschmann, C. (2018, November). "Beyond the bubble: Assessing the diversity of Political search results." *Digital Journalism*, doi: https://doi.org/10.1

080/21670811.2018.1539626.
- Radelet, M. L., Bedau, H. A., & Putnam, C. E. (1994). *In spite of innocence: Erroneous convictions in capital cases*. Boston: Northeastern University Press.
- Rankin, P. J., & Philip, P. J. (1963). "An epidemic of laughing in the Bukoba district of Tanganyika." *Central African Journal of Medicine, 9*(5), 167–170.
- Raskin, D. C., Honts, C. R., & Kircher, J. C. (2013). *Credibility assessment: Scientific research and applications*. London: Academic Press.
- Ratcliffe, J. M., Fenton, M. B., & Galef, B. G., Jr. (2003). "An exception to the rule: Common vampire bats do not learn taste aversions." *Animal Behaviour, 65*(2), 385–389.
- Reed, L. I., DeScioli, P., & Pinker, S. A. (2014). "The commitment function of angry facial expressions." *Psychological Science, 25*(8), 1511–1517.
- Reicher, S. D. (1996). "'The Crowd' century: Reconciling practical success with theoretical failure." *British Journal of Social Psychology, 35*(4), 535-553.
- Reicher, S. D., Haslam, S. A., & Smith, J. R. (2012). "Working toward the experimenter: Reconceptualizing obedience within the Milgram paradigm as identification-based followership." *Perspectives on Psychological Science, 7*(4), 315–324.
- Reid, T. (1970). *Inquiry into the human mind*. Chicago: University of Chicago Press. (Original work published 1764.)
- Reyes-Jaquez, B., & Echols, C. H. (2015). "Playing by the rules: Self-interest information influences children's trust and trustworthiness in the absence of feedback." *Cognition, 134*, 140–154.
- Richerson, P. J., & Boyd, R. (2005). *Not by genes alone*. Chicago: University of Chicago Press.
- Richter, T., Schroeder, S., & Wöhrmann, B. (2009). "You don't have to believe everything you read: Background knowledge permits fast and efficient validation of information." *Journal of Personality and Social Psychology, 96*(3), 538–558.
- Robbins, T. (1988). *Cults, converts and charisma: The sociology of new religious movements*. New York: Sage.
- Roberts, M. E. (2018). *Censored: Distraction and diversion inside China's great firewall*. Princeton, NJ: Princeton University Press.
- Robertson, R. E., Jiang, S., Joseph, K., Friedland, L., Lazer, D., & Wilson, C. (2018). "Auditing partisan audience bias within Google search." *Proceedings of the ACM on Human-Computer Interaction, 2*(CSCW). Retrieved from https://dl.acm.org/citation.cfm?id=3274417.
- Robertson, T. E., Sznycer, D., Delton, A. W., Tooby, J., & Cosmides, L. (2018). "The true trigger of shame: Social devaluation is sufficient, wrongdoing is unnecessary." *Evolution and Human Behavior, 39*(5), 566–573.
- Robinson, E. J., Champion, H., & Mitchell, P. (1999). "Children's ability to infer utterance veracity from speaker informedness." *Developmental Psychology, 35*(2), 535–546.
- Robinson, F. G. (1988). "The characterization of Jim in *Huckleberry Finn*." *Nineteenth-Century Literature, 43*(3), 361–391.
- Robisheaux, T. W. (2009). *The last witch of Langenburg: Murder in a German village*. New York: Norton.

- Rocher, L. (1964). "The theory of proof in ancient Hindu law." *Recueil de La Société Jean Bodin, 18*, 325–371.
- Rogers, T., & Nickerson, D. (2013). *Can inaccurate beliefs about incumbents be changed? And can reframing change votes?* Retrieved from https://papers.ssrn.com/sol3/papers.cfm?abstract_id=2271654.
- Rose, R., Mishler, W. T., & Munro, N. (2011). *Popular support for an undemocratic regime: The changing views of Russians*. https://doi.org/10.1017/CBO9780511809200.
- Rosnow, R. L. (1991). "Inside rumor: A personal journey." *American Psychologist, 46*(5), 484–496.
- Rothbard, M. N. (2003). The ethics of liberty. New York: NYU Press.
- Roulin, N., & Ternes, M. (2019). "Is it time to kill the detection wizard? Emotional intelligence does not facilitate deception detection." *Personality and Individual Differences, 137*, 131–138.
- Rousseau, J.-J. (2002). *The social contract: And, the first and second discourses* (G. May, Trans.). New Haven, CT: Yale University Press.
- Roy, O. (2016). *Le djihad et la mort*. Paris: Le Seuil.
- Royed, T. J. (1996). "Testing the mandate model in Britain and the United States: Evidence from the Reagan and Thatcher eras." *British Journal of Political Science, 26*(1), 45–80.
- Rozin, P. (1976). "The se lection of foods by rats, humans, and other animals." In R. A. Rosenblatt, A. Hind, E. Shaw, & C. Beer (Eds.), *Advances in the study of Behavior* (Vol. 6, pp. 21–76). New York: Academic Press.
- Rudé, G. (1959). *The crowd in the French Revolution*. Oxford: Oxford University Press.
- Rumsey, A., & Niles, D. (Eds.) (2011). *Sung tales from the Papua New Guinea highlands: Studies in form, meaning, and sociocultural context*. Camberra: ANU E Press.
- Sadler, O., & Tesser, A. (1973). "Some effects of salience and time upon interpersonal hostility and attraction during social isolation." *Sociometry, 36*(1), 99–112.
- Safra, L., Baumard, N., & Chevallier, C. (submitted). *Why would anyone elect an untrustworthy and narcissistic leader*.
- Sala, G., Aksayli, N. D., Tatlidil, K. S., Tatsumi, T., Gondo, Y., & Gobet, F. (2018). "Near and far transfer in cognitive training: A second-order meta-analysis." *Collabra: Psychology, 5*, 18. DOI: 10.1525/collabra.203.
- Sala, G., & Gobet, F. (2017). "Does far transfer exist? Negative evidence from chess, music, and working memory training." *Current Directions in Psychological Science, 26*(6), 515–520.
- Sala, G., & Gobet, F. (2018). "Cognitive training does not enhance general cognition." *Trends in Cognitive Sciences, 23*(1), 9–20.
- Sally, D. (1995). "Conversation and cooperation in social dilemmas." *Rationality and Society, 7*(1), 58–92.

- Salter, S. (1983). "Structures of consensus and coercion: Workers' morale and the maintenance of work discipline, 1939-1945." In D. Welch (Ed.), *Nazi propaganda: The power and the limitations* (pp. 88-116). London: Croom Helm.
- San Roque, L., & Loughnane, R. (2012). "The New Guinea Highlands evidentiality area." *Linguistic Typology, 16*(1), 111-167.
- Schieffelin, B. E. (1995). "Creating evidence." *Pragmatics: Quarterly Publication of the International Pragmatics Association, 5*(2), 225-243.
- Schniter, E., Sheremeta, R. M., & Sznycer, D. (2013). "Building and rebuilding trust with promises and apologies." *Journal of Economic Behavior and Organization, 94*, 242-256.
- Schroeder, E., & Stone, D. F. (2015). "Fox News and Political knowledge." *Journal of Public Economics, 126*, 52-63.
- Schultz, D. P. (1964). *Panic Behavior: Discussion and readings* (Vol. 28). New York: Random House.
- Schweingruber, D., & Wohlstein, R. T. (2005). "The madding crowd goes to school: Myths about crowds in introductory sociology textbooks." *Teaching Sociology, 33*(2), 136-153.
- Scott, J. C. (1990). *Domination and the arts of resistance: Hidden transcripts*. New Haven, CT: Yale University Press.
- Scott, J. C. (2008). *Weapons of the weak: Everyday forms of peasant resistance*. New Haven, CT: Yale University Press.
- Scott-Phillips. T. C. (2008). "Defining biological communication." *Journal of Evolutionary Biology, 21*(2), 387-395.
- Scott-Phillips, T. C. (2014). *Speaking our minds: Why human communication is different, and how language evolved to make it special*. London: Palgrave Macmillan.
- Scott-Phillips, T. C., Blythe, R. A., Gardner, A., & West, S. A. (2012). "How do communication systems emerge?" *Proceedings of the Royal Society B: Biological Sciences, 279*(1735), 1943-1949.
- Seabright, P. (2004). *The company of strangers: A natural history of economic life*. Princeton: Princeton University Press.
- Sebestyen, V. (2009). *Revolution 1989: The fall of the Soviet empire*. London: Hachette UK.
- Selb, P., & Munzert, S. (2018). "Examining a most likely case for strong campaign effects: Hitler's speeches and the rise of the Nazi Party, 1927-1933." *American Political Science Review, 112*(4), 1050-1066.
- Sell, A., Tooby, J., & Cosmides, L. (2009). "Formidability and the logic of human anger." *Proceedings of the National Academy of Sciences, 106*(35), 15073-15078.
- Seyfarth, R. M., Cheney, D. L., & Marler, P. (1980). "Vervet monkey alarm calls: Semantic communication in a free-ranging primate." *Animal Behaviour, 28*(4), 1070-1094.
- Shea, N., Boldt, A., Bang, D., Yeung, N., Heyes, C., & Frith, C. D. (2014). "Supra-personal cognitive control and metacognition." *Trends in Cognitive Sci-*

ences, 18(4), 186–193.

- Shibutani, T. (1966). *Improvised news: A sociological study of rumor*. New York: Bobbs-Merrill.
- Shore, J., Baek, J., & Dellarocas, C. (2018). "Network structure and patterns of information diversity on Twitter." *MIS Quarterly, 42*(3), 849–872.
- Shtulman, A. (2006). "Qualitative differences between naïve and scientific theories of evolution." *Cognitive Psychology, 52*(2), 170–194.
- Shtulman, A. (2017). *Scienceblind: Why our intuitive theories about the world are so often wrong*. New York: Basic Books.
- Shtulman, A., & Valcarcel, J. (2012). "Scientific knowledge suppresses but does not supplant earlier intuitions." *Cognition, 124*(2), 209–215.
- Sighele, S. (1901). *La foule criminelle: Essai de psychologie collective*. Paris: Alcan.
- Signer, M. (2009). *Demagogue: The fight to save democracy from its worst enemies*. New York: Macmillan.
- Sigurdsson, J. F., & Gudjonsson, G. H. (1996). "The psychological characteristics of 'false confessors': A study among Icelandic prison inmates and juvenile offenders." *Personality and Individual Differences, 20*(3), 321–329.
- Silver, B. (1987). "Political beliefs of the Soviet citizen: Sources of support for regime norms." In J. R. Millar (Ed.), *Politics, work, and daily life in the USSR*. New York: Cambridge University Press.
- Silver, I., & Shaw, A. (2018). "No harm, still foul: Concerns about reputation drive dislike of harmless plagiarizers." *Cognitive Science, 42*(S1), 213–240.
- Simler, K., & Hanson, R. (2017). *The elephant in the brain: Hidden motives in everyday life*. New York: Oxford University Press.
- Singh, M. (2018). "The cultural evolution of shamanism." *Behavioral and Brain Sciences, 41*, e66.
- Sinha, D. (1952). "Behaviour in a catastrophic situation: A psychological study of reports and rumours." *British Journal of Psychology. General Section, 43*(3), 200–209.
- Sklar, A. Y., Levy, N., Goldstein, A., Mandel, R., Maril, A., & Hassin, R. R. (2012). "Reading and doing arithmetic nonconsciously." *Proceedings of the National Academy of Sciences, 109*(48), 19614–19619.
- Smith, E. A., & Bird, R.L.B. (2000). "Turtle hunting and tombstone opening: Public generosity as costly signaling." *Evolution and Human Behavior, 21*(4), 245–261.
- Smith, M. J., Ellenberg, S. S., Bell, L. M., & Rubin, D. M. (2008). "Media coverage of the measles-mumps-rubella vaccine and autism controversy and its relationship to MMR immunization rates in the United States." *Pediatrics, 121*(4), e836–e843.
- Sniezek, J. A., Schrah, G. E., & Dalal, R. S. (2004). "Improving judgement with prepaid expert advice." *Journal of Behavioral Decision Making, 17*(3), 173–190.
- Snow, David A., & Phillips, C. L. (1980). "The Lofland-Stark conversion model: A critical reassessment." *Social Problems, 27*(4), 430–447.

- Snyder, J. M., & Strömberg, D. (2010). "Press coverage and Political accountability." *Journal of Political Economy, 118*(2), 355–408.
- Sodian, B., Thoermer, C., & Dietrich, N. (2006). "Two- to four-year-old children's differentiation of knowing and guessing in a non-verbal task." *European Journal of Developmental Psychology, 3*(3), 222–237.
- Sokal, A. D., & Bricmont, J. (1998). *Intellectual impostures: Postmodern philosophers' abuse of science*. London: Profile Books.
- Sommer, C. (2011). "Alarm calling and sentinel behaviour in Arabian babblers." *Bioacoustics, 20*(3), 357–368.
- Sperber, D. (1975). *Rethinking symbolism*. Cambridge: Cambridge University Press.
- Sperber, D. (1994). "The modularity of thought and the epidemiology of representations." In L. A. Hirschfeld & S. A. Gelman (Eds.), *Mapping the mind: Domain specificity in cognition and culture* (pp. 39-67). Cambridge: Cambridge University Press.
- Sperber, D. (1997). "Intuitive and reflective beliefs." *Mind and Language, 12*(1), 67–83.
- Sperber, D. (2010). "The guru effect." *Review of Philosophy and Psychology, 1*(4), 583–592.
- Sperber, D., & Baumard, N. (2012). "Moral reputation: An evolutionary and cognitive perspective." *Mind and Language, 27*(5), 495–518.
- Sperber, D., Clément, F., Heintz, C., Mascaro, O., Mercier, H., Origgi, G., & Wilson, D. (2010). "Epistemic vigilance." *Mind and Language, 25*(4), 359–393.
- Sperber, D., & Mercier, H. (2018). "Why a modular approach to reason?" *Mind and Language, 131*(4), 496–501.
- Sperber, D., & Wilson, D. (1995). *Relevance: Communication and cognition*. New York: Wiley-Blackwell.
- Stanley, J. (2015). *How propaganda works*. New York: Princeton University Press.
- Stapleton, T. J. (1991). "'They no longer care for their chiefs': Another look at the Xhosa cattle-killing of 1856–1857." *International Journal of African Historical Studies, 24*(2), 383–392.
- Stark, R. (1984). "The rise of a new world faith." *Review of Religious Research, 26*(1), 18–27.
- Stark, R. (1996). *The rise of Christianity: A sociologist reconsiders history*. Princeton, NJ: Princeton University Press.
- Stark, R. (1999). "Secularization, RIP." *Sociology of Religion, 60*(3), 249–273.
- Stark, R., & Bainbridge, W. S. (1980). "Networks of faith: Interpersonal bonds and recruitment to cults and sects." *American Journal of Sociology, 85*(6), 1376–1395.
- Stenberg, G. (2013). "Do 12-month-old infants trust a competent adult?" *Infancy, 18*(5), 873–904.
- Sterelny, K. (2012). *The evolved apprentice*. Cambridge, MA: MIT Press.
- Sternberg, R. J. (1985). *Beyond IQ: A triarchic theory of human intelligence*. Cambridge: Cambridge University Press.
- Stibbard-Hawkes, D. N., Attenborough, R. D., & Marlowe, F. W. (2018). "A noisy signal: To what extent are Hadza hunting reputations predictive of ac-

tual hunting skills?" *Evolution and Human Behavior, 39*(6), 639–651.

- Stimson, J. A. (2004). *Tides of consent: How public opinion shapes American politics*. Cambridge: Cambridge University Press.
- Stone, J. R. (2016). *The craft of religious studies*. New York: Springer.
- Stout, M. J. (2011). *The effectiveness of Nazi propaganda during World War II* (master's thesis). Eastern Michigan University.
- Strahan, E. J., Spencer, S. J., & Zanna, M. P. (2002). "Subliminal priming and persuasion: Striking while the iron is hot." *Journal of Experimental Social Psychology, 38*(6), 556–568.
- Strandburg-Peshkin, A., Farine, D. R., Couzin, I. D., & Crofoot, M. C. (2015). "Shared decision-making drives collective movement in wild baboons." *Science, 348*(6241), 1358–1361.
- Strauss, C., & Quinn, N. (1997). *A cognitive theory of cultural meaning*. Cambridge: Cambridge University Press.
- Street, C. N. H., & Richardson, D. C. (2015). "Lies, damn lies, and expectations: How base rates inform lie-truth judgments." *Applied Cognitive Psychology, 29*(1), 149–155.
- Strömberg, D. (2004). "Radio's impact on public spending." *Quarterly Journal of Economics, 119*(1), 189–221.
- Stroud, N. J., & Lee, J. K. (2013). "Perceptions of cable news credibility." *Mass Communication and Society, 16*(1), 67–88.
- Sunstein, C. R. (2018). *#Republic: Divided democracy in the age of social media*. New York: Prince ton University Press.
- Surowiecki, J. (2005). *The wisdom of crowds*. New York: Anchor Books.
- Svolik, M. W. (2012). *The politics of authoritarian rule*. Cambridge: Cambridge University Press.
- Sznycer, D., Schniter, E., Tooby, J., & Cosmides, L. (2015). "Regulatory adaptations for delivering information: The case of confession." *Evolution and Human Behavior, 36*(1), 44–51.
- Sznycer, D., Xygalatas, D., Agey, E., Alami, S., An, X.-F., Ananyeva, K. I., . . . Flores, C. (2018). "Cross-cultural invariances in the architecture of shame." *Proceedings of the National Academy of Sciences, 115*(39), 9702–9707.
- Taber, C. S., & Lodge, M. (2006). "Motivated skepticism in the evaluation of Political beliefs." *American Journal of Political Science, 50*(3), 755–769.
- Taine, H. (1876). *The origins of con temporary France*. London: H. Holt.
- Taine, H. (1885). *The French Revolution* (Vol. 1). London: H. Holt.
- Taleb, N. (2005). *Fooled by randomness: The hidden role of chance in life and in the markets*. New York: Random House.
- Tamis-LeMonda, C. S., Adolph, K. E., Lobo, S. A., Karasik, L. B., Ishak, S., & Dimitropoulou, K. A. (2008). "When infants take mothers' advice: 18-month-olds integrate perceptual and social information to guide motor action." *Developmental Psychology, 44*(3), 734–746.

- Tappin, B. M., & Gadsby, S. (2019). "Biased belief in the Bayesian brain: A deeper look at the evidence." *Consciousness and Cognition, 68*, 107–114.
- Tappin, B. M., & McKay, R. T. (2019). "Moral polarization and out-party hostility in the US Political context." *Journal of Social and Political Psychology, 7*(1), 213–245.
- Tarde, G. (1892). "Les crimes des foules." *Archives de l'Anthropologie Criminelle, 7*, 353-386.
- Tarde, G. (1900). *Les lois de l'imitation: Étude sociologique*. Paris: Alcan.
- Tellis, G. J. (1988). "Advertising exposure, loyalty, and brand purchase: A two-stage model of choice." *Journal of Marketing Research, 25*(2), 134–144.
- Tellis, G. J. (2003). *Effective advertising: Understanding when, how, and why advertising works*. London: Sage.
- Tellis, G. J., Chandy, R., & Thaivanich, P. (2000). "Decomposing the effects of direct advertising: Which brand works, when, where, and how long?" *Journal of Marketing Research, 37*(1), 32–46.
- ten Brinke, L., MacDonald, S., Porter, S., & O'Connor, B. (2012). "Crocodile tears: Facial, verbal and body language behaviours associated with genuine and fabricated remorse." *Law and Human Behavior, 36*(1), 51–59.
- Tenney, E. R., MacCoun, R. J., Spellman, B. A., & Hastie, R. (2007). "Calibration trumps confidence as a basis for witness credibility." *Psychological Science, 18*(1), 46–50.
- Tenney, E. R., Small, J. E., Kondrad, R. L., Jaswal, V. K., & Spellman, B. A. (2011). "Accuracy, confidence, and calibration: How young children and adults assess credibility." *Developmental Psychology, 47*(4), 1065.
- Tenney, E. R., Spellman, B. A., & MacCoun, R. J. (2008). "The benefits of knowing what you know (and what you don't): How calibration affects credibility." *Journal of Experimental Social Psychology, 44*(5), 1368–1375.
- Terrier, N., Bernard, S., Mercier, H., & Clément, F. (2016). "Visual access trumps gender in 3- and 4-year-old children's endorsement of testimony." *Journal of Experimental Child Psychology, 146*, 223–230.
- Tesser, A. (1978). "Self-generated attitude change." In L. Berkowitz (Ed.), *Advances in Experimental Social Psychology* (pp. 289–338). New York: Academic Press.
- Thagard, P. (2005). "Testimony, credibility, and explanatory coherence." *Erkenntnis, 63*(3), 295–316.
- Thomas, K. (1971). *Religion and the decline of magic*. London: Weidenfeld and Nicolson.
- Thomas, M. (in press). "Was television responsible for a new generation of smokers?" *Journal of Consumer Research*. https://doi.org/10.1093/jcr/ucz024.
- Thorndike, E. L. (1917). *The principles of teaching*. New York: AG Seiler.

- Tilly, L., & Tilly, R. (1975). *The rebellious century, 1830-1930*. Cambridge: Cambridge University Press.
- Tismaneanu, V. (1989). "The tragicomedy of Romanian communism." *East European Politics and Societies, 3*(2), 329–376.
- Todorov, A., Funk, F., & Olivola, C. Y. (2015). "Response to Bonnefon et al.: Limited "kernels of truth" in facial inferences." *Trends in Cognitive Sciences, 19*(8), 422–423.
- Tomasello, M., Call, J., & Gluckman, A. (1997). "Comprehension of novel communicative signs by apes and human children." *Child Development, 68*(6), 1067–1080.
- Tooby, J., Cosmides, L., & Price, M. E. (2006). "Cognitive adaptations for n-person exchange: The evolutionary roots of organizational Behavior." *Managerial and Decision Economics, 27*(2–3), 103–129.
- Torrey, N. L. (1961). *Les Philosophes: The philosophers of the Enlightenment and modern democracy*. New York: Capricorn Books.
- Trappey, C. (1996). "A meta-analysis of consumer choice and subliminal advertising." *Psychology and Marketing, 13*(5), 517–530.
- Trouche, E., Sander, E., & Mercier, H. (2014). "Arguments, more than confidence, explain the good performance of reasoning groups." *Journal of Experimental Psychology: General, 143*(5), 1958–1971.
- Trouche, E., Shao, J., & Mercier, H. (2019). "How is argument evaluation biased?" *Argumentation, 33*(1), 23–43.
- Turner, P. A. (1992). "Ambivalent patrons: The role of rumor and con temporary legends in African-American consumer decisions." *Journal of American Folklore, 105*(418), 424–441.
- Turner, R. H. (1964). "Collective Behavior." In R.E.L. Paris (Ed.), *Handbook of modern sociology* (pp. 382–425). Chicago: Rand McNally.
- Turner, R. H., & Killian, L. M. (1972). *Collective Behavior*. Englewood Cliffs, NJ: Prentice-Hall.
- Tyndale-Biscoe, C. H. (2005). *Life of marsupials*. Clayton: CSIRO Publishing.
- Ullmann, W. (1946). "Medieval principles of evidence." *Law Quarterly Review, 62*, 77–87.
- Umbres, R. (2018). *Epistemic vigilance and the social mechanisms of mirthful deception in fool's errands*. Manuscript in preparation.
- Underwood, R. H. (1995). "Truth verifiers: From the hot iron to the lie detector." *Kentucky Law Journal, 84*, 597–642.
- VanderBorght, M., & Jaswal, V. K. (2009). "Who knows best? Preschoolers sometimes prefer child informants over adult informants." *Infant and Child Development: An International Journal of Research and Practice, 18*(1), 61–71.
- van der Linden, S., Maibach, E., & Leiserowitz, A. (2019, May). "Exposure to scientific consensus does not cause psychological reactance." *Environmental Communication*, DOI: https://doi.org/10.1080/17524032.2019.1617763.
- Van Doorn, G., & Miloyan, B. (2017). "The Pepsi paradox: A review." *Food Quality and Preference, 65*, 194–197.

- van Prooijen, J.-W., & Van Vugt, M. (2018). "Conspiracy theories: Evolved functions and psychological mechanisms." *Perspectives on Psychological Science, 13*(6), 770–788.
- Van Zant, A. B., & Andrade, E. B. (submitted). "Is there a 'voice' of certainty? Speakers' certainty is detected through paralanguage."
- Vargo, C. J., Guo, L., & Amazeen, M. A. (2018). "The agenda-setting power of fake news: A big data analysis of the online media landscape from 2014 to 2016." *New Media and Society, 20*(5), 2028–2049.
- Veyne, P. (2002). "Lisibilité des images, propagande et apparat monarchique dans l'Empire romain." *Revue Historique, 621*(1), 3–30.
- Vinokur, A. (1971). "Review and theoretical analysis of the effects of group Processes upon individual and group decisions involving risk." *Psychological Bulletin, 76*(4), 231–250.
- Voigtländer, N., & Voth, H.-J. (2014). *Highway to Hitler*. NBER Working Paper No. 20150. Retrieved from https://www.nber.org/papers/w20150.
- Voigtländer, N., & Voth, H.-J. (2015). "Nazi indoctrination and anti-Semitic beliefs in Germany." *Proceedings of the National Academy of Sciences, 112*(26), 7931–7936.
- von Hippel, W., & Trivers, R. (2011). "The evolution and Psychology of self-deception." *Behavioral and Brain Sciences, 34*(1), 1–16.
- Vosoughi, S., Roy, D., & Aral, S. (2018). "The spread of true and false news online." *Science, 359*(6380), 1146–1151.
- Vrij, A. (2000). *Detecting lies and deceit: The Psychology of lying and the implications for professional practice*. Chichester, U.K.: Wiley.
- Vullioud, C., Clément, F., Scott-Phillips, T. C., & Mercier, H. (2017). "Confidence as an expression of commitment: Why misplaced expressions of confidence backfire." *Evolution and Human Behavior, 38*(1), 9–17.
- Walter, N., & Murphy, S. T. (2018). "How to unring the bell: A meta-analytic approach to correction of misinformation." *Communication Monographs, 85*(3), 1–19.
- Wang, S. (1995). *Failure of charisma: The Cultural Revolution in Wuhan*. New York: Oxford University Press.
- Ward, B. E. (1956). "Some observations on religious cults in Ashanti." *Africa, 26*(1), 47–61.
- Warren, Z. J., & Power, S. A. (2015). "It is contagious: Rethinking a meta phor dialogically." *Culture and Psychology, 21*(3), 359–379.
- Watts, D. J. (2011). *Everything is obvious*: Once you know the answer*. New York: Crown Business.
- Weber, E. (2000). *Apocalypses: Prophecies, cults, and millennial beliefs through the ages*. Cambridge, MA: Harvard University Press.
- Webster, S. W., & Abramowitz, A. I. (2017). "The ideological foundations of affective polarization in the US electorate." *American Politics Research, 45*(4), 621–647.
- Wedeen, L. (2015). *Ambiguities of domination: Politics, rhetoric, and symbols in contemporary Syria*. Chicago: University of Chicago Press.

- Weinberg, S. B., & Eich, R. K. (1978). "Fighting fire with fire: Establishment of a rumor control center." *Communication Quarterly, 26*(3), 26-31.
- Weinberger, S. (2010). "Airport security: Intent to deceive?" *Nature, 465*(7297), 412-415.
- Weisberg, D. S., Keil, F. C., Goodstein, J., Rawson, E., & Gray, J. R. (2008). "The seductive allure of neuroscience explanations." *Journal of Cognitive Neuroscience, 20*(3), 470-477.
- Weisbuch, M., & Ambady, N. (2008). "Affective divergence: Automatic responses to others' emotions depend on group membership." *Journal of Personality and Social Psychology, 95*(5), 1063-1079.
- Westfall, J., Van Boven, L., Chambers, J. R., & Judd, C. M. (2015). "Perceiving political polarization in the United States: Party identity strength and attitude extremity exacerbate the perceived partisan divide." *Perspectives on Psychological Science, 10*(2), 145-158.
- Westwood, S. J., Peterson, E., & Lelkes, Y. (2018). *Are there still limits on partisan prejudice?* Working paper. Retrieved from https://www.dartmouth.edu/~seanjwestwood/papers/stillLimits.pdf.
- Whedbee, K. E. (2004). "Reclaiming rhetorical democracy: George Grote's defense of Gleon and the Athenian demagogues." *Rhetoric Society Quarterly, 34*(4), 71-95.
- White, J. W. (2016). *Ikki: Social conflict and Political protest in early modern Japan*. Ithaca, NY: Cornell University Press.
- Williams, G. C. (1966). *Adaptation and natural se lection*. Prince ton, NJ: Prince ton University Press.
- Willis, R. G. (1970). "Instant millennium: The sociology of African witch-cleansing cults." In M. Douglas (Ed.), *Witchcraft confessions and accusations* (pp. 129-140). London: Routledge.
- Winterling, A. (2011). *Caligula: A biography*. Los Angeles: University of California Press
- Wirtz, J. G., Sparks, J. V., & Zimbres, T. M. (2018). "The effect of exposure to sexual appeals in advertisements on memory, attitude, and purchase intention: A meta-analytic review." *International Journal of Advertising, 37*(2), 168-198.
- Wiswede, D., Koranyi, N., Müller, F., Langner, O., & Rothermund, K. (2012). "Validating the truth of propositions: Behavioral and ERP indicators of truth evaluation Processes." *Social Cognitive and Affective Neuroscience, 8*(6), 647-653.
- Wlezien, C. (1995). "The public as thermostat: Dynamics of preferences for spending." *American Journal of Political Science, 39*(4), 981-1000.
- Wohlstetter, R. (1962). *Pearl Harbor: Warning and decision*. Stanford, CA: Stanford University Press.
- Wood, J., Glynn, D., Phillips, B., & Hauser, M. D. (2007). "The perception of rational, goal-directed action in nonhuman primates." *Science, 317*(5843), 1402-1405.
- Wood, T., & Porter, E. (2016). *The elusive backfire effect: Mass attitudes' steadfast factual adherence*. Retrieved from https://papers.ssrn.com/sol3/papers.

cfm?abstract_id=2819073.

- Wootton, D. (2006). *Bad medicine: Doctors doing harm since Hippocrates*. Oxford: Oxford University Press.
- Wootton, D. (2015). *The invention of science: A new history of the scientific revolution*. London: Harper.
- Wray, M. K., Klein, B. A., Mattila, H. R., & Seeley, T. D. (2008). "Honeybees do not reject dances for 'implausible' locations: Reconsidering the evidence for cognitive maps in insects." *Animal Behaviour, 76*(2), 261–269.
- Wright, J. (1997). "Helping-at-the-nest in Arabian babblers: Signalling social status or sensible investment in chicks?" *Animal Behaviour, 54*(6), 1439–1448.
- Wright, J., Parker, P. G., & Lundy, K. J. (1999). "Relatedness and chick-feeding effort in the cooperatively breeding Arabian babbler." *Animal Behaviour, 58*(4), 779–785.
- Wright, R. (2009). *The evolution of God*. New York: Little, Brown.
- Yamagishi, T. (2001). "Trust as a form of social intelligence." In K. Cook (Ed.), *Trust in society* (pp. 121–147). New York: Russell Sage Foundation.
- Yang, J., Rojas, H., Wojcieszak, M., Aalberg, T., Coen, S., Curran, J., . . . Mazzoleni, G. (2016). "Why are 'others' so polarized? Perceived Political polarization and media use in 10 countries." *Journal of Computer-Mediated Communication, 21*(5), 349–367.
- Yaniv, I. (2004). "Receiving other people's advice: Influence and benefit." *Organizational Behavior and Human Decision Processes, 93*(1), 1–13.
- Yaniv, I., & Kleinberger, E. (2000). "Advice taking in decision making: Egocentric discounting and reputation formation." *Organizational Behavior and Human Decision Processes, 83*(2), 260–281.
- Zahavi, A., & Zahavi, A. (1997). *The handicap principle: A missing piece of Darwin's puzzle*. Oxford: Oxford University Press.
- Zeifman, D. M., & Brown, S. A. (2011). "Age-related changes in the signal value of tears." *Evolutionary Psychology, 9*(3), 147470491100900300.
- Zimbardo, P. G., Johnson, R., & McCann, V. (2012). *Psychology: Core concepts with DSM-5 update* (7th ed.). Boston: Pearson Education.
- Zipperstein, S. J. (2018). *Pogrom: Kishinev and the tilt of history*. New York: Liveright.
- Zollo, F., Bessi, A., Del Vicario, M., Scala, A., Caldarelli, G., Shekhtman, L., . . . Quattrociocchi, W. (2017). "Debunking in a world of tribes." *PloS One, 12*(7), e0181821.

商周其他系列 315

為什麼這麼荒謬還有人信？

揭開你我選擇相信與拒絕相信的心理學

原文書名／Not Born Yesterday: The Science of Who We Trust and What We Believe
作　　者／雨果・梅西耶（Hugo Mercier）
譯　　者／鍾沛君
企劃選書／黃鈺雯
責任編輯／黃鈺雯
版　　權／黃淑敏、翁靜如、吳亭儀
行銷業務／莊英傑、周佑潔、黃崇華、王瑜

國家圖書館出版品預行編目(CIP)數據

為什麼這麼荒謬還有人信？：揭開你我選擇相信與拒絕相信的心理學／雨果.梅西耶(Hugo Mercier)著；鍾沛君譯. -- 初版. -- 臺北市：商周出版：家庭傳媒城邦分公司發行, 民100.07
面；　公分. --（商周其他系列；315）
ISBN 978-986-477-851-5(平裝)

1.行為心理學 2.社會互動

176.8　　109006972

總　編　輯／陳美靜
總　經　理／彭之琬
事業群總經理／黃淑貞
發　行　人／何飛鵬
法律顧問／台英國際商務法律事務所
出　　版／商周出版　臺北市中山區民生東路二段141號9樓
電話：(02)2500-7008　傳真：(02)2500-7759
E-mail：bwp.service@cite.com.tw
發　　行／英屬蓋曼群島商家庭傳媒股份有限公司　城邦分公司
台北市104民生東路二段141號2樓
電話：(02)2500-0888　傳真：(02)2500-1938
讀者服務專線：0800-020-299　24小時傳真服務：(02)2517-0999
讀者服務信箱：service@readingclub.com.tw
劃撥帳號：19833503
戶名：英屬蓋曼群島商家庭傳媒股份有限公司城邦分公司
香港發行所／城邦（香港）出版集團有限公司
香港灣仔駱克道193號東超商業中心1樓
電話：(825)2508-6231　傳真：(852)2578-9337
E-mail：hkcite@biznetvigator.com
馬新發行所／城邦（馬新）出版集團
Cite (M) Sdn Bhd
41, Jalan Radin Anum, Bandar Baru Sri Petaling,
57000 Kuala Lumpur, Malaysia.
電話：(603)9057-8822　傳真：(603)9057-6622　email: cite@cite.com.my

封面設計／廖韡　內文設計暨排版／無私設計・洪偉傑　印　刷／韋懋實業有限公司
經　銷　商／聯合發行股份有限公司　電話：(02)2917-8022　傳真：(02) 2911-0053
地址：新北市231新店區寶橋路235巷6弄6號2樓

ISBN／978-986-477-851-5

定價／430元

城邦讀書花園
www.cite.com.tw

2020年（民109年）7月初版